U0640107

陇上学人文存

LONGSHANG XUEREN WENCUN

陇上学人文存

李 蔚 卷

李 蔚 著　姚兆余 编选

甘肃人民出版社

图书在版编目（ＣＩＰ）数据

陇上学人文存．李蔚卷／范鹏，马廷旭总主编；李蔚著；姚兆余编选．－－ 兰州：甘肃人民出版社，2021.12（2024.1 重印）
ISBN 978-7-226-05762-9

Ⅰ．①陇… Ⅱ．①范…②马…③李…④姚… Ⅲ.①社会科学－文集 Ⅳ.①C53

中国版本图书馆CIP数据核字(2021)第247984号

责任编辑：李青立
助理编辑：李舒琴
封面设计：王林强

陇上学人文存·李　蔚卷

范鹏　马廷旭　总主编
李蔚　著　姚兆余　编选
甘肃人民出版社出版发行
（730030　兰州市读者大道568号）
德富泰（唐山）印务有限公司印刷
开本 890 毫米×1240 毫米　1/32　印张 12.375　插页 7　字数 312 千
2022 年 4 月第 1 版　　2024 年 1 月第 2 次印刷
印数：1001～3000
ISBN 978-7-226-05762-9 定价：60.00 元
（图书若有破损、缺页可随时与印厂联系）

《陇上学人文存》第三辑

编辑委员会

名誉主任：刘伟平
主　　任：连　辑　张广智
副 主 任：张建昌　范　鹏　马成洋
委　　员：管钰年　吉西平　王福生　陈双梅
　　　　　朱智文　安文华　刘进军　马廷旭
　　　　　张亚杰　李树军

学术指导委员会

王希隆　王肃元　王洲塔　王晓兴　王嘉毅
傅德印　伏俊琏　李朝东　陈晓龙　张先堂
郝树声　贾东海　高新才　董汉河　程金城

总 主 编：范　鹏
副总主编：王福生　马廷旭

《陇上学人文存》第四辑

编辑委员会

学术指导委员会

总 序

陇者甘肃，历史悠久，文化醇厚。陇上学人，或生于斯长于斯的本地学者，或外来而其学术成就多产于甘肃者。学人是学术活动的主体，就《陇上学人文存》（以下简称《文存》）的选编范围而言，我们这里所说的学术主要指人文社会科学研究。《文存》精选中华人民共和国成立以来，甘肃人文社会科学领域成就卓著的专家学者的代表性著作，每人辑为一卷，或标时代之识，或为学问之精，或开风气之先，或补学科之白，均编者以为足以存当代而传后世之作。《文存》力求以此丛集荟萃的方式，全面立体地展示新中国为甘肃学术文化发展提供的良好环境和陇上学人不负新时代期望而为我国人文社会科学事业做出的新贡献，也力求呈现陇上学人所接续的先秦以来颇具地域特色的学根文脉。

陇原乃中华文明发祥地之一，人文学脉悠远隆盛，纯朴百姓崇文达理，文化氛围日渐浓厚，学术土壤积久而沃，在科学文化特别是人文学术领域的探索可远溯至伏羲时代，大地湾文化遗存、举世无双的甘肃彩陶、陇东早期周文化对农耕文明的贡献、秦先祖扫六合以统一中国，奠定了甘肃在中国文化史上始源性和奠基性的重要地位；汉唐盛世，甘肃作为中西交通的要道，内承中华主体文化熏陶，外接经中亚而来的异域文明，风云际会，相摩相荡，得天独厚而人才辈出，学术思想繁荣发达，为中华文明做出了重要贡献。

近代以来，甘肃相对于逐渐开放的东南沿海而言成为偏远之地，反而少受战乱影响，学术得以继续繁荣。抗日战争期间作为大后方，接纳了不少内地著名学府和学者，使陇上学术空前活跃。新中国成立之后，人文社会科学领域的专家学者更是为国家民族的新生而欢欣鼓舞，全力投入到祖国新的学术事业之中，取得了一大批重要的研究成果，涌现出众多知名专家，在历史、文献、文学、民族、考古、美学、宗教等领域的研究均居全国前列，影响广泛而深远。新中国成立之后，人文社会科学几次对当代学术具有重大影响的争鸣，不仅都有甘肃学者的声音，而且在美学三大学派（客观派、主观派、关系派）、史学"五朵金花"（史学在新中国成立之后重点研究的历史分期、土地制度史、农民战争史等五个方面的重点问题）等领域，陇上学人成为十分引人注目的代表性人物。改革开放以来，甘肃学者更是如鱼得水，继承并发扬了关陇学人既注重学理求索又崇尚经世致用的优良传统，形成了甘肃学者新的风范。宋代西北学者张载有言："为天地立心，为生民立命，为往圣继绝学，为万世开太平"，此乃中华学人贯通古今、一脉相承的文化使命，其本质正是发源于陇原的《易》之生生不已的刚健精神，《文存》乃此一精神在现代陇上得到了大力弘扬与传承的最佳证明。

《文存》启动于中华人民共和国成立六十周年之际，在选择入编对象时，我们首先注重了两个代表性：一是代表性的学者，二是代表性的成果，欲以此构成一部个案式的甘肃当代学术史，亦以此传先贤学术命脉，为后进立治学标杆。此议为我甘肃省社会科学院首倡，随之得到政界主要领导、学界精英与社会各界广泛认同与政府大力支持，此宏愿因此而得以付诸实施。

为保证选编的权威性，编委会专门成立了由十几位省内人文社会科学领域著名学者组成的专家指导委员会，并通过召开专题会议研讨、发放推荐表格和学术机构、个人举荐等多种方式确定入选者。为使读者对作者的学术成就、治学特色和重要贡献有比较准确和全面的了解，在出版社选配业务精良的责任编辑的同时，编委会为每一卷配备了一位学术编辑，负责选编并撰写前言。由于我院已经完成《甘肃省志·社会科学志》（古代至 1990 年卷，1990 至

2000 年卷）的编辑出版工作，为《文存》的选编提供了坚实的基础和基本依据，加之同行专家对这一时期甘肃人文社会科学发展的研究，使《文存》能够比较充分地反映同期内甘肃人文社会科学的基本状况。

我们的愿望是坚持十年，《文存》年出十卷，到 2019 年中华人民共和国成立七十周年之际达至百卷规模。若经努力此百卷终能完整问世，则从 1949 至 2009 年六十年间陇上学人以"人一之、我十之，人十之、我百之"的甘肃精神献身学术、追求真理的轨迹和脉络或可大体清晰。如此长卷宏图实为新中国六十年间甘肃人文社会科学全部成果的一个缩影，亦为此期间甘肃人文社会科学学术业绩的一次全面检阅，堪作后辈学者学习先贤的范本，是陇上学人献给祖国母亲的一份厚礼。此一理想若能实现，百卷巨著蔚为大观，《文存》和它所承载的学术精神必可存于当代，传之后世，陇上学人和学术亦可因此而无愧于我们所处的伟大时代，并有所报于生养我们的淳厚故土。

因我们眼界和学术水平的局限，选编过程中必定会出现未曾意料的问题，我们衷心期望读者能够及时教正，以使《文存》的后续选编工作日臻完善。

是为序。

2009 年 12 月 26 日

目　录

编选前言

作为李蔚先生的弟子,受命选编《陇上学人文存·李蔚卷》,是一件非常荣幸的事情。屈指算来,从 1988 年进入兰州大学历史系师从李蔚先生学习宋史,至今已有 33 年了。尽管我未能坚守在宋史研究的阵地上,传承或拓展先生的研究领域,但无论在学术研究上还是在生活态度上,都深受李蔚先生的影响。

李蔚先生出生于安徽省宿松县趾凤乡兴隆村杨柏岭。杨柏岭地处大别山深处,偏僻荒凉,地瘠民贫。为了家庭生计,李蔚先生的父亲带领全家前往宿松县凉亭镇,在镇上租了一个店铺做裁缝。父亲在经商之际,认识到学习文化的重要性,不仅将李蔚先生姐弟三人送到凉亭中心小学读书,而且告诫子女:"学习也好,做事也好,做人也好,认准的目标,就要有一种执着的韧劲,绝不能见异思迁,半途而退。"李蔚先生牢记父亲的谆谆教诲,励志苦学,最终以全校第一名的成绩考入太湖中学,继而进入安庆第一中学完成高中学业。1953 年,李蔚先生考入山东大学历史系。彼时的山东大学是中国历史研究的重镇,杨向奎、童书业、黄云眉、张维华、陈同燮、郑鹤声、王仲荦、赵俪生八位著名的历史学专家共聚山东大学历史系,号称"八马同槽",引领当时中国史学研究的潮流。山东大学良好的学习环境和研究氛围,潜移默化地影响着求知欲旺盛的李蔚先生,使他坚定地选择了从事历史研究的人生道路。在前辈教授的指导下,他一方面加强"三基"(基础知识、基本技能、基本理论)的学习,一方面坚持写札记、做摘录、制卡片，为日后从事史学研究打下了坚实基础。

1957年夏天，在赵俪生教授指导下，李蔚先生完成了题为《清乾嘉年间南巴老林地区经济研究》的毕业论文，深得学界前辈的赞赏。尔后，他积极响应国家建设大西北的号召，跟随赵俪生先生一起奔赴兰州大学历史系，在中国古代史教研室从事教学和研究工作。多年来，先后担任中国古代史教研室主任、历史系副主任、历史系党总支书记等职务，为兰州大学历史系的发展贡献了毕生的精力。

李蔚先生早年从事明清时期社会经济史研究，发表了《清乾嘉年间南巴老林地区经济研究》这篇长达45000字的宏文大作，后来便转向宋金战争、宋夏战争研究，最后将精力集中于西夏学研究。从1957年到2011年，李蔚先生发表学术论文41篇，撰写了《西夏史研究》《简明西夏史》《西夏史若干问题探索》《中国历史：西夏史》4部著作。此外，他还参加了兰州大学历史系中国古代教研室编撰的《中国古代著名战役》、赵俪生先生主编的《古代西北屯田开发史》、李学勤、徐吉军先生主编的《黄河文化史》等著作的撰写工作。由于在宋史和西夏史研究领域成果突出，1993年10月成为国务院特殊津贴获得者。

由于篇幅的限制，《陇上学人文存·李蔚卷》只选录先生的17篇重要论文，主要采取分专题介绍的方式，对先生的研究成果做一个简要的概括。

一、西夏史研究

李蔚先生是西夏史研究领域的著名专家。纵观他的研究论著，尽管涉猎领域和论题较多，但最有代表性的研究成果，当属对西夏史的研究。

众所周知，西夏是两宋时期活跃在我国西北地区、由党项人组成的少数民族地方政权。从1038年元昊登基称帝，到1227年被蒙古灭亡,西夏存在长达 190 年,先后与北宋、辽、南宋、金长期对峙并立。它的兴起、发展和衰亡,是我国历史不可分割的有机组成部分。由于元代史家囿于封建正统观念和民族偏见,在并列修撰《宋史》《辽史》《金史》时,唯独不给西夏单独修史,仅仅将西夏的史事附于三史末尾,致使西夏史料未能够完整地保存下来,西夏便成了古丝绸之路上的消失了的神秘王国,西夏学也成了"绝学"。清乾隆、嘉庆以后,学界崇尚考据,不少学者根据宋代的官方文献和文人的笔记文集,纂修了一批关于西夏历史的书籍如《西夏纪事本末》《西夏书事》《西夏事略》等,为后世学者研究西夏史提供了一定的帮助。20 世纪以来,随着汉文、西夏文历史资料整理工作和文物考古工作的不断进展,西夏学引起越来越多国内外学者的关注。

也许是命运使然。1963 年,李蔚先生被安排到四川大学历史系进修元史。在著名史学家蒙思明先生的引荐下,李蔚先生有幸认识了当时四川大学历史系西夏史研究专家吴天墀先生。在吴天墀先生的指导下,李蔚先生开始步入西夏史研究的殿堂。他利用这次进修机会,广泛查阅和收集四川大学图书馆和历史系资料室的西夏史资料。返回兰州大学后,李蔚先生继续在兰州地区高校图书馆广泛收集西夏史料。功夫不负有心人。经过锲而不舍的努力,他不仅掌握了《宋史》《辽史》《金史》中有关西夏的资料,而且抄录了唐宋时期驻守西北边疆大臣的文集或奏议中的全部史料。

研究西夏史,除了掌握汉文献资料之外,还必须熟悉西夏文献。为了攻克西夏文字这个难关,李蔚先生专门前往北京,拜师黄振华先生学习西夏文。同时,利用西夏学专家王静如先生到兰州大学讲课的机会,向其请教西夏文字。正是凭着这种执着的精神,他逐步掌握了西夏文,能够熟练地阅读西夏文献,成为国内为数不多的能够利用西夏文献开展研究的学者。

1978 年，改革开放带来了学术研究的春天，也为李蔚先生从事西夏史研究提供了宽松的环境。他一边给本科生、研究生教授西夏史和辽宋夏金元史料学，一边对西夏史的一些基本问题进行研究，先后在《民族研究》《兰州大学学报》《中国民族研究》《宁夏社会科学》《宁夏大学学报》等刊物发表了 20 多篇较有分量的论文。1989 年 3 月，宁夏人民出版社将他的 15 篇论文结集成《西夏史研究》正式出版，成为当时国内研究西夏史的重要著作。

1997 年 10 月，李蔚先生在多年教学和研究的基础上，完成《简明西夏史》一书，由人民出版社正式出版。可以说，该书的出版是李蔚先生多年来苦心探究、教研相长的结晶，由享誉较高的人民出版社予以梓行，无疑是对他研究成果的肯定。该书分为八章，共计 29 万字，在体例结构的安排、理论的分析和具体问题的考证上达到了较高水平，堪称西夏史研究领域的一部扛鼎之作。吴天墀先生对《简明西夏史》给予了高度评价，认为该书"甚有功力"。大致来说，《简明西夏史》一书具有三个特点。一是充分肯定了西夏在中国历史发展中的重要地位，指出西夏作为中国境内以党项为主的各族人民共同创建的一个地方性政权，是中国历史不可分割的重要组成部分。二是突破了此前一般断代史的体例，将《总论》作为全书大纲，从宏观层面论述了西夏历史的发展阶段、社会性质、历史特点和历史地位。第二章至第六章以时间序列为线索，详尽阐述了党项拓跋部的兴起和西夏政权的建立、巩固、繁荣和衰亡的历史演变过程，对不同时期西夏的政治、经济、军事、外交等方面情况作了细致的分析，增强人们对西夏社会发展的动态性认识。第七章和第八章静态描述了西夏的社会经济与文化成就，在内容方面是对第二至第六章内容的丰富与提升。这样三大板块互相联系、相互补充，形成了一个有机整体，全面系统地反映了西夏社会的全貌。三是考疑订谬，探原求真。李蔚先生运用文献资料和出土文物相互印证的二重证据法,对某些争论不一的问题进行重新考证,如党项实行"秃发"的时间、西夏是否实行两套官制、西夏实行分封制度的时间等等,弥补了过去学者研究的不足,恢复了历史的真实面貌。

继《西夏史研究》和《简明西夏史》两部著作之后,李蔚先生尽管已经退休,但仍然笔耕不辍,继续遨游于西夏学这个神秘的天空,并且取得了新的研究成果。2002 年 6 月,甘肃文化出版社出版了《西夏史若干问题探索》一书,进一步展示了李蔚先生在西夏学研究方面的深厚功力。此后,李蔚先生又参加了李学勤、徐吉军主编的《黄河文化史》西夏部分的撰写工作,该书于 2003 年 5 月由江西教育出版社出版发行。

2009 年 6 月,人民出版社组织编写出版了多卷本《中国历史》,李蔚先生尽管年事已高,但仍然愉快地接受第十卷《西夏史》的撰写工作。该书是李蔚先生对《简明西夏史》进行修订增补后形成的学术著作,不但新增了西夏地理环境、西夏统治者的文化政策、西夏文化的区域划分及其特点、西夏社会经济发展的各种制约条件、西夏遗民的流向、蒙元时期党项人从政的主要功绩等内容,而且在西夏社会生活方面增加了道路和交通工具、姓氏与发式、饮食与健康等条目。该书是一部功力与学问俱佳的力作,标志着先生的"学术水平与西夏史研究水平跃上了新的境界"①。

以上是李蔚先生从事西夏史研究的简要历程。下面介绍李蔚先生的部分学术论文,呈现其学术观点和思想,以便了解他在西夏史研

---

① 张秀平:新版《中国历史·西夏史》编辑后记,载于《中国历史》第十卷《西夏史》。

究中的学术贡献。

关于西夏立国长久的原因。元代学者在编修《金史》时指出,西夏"立国二百余年,抗衡辽、金、宋三国,倚乡无常,视三国之势强弱以为异同矣"①,把西夏立国长久归因于其外交政策的灵活多变。这种结论未免过于简单化。李蔚先生运用马克思主义辩证统一方法,对这一问题进行了全面而深入的考察,认为西夏立国长久主要有五个方面的原因:第一,地形险要,宜农宜牧的地理环境,以及经济基础上基本自给自足,是西夏赖以立国,并能长期生存下去的物质条件。第二,西夏统治阶级尊重知识,尊重人才,大胆选拔人才,注意培养人才,从而扩大了统治基础,加强了国家对外职能,这是西夏立国长久的又一重要原因。第三,西夏统治阶级不断在上层建筑领域内进行改革,使上层建筑适应经济基础,生产关系适应生产力的性质,是西夏长久立国的根本原因。第四,作为西夏的主体民族——党项羌,同汉族及少数民族,共同开发西北的,奋发图强的进取精神,以及境内各族的友好相处,是西夏立国长久的又一重要原因。第五,各民族政权林立,辽、金、元在不同时期互相攻伐,抵消实力,尤其是西夏的邻邦宋朝,貌似强大,实则虚弱,内外交困,穷于应付,是西夏立国长久的外部原因。这番精辟透彻的分析,抓住了问题关键和要领,不仅具有重要的学术意义,而且具有重要的历史借鉴价值。

关于李继迁对宋战争的性质。学术界较为流行的看法有两种:一种认为李继迁反宋战争具有民族起义和农牧民起义的性质,另一种认为李继迁的抗宋斗争有反对民族压迫的性质,是一场正义的战争。李蔚先生运用马克思主义军事战争理论,摈弃传统的民族主义观点,

---

①《金史》卷134《西夏传》。

以党项族社会发展阶段及战争对宋夏双方社会经济和人民生活的影响等方面加以论述，认为李继迁发动的对宋战争，纯粹是一场具有封建王朝内部统治阶级分裂割据性质的战争，并无正义可言。此说言之成理，持之以据，不失为中肯之论。

关于西夏官制问题。大多数论者都认为西夏官制除了由党项、汉族人均可担任的汉官之外，还有一套仅限于党项才能充任的"专授蕃职"，也就是说西夏存在两套官制、两个系统。李蔚先生在认真梳理若干史实的基础上，从蕃官授受、职责、使用时间、以及宋元资料缺载等方面加以考辨，认为西夏有汉官和蕃官两套官制的观点并不成立，西夏官制是一套官制、一个系统，所谓蕃官是汉族人和党项人皆可担任的官职的西夏语音译。言之凿凿，有理有据，不仅解决了西夏官制的疑难问题，而且开拓了西夏官制研究的新思路。

关于西夏文化的渊源。在《略论西夏文化同河陇文化的关系》一文中，李蔚先生驳斥了苏联学者关于西夏文化源于中亚并自成一体的观点，指出西夏文化深受汉文化、回鹘文化和吐蕃文化的影响。西夏文化是在晋唐以来河西、陇右地区的河陇文化土壤中形成的一种文化，河陇地区的文化属于中原文化体系，所以西夏文化是中华民族传统文化的有机组成部分。这种观点不仅具有理论意义，而且具有重要的现实意义。

关于西夏的历史地位。如前所述，历代封建史家囿于封建正统观念和民族偏见，大多否定西夏的历史地位，不承认西夏政权的合法性。那么，究竟如何评价西夏政权的历史地位？此前的马克思主义的历史学家在评价西夏历史地位时，虽然不同程度地肯定了西夏的历史地位，但论述并不充分。李蔚先生将西夏史放到中国历史发展的长河中考察，对西夏的历史地位给予了充分的肯定。在他看来，中国是一个统一的多民族国家，中国的历史是中华民族各族人民共同创造的历史。西夏曾经组织领导其境内以党项族为主体的各族人民,在极其艰苦的条件下,从事生产斗争和军事斗争,开展同宋朝及周边地方政权的经济文化交流,发展了社会经济和文化,为开发祖国的大西北做出了不可磨灭的贡献。具体来说,他从四个方面肯定了西夏的历史地位:一是西夏对河西地区局部统一,是唐末五代藩镇割据向元朝政治大一统转变的中间环节,它顺应了历史大趋势,具有深远的历史意义。二是西夏的建立对我国西北的经济开发做出了一定的贡献,这对改变西北地区落后的经济面貌起到了积极作用。三是西夏统一河西地区,加强了西北边疆同内地政治、经济、文化各方面的交流,这对缩小边疆地区与内地的差距意义重大。四是西夏政权成立之后大力发展文教,不仅为自己培养了大批文臣武将,而且为元代统治者储备了大量人才,对于提高西夏境内各族以及整个中华民族的文化水平做出了贡献。这是富有创见的历史观,对于人们正确认识西夏的历史地位具有指导意义。

二、宋夏、宋金间战争研究

对宋夏、宋金之间的战争进行深入研究,是李蔚先生学术研究的重要组成部分。与其他学者的研究方法不同,李蔚先生在研究宋夏之间战争、宋金之间战争的过程中,并不只是从北宋、西夏、金朝各自社会发展本身寻找答案,而是把战争置于 10 至 13 世纪中国历史的宏阔背景中,从宋夏、宋金乃至于西夏与周边少数民族关系的角度来深入剖析,从而避免了对战争研究的片面性和局限性。在这方面,李蔚先生先后发表了《试论宋金战争的几个问题》《略谈宋金战争的实质》《宋夏横山之争述论》《试论北宋仁宗年间宋夏陕西之战的几个问题》《略论北宋初期的宋夏灵州之战》《略论蒙夏战争的特点及西夏灭亡的原因》等论文。

《试论宋金战争的几个问题》针对当时学术界比较重视研究宋金战争的时代背景、战争发展的历史过程,忽略对宋金战争的性质、发展的阶段性和战争的特点的探讨这种现象,运用马克思主义基本理论,从发动战争者的阶级属性和政治制度,战争的掠夺性与反掠夺性、进步性与倒退性两个方面进行深入分析,指出在这场旷日持久的宋金战争中,宋是正义的,金是非正义的。宋金战争之所以会出现"持久战"的特点,这是由于宋金双方的许多有利因素和不利因素所决定的。金朝方面的有利因素和宋朝方面的不利因素,决定了金朝方面初期的军事胜利,而宋朝方面的有利因素和金朝方面的不利因素,决定了金朝不能最后灭亡宋朝,宋金战争只能是停停打打、时战时和的持久战。

《略谈宋金战争的实质》一文,回答了宋金战争是民族战争还是阶级斗争这一根本问题。李蔚先生借助丰富的历史资料,从宋金战争的内容、社会各阶层对待战争的态度、宋金战争的影响三个方面深入剖析,指出这场长达210年的战争,从本质上来说是一场以民族斗争形式出现的特殊阶级斗争。这个论述,不仅有助于人们认清宋金战争的真实面目,而且有助于理解马列主义史学家对民族斗争实质问题的论述。

《略论北宋初期的宋夏灵州之战》对于宋夏之间的首次战争进行了探讨,不仅细致地阐述了灵州之战的过程,深入分析了夏胜宋败的原因,进而指出灵州之战的后果和影响:一是这场战争是李继迁由弱变强的转折点,迫使北宋退保环庆,设防关中,军事上走向防御状态。二是这场战争导致陕西关中一带人民生活困苦,北宋沿边一些熟户转向李继迁。三是断绝了北宋与回鹘之间的联系,严重破坏了北宋"以夷制夷"策略的推行。

《试论北宋仁宗年间宋夏陕西之战的几个问题》对北宋仁宗年间

宋夏之间发生的三次战争（即三川口之战、好水川之战、定川寨之战）的起因、三大战役的战术和战略部署、夏胜宋败的原因、战争的后果和影响、宋夏战争的性质等问题作了详尽而透彻的分析，使人们不仅对夏宋战争的发展过程有了动态性的认识，而且对决定战争胜负的双方的经济实力、军事力量、政治状况、外交关系等都有了全方位的了解。客观而论，李蔚先生对这个问题剖析的力度与深度，不仅深化了 10 至 13 世纪民族战争史研究，而且在一定程度上具有史学研究方法论的参考价值。

《宋夏横山之争述论》运用历史唯物主义的观点和方法，对横山的战略地位、横山之战的过程、后果与影响进行了细致考察，进而分析了这场战争的性质，认为这一时期的宋夏战争的性质明显发生了转化，已经由宋仁宗时期的自卫防御的正义战争，变为富有进攻性、掠夺性的非正义的战争。这个观点，对于我们认识宋夏战争的阶段性特点具有重要的意义。

《略论蒙夏战争的特点及西夏灭亡的原因》探讨了蒙夏之间长达 23 年的战争，认为蒙夏之间战争持续时间长，是由双方的政治、经济、军事以及主观能动性的发挥等诸多因素决定的。西夏最终为蒙古所灭，主要有四个深层次的原因：一是从历史发展的趋势看，蒙古统一兼并西夏有其历史的必然性。唐末五代以来，方镇割据局面日益缩小，统一局面日益扩大。这种统一的趋势发展至辽宋夏金时期，已经成为不可抗拒的历史洪流。二是西夏统治阶级内部矛盾的激化，为蒙古灭夏打开了爆破的缺口。三是西夏统治者采取"附蒙侵金"的战略决策，严重恶化了西夏的外交环境。四是成吉思汗在军事上采取由远及近、由表及里、先弱后强的战略战术，也是导致西夏灭亡的重要原因。这个分析，既有宏观的历史视野，也有微观的策略分析，充满了历史学者的睿智。

三、西北屯田研究

西汉以来,历代统治者为了巩固西北边疆,均采取了移民实边或开发屯田政策。宋元时期也是如此。李蔚先生从 20 世纪 80 年代开始,就开始对宋元时期的西北屯田进行深入研究,先后发表了《试论宋代西北屯田的几个问题》《试论元代西北屯田的若干问题》《略论金朝统治时期的西北屯田》《再论元代西北屯田的几个问题》《略论西夏统治时期的西北屯田》等系列论文,勾勒出这一时期西北屯田的面貌。

《试论宋代西北屯田的几个问题》对宋代西北屯田的组织管理机构、土地来源、直接生产者授田情况、剥削量、效果、特点、历史作用等问题做了详尽的论述,认为西北屯田具有官给良田,以备甲马,屯堡并置、亦兵亦农,屯田、营田名异而实同,剥削形式多种多样等特点,宋代西北屯田的效益虽然很不理想,但在足食足兵、巩固西北边防等方面发挥了重要作用。

《略论金朝统治时期的西北屯田》对金代西北屯田的原因,屯田的类型、效果和历史作用进行了详尽的论述,认为金朝统治者之所以要兴置西北屯田,是为了加强对汉族人的统治,以及足食足兵,巩固西北边防的需要。金代西北地区屯田计有猛安谋克屯田、军屯、蕃汉弓箭手屯田、民屯四种类型。金代西北屯田的历史作用是增强金朝抗击西夏、蒙古的经济实力和军事实力,拖延了金夏、金蒙战争的持续时间, 延长了金朝统治者的寿命。该文的学术价值在于:一是对金朝统治时期西北屯田进行了系统研究,弥补了学术研究的空白;二是对西北地区猛安、谋克屯田进行深入探讨,深化了学术界对猛安、谋克屯田的研究。总之,研究金朝统治下的西北屯田,不仅有助于我们了解金朝土地制度的特征,而且有助于我们了解整个宋元时期土地制度的演变状况及其发展规律。

《略论西夏统治时期的西北屯田》一文，针对文献史料缺乏、学术研究不足的状况，李蔚先生广泛查阅、收集和梳理宋元时期相关资料，勾勒出西夏统治时期西北屯田的状况，认为西夏屯田始于宋真宗咸平四年八月，为军屯。至崇宗乾顺时期，进入一个新的阶段，推行了"堡屯并置"之策，同时出现了"西夏弓箭手"的屯田兵，平时生产，战时打仗。西夏的屯田和营田取得了一定的效果，突出表现在西夏统治者在农耕地区建仓储粮。

《试论元代西北屯田的若干问题》对元代西北屯田的发展阶段、土地来源、生产者、剥削量、效果、特点和历史作用等问题进行了深入探讨，认为元代西北屯田经历了创立、兴盛、衰落三阶段，其组织管理比宋朝严密，土地来源主要是荒闲田，剥削方式为定额制，生产者多达十四种。元代西北屯田扩大了西北的耕地面积，巩固了西北边防，促进了民族融合等。该文属于元代西北地区屯田研究的首创之作，弥补了此前学界研究的不足，具有重要的学术价值。时隔十年之后，李蔚先生又发表《再论元代西北屯田的几个问题》，对元代的称海屯田、西北屯田的管理机构、土地数额等问题进行了深入论述，认为元代西北屯田的组织机构和管理制度比较严密，因而元代西北屯田的效果超过宋代。该文填补了元代经济史研究中的薄弱环节，对深入开展西北地区社会经济史研究具有重要参考价值。

四、历史人物研究

对历史人物开展深入研究，有助于我们理解社会变迁对历史人物行为的影响，以及历史人物在社会发展中的作用，这也是李蔚先生学术研究的重要内容。在这方面，李蔚先生不仅发表了《吴玠吴璘抗金史迹述评》《略论曲端》《张元、吴昊事迹考评》《略论李德明》《论李继迁》《关于元昊若干问题的探讨》《蒙元时期党项人物事迹述评》等系列论文，而且发表了《略论用阶级分析的方法评价历史人物》一文，对如何运用马克思主义阶级分析方法评价历史人物进行了深入论述，对于我们分析和评价历史人物具有重要的指导意义。

《吴玠吴璘抗金史迹述评》是一篇研究南宋初期西北地区抗金将领吴玠吴璘的鸿篇巨作，该文运用丰富的历史资料，详细考证了吴玠、吴璘的身世，分析了吴玠、吴璘保卫川陕秦陇地区的战略意义，论述了吴玠、吴璘保卫川陕秦陇的主要战绩，进而运用马克思主义理论观点对吴玠、吴璘抗金战争进行了客观评价，认为吴玠吴璘抗金战争是一场反民族掠夺和民族压迫的正义斗争，保护了川陕秦陇地区人民生命和财产安全，具有极其重要的和历史意义。

《略论曲端》运用辩证思维的方法，对南宋抗金名将曲端的历史事迹进行了分析，认为曲端是南宋初年不可多得的著名将领，其文学才华、治军能力、战略眼光均属于上乘，但刚愎自用、恃才傲物的性格，导致其人生结局充满悲剧色彩。《宋史·曲端传》记载过于简略，且评价失之公允，客观地说，曲端虽然有功有过，但总的来说是功大于过，这才符合历史人物的本来面目。

《张元、吴昊事迹考评》通过对《续资治通鉴长编》《西夏书事》《西夏纪》以及宋人野史、文集中的资料进行甄别，勾稽出西夏开国时期两个重要谋臣张元、吴昊的生平事迹，尤其是对他们的原名、籍贯、身世、投奔西夏的时间和原因、在西夏政权建立中扮演的角色进行了考辨，评述了他们在西夏建立时期的历史作用，分析了历史人物的行为与社会环境的关系，对于深入理解西夏国君元昊建立"蕃汉联合统治"和这一时期的宋夏关系，具有重要的启示和参考价值。

《关于元昊若干问题的探讨》对西夏政权建立的必然性、元昊对宋战争的性质、元昊时期统治集团内部斗争的性质等问题进行了论析。关于西夏政权建立的原因，李蔚先生不是从党项民族自身发展历程中寻找原因,而是把西夏政权建立放在 12 世纪前后中国境内民族政权林立的历史时空中加以考察,认为西夏政权建立是西北地区长期民族大冲突大融合的结果,既有累世经营的基础,又有政权建立的外部条件。关于元昊对宋战争的性质,先生否定了学术界关于这场战争是"反抗宋朝民族压迫的自卫战争,是一场正义的战争"的说法,认为元昊对宋战争的性质是非正义的掠夺成性的战争。关于元昊时期统治集团内部斗争,李蔚先生主张将这些斗争放在当时的历史背景下,联系当时政治、经济的实际,从理论上加以具体的阐释和说明,认为这些斗争本质上反映了皇权的集中与部落首领分权的矛盾、进取与保守之间的矛盾,对于维护和巩固西夏的统一有一定的进步意义。

《略论用阶级分析的方法评价历史人物》是李蔚先生将马克思主义阶级分析理论运用于分析中国历史人物的重要研究成果。该文对历史人物为什么一定要作阶级分析、怎样进行阶级分析、阶级分析有什么科学的和现实的意义三个问题进行了讨论,提出了很多精辟的见解。如李蔚先生认为在对历史人物进行阶级分析时,首先,要根据历史人物所处的具体历史条件进行具体的分析。离开了一定的具体历史条件去评价历史人物,就有可能把古人现代化,把错综复杂的历史人物简单化和绝对化,从而忽视了历史人物的多样性与复杂性。其次,不能单纯强调其阶级出身和主观动机,要着重分析这个历史人物的阶级属性及其实践活动对当时社会生产力的发展起过什么作用;最后,必须要分析和批评历史人物的时代局限性。这些论断,充满着历史唯物主义的理性光芒,对于指导我们开展历史人物分析具有重要的认识论和方法论的意义。

五、西夏文献研究

历史研究具有较强的实证性，而实证研究的基础在于广泛地收集占有史料，因此，钩沉抉微，考疑订谬，是史学研究的基本功。在这方面，李蔚先生不仅遍览宋元明清时期各种西夏史料，而且十分重视和搜集考古文物资料，运用二重证据法对某些含糊不清、争论不一的问题进行重新考证。

《〈番汉合时掌中珠〉初探》一文，对《番汉合时掌中珠》的成书背景、编写的特点和史料价值进行分析。《番汉合时掌中珠》是西夏党项人骨勒茂才编写的一部西夏文同汉文的对音字典，学界多从西夏文字结构和语法的角度对该书展开研究。李蔚先生独辟蹊径，以历史学者睿智的眼光，分析了该书的问世，是西夏全盛时期满足蕃汉百姓学习语言文字的要求、文教事业持续不断发展的结果。该书不仅对于研究西夏语言、文字有较高的参考价值，对于学习和研究西夏的政治、经济和思想也具有重要的史料价值。

《〈周春西夏书〉评介》一文，介绍了清朝中叶周春撰写的《西夏书》的具体内容，分析了《西夏书》所持的立场观点和方法，认为该书的《列传》《地理考》《官制考》《姓氏考》，对于学习和研究西夏史具有重要的参考价值。

《略论〈贞观玉镜统〉》一文，对西夏乾顺时期刊行《贞观玉镜统》的原因、《贞观玉镜统》的主要内容、特点和实用价值等问题进行了深入探讨，重点分析了西夏的军政制度和军律，认为该书是在宋夏军事斗争形势严峻情况下，由西夏国君乾顺组织官员修订和刊行的军事法典，具有简明扼要、重点突出，赏罚比较适中，具备一定的灵活性及相对的合理性等特点。不仅如此，李蔚先生还利用《贞观玉镜统》研究和考证西夏的军事，得出了西夏乾顺时期"尚文重法"并非不要武备，而是要求武备更加精益求精的结论。

《吴广成论西夏述评》一文，通过对吴广成《西夏书事》的"论赞"和"按语"进行研究，揭示了吴氏评价西夏历史事件和人物的立场观点和方法，认为吴氏评议西夏的历史事件和人物，是以儒家"三纲五常"和伦理道德作为准绳，运用"春秋凡例""春秋笔法"来臧否人物，衡量历史事件，不仅如此，吴氏还继承了封建史学家写史论史的一些优良传统和方法，包括讲"时势"和"事理"、颂扬民族气、采用比较研究方法。该书的"论赞"和"按语"尽管具有一定的时代局限性，但对于后人研究西夏史仍然具有一定的参考价值。

此外，李蔚先生还在前人研究的基础上，对《西夏书事》和《西夏纪》进行了整理和点校，纠正了200多处错误。该成果收录在车吉心、王育济主编，泰山出版社出版的《中华野史·辽夏金元卷》之中。

六、结　语

总体上看，李蔚先生的研究成果主要集中在宋史、西夏史和宋夏关系史等方面，在西夏史研究方面用力尤勤，成果最多。对于作为"绝学"的西夏史来说，李蔚先生的研究可谓承上启下，继往开来，具有极其重要的学术贡献。

纵观李蔚先生的史学研究，明显具有这样三个显著特点：一是理论涵养深厚，视角新颖。李蔚先生在治学过程中始终秉持马克思主义史学理论，无论是对历史人物的描述和评价，还是对历史事件的陈述和分析，都始终运用历史唯物主义理论和辩证分析方法，所得结论客观公允，为学界普遍认可和接受。二是研究视野开阔，立论高远。如李蔚先生对西夏政权建立原因的研究，对西夏政权可以长久存在原因的研究，对西夏文化渊源的研究，对西夏历史地位的研究，都是将西夏放到中国历史发展的长河中进行考察，放到12世纪前后中国历史发展的宏大背景中加以考察，放到西北地区民族融合和交流的历史画卷中加以考察，因而得出的结论全面客观，更加符合历史发展的内在逻辑。三是坚持实证研究，研究方法规范。李蔚先生在开展历史研究过程中，不仅重视历史文献资料的收集和整理，而且重视和搜集考古文物资料，通过对史料进行考证和比较，探赜索隐，探原求真。正因为如此，李蔚先生的每篇论著，均言人所未言，论人所未论，不仅从历史的荒漠中找出事件的真相，而且闪现出历史学者智慧的光芒。

感谢《陇上学人文存》丛书总主编范鹏、王福生、陈富荣，副总主编马廷旭将李蔚先生的研究成果纳入《陇上学人文存》系列，感谢甘肃省社会科学院赵敏主任为该书出版所做的努力和辛勤付出。《陇上学人文存》的出版，是一项功在当代、惠泽千秋的文化工程，对于弘扬甘肃文化、传承甘肃文脉具有极其重要的作用。感谢甘肃人民出版社和本卷编辑李青立。本书的顺利出版，离不开他们的辛勤付出。最后，还要感谢李蔚先生本人。先生虽已 87 岁高龄，依然亲自遴选论文，并亲自校对本书的书稿。先生的学术成就和治学风范，将永远激励和鞭策着我们在学术研究的道路上不断前行。

姚兆余

2021 年 2 月 16 日

清乾嘉年间南巴老林地区的经济研究

引　言

　　清代中叶，中国人民由于不堪专制王朝所代表封建势力的阶级压迫和民族压迫的长期愤懑积累的结果，发生了自清人入关至太平天国革命之前的最大的一次起义——白莲教大起义。这次起义是在特定历史条件和特殊地理环境下发生的。所谓特定的历史条件，就是从时间上来看，它酝酿于乾隆末年，发生于嘉庆元年，结束于嘉庆九年，换句话说，它是发生于乾嘉年间。在这段时间里，一方面是大清王朝所建立的专制主义统治，在政治、经济、军事等方面逐步走向没落崩溃的转折点，另一方面是中国资本主义萌芽曾经一度由于清人入关遭受战争摧残和破坏，经过顺治、康熙、雍正三朝的休养生息，在封建经济恢复与发展的过程中，由于封建的政治经济发展不平衡，在某些经济发达的地区，或者在经济上介乎落后与先进之间然而在政治控制上比较薄弱的地区，找到了它的比较顺利滋生的土壤，从而得到了进一步发展时期。所谓特殊的地理环境，即是从它所涉及的地点来看，这次起义首先"起于湖北宜都当阳，继且阑入豫省，由陕入川，蔓延三省"[1]，加上与陕西相邻的甘肃边境地区，总计不过五省，而在这

----

[1]《嘉庆湖北通志》卷首，《圣制四·嘉庆七年十二月制》。《十朝东华录·嘉庆十四》记载同。

五省之中，起义军经常与官军往来驰逐的地区，主要是南巴老林地带，换句话说，即是曾经为明代中叶刘千斤、蓝廷瑞、杨文政以及明末张献忠、李自成等所领导的起义充分利用过的在封建时代不止一次培养过革命势力的圣地——汉水、巴山大通道地区。这一带山岳绵亘，处处崇山峻岭，老树丫杈，参天拔地，山内之民有世居者，有新迁来的流民，从统治阶级的角度来看是"地方窎远、鞭长莫及"，"五方杂处，良莠不齐"的极为难治的地方。

这次起义的规模虽然不大，时间比起明末农民起义和太平天国并不算长，但是我们决不能忽视这次起义的作用与意义。因为它给予了大清王朝以严重的打击，使大清王朝的专制统治，从走向没落的边沿，更加推向没落崩溃的深渊。起义的结果，虽然由于起义军方面存在着种种弱点而最终失败，但是在这次起义反清、反对官府地主压迫的过程中，所表现的不屈不挠的斗争精神，再一次显示了中国人民富有强烈的革命性和斗争性，为太平天国及其以后的革命树立了良好的斗争榜样。

这次起义的领导者和组织者，像历史上发生的若干次起义一样，主要是带有严重神秘主义（从白莲教徒所念的"真空家乡，无生父母"八字"真诀"可以看出）和某种程度禁欲主义色彩[①]，然而有着悠久历史的宗教——白莲教——起义的基本群众，除了老林山区的农民之外，还有大量的流民无产者（啯噜党的基本群众）、手工工厂的雇佣工人以及部分从官兵转变过来的士兵（具体表现在金川之役官军败绩，不少败兵无家可归，纷纷加入了啯噜党）。他们在起义的过程中，

[①] 严如熤：《三省边防备览》卷 14《艺文》，《平定教匪总论》。

虽然没有提出明确的政治口号,但是他们往往"以官逼民反为辞"①,到处宣称"劫运临头,清朝将灭"(前者是起义领袖被捕后遭受审讯和逼供时的藉词,后者是白莲教鼓动他的教徒及广大群众参加起义的口号)。这虽是一些极其简单的藉词和政治口号,但也足以表明这次起义是在那种特定历史条件下,由于腐朽的封建生产关系,严重地束缚了生产力的发展,以及不堪民族压迫的情况下发生的。它之所以发生在清代中叶,是有它深刻的社会背景和经济上的原因的。

从统治阶级的角度来看,这次起义发生的原因,仿佛是和珅专政一人所激起,它之所以蔓延三省,经年累月不能镇压下去,仿佛仅仅是"带兵各员,向无经略为之统辖,彼此迁延,事权不能画一"②,以及各路"带兵大员,往往各自为计,竞择勇健之兵,留为自卫,贼退作为剿败,贼窜惟事尾追,虚报斩获,坐糜粮饷"③,镇压军在白莲教起义之初没有统一指挥,将领之间自相矛盾等诸如此类的有利于起义军的主观因素在起作用(显然,这种主观片面的错误看法是唯心的),但是,马列主义者认为,"一切革命都是许多客观因素和主观因素发生作用的结果,是各种客观因素的总和,即促使革命完全成熟的各种客观变化的总和,造成革命形势"④,而这种革命形势的特征之一是,"被压迫阶级的贫困和灾难,超乎寻常的加剧"⑤。既然这次起义是在那种特定历史条件和地理条件下发生的一次起义,那么,这次起义同样是

①《十朝东华录》,《嘉庆四年正月谕》。
②《嘉庆湖北通志》卷首,《圣训四·嘉庆四年七月制》。
③《清实录》卷26,《嘉庆三年正月谕》。
④康士坦丁诺夫:《历史唯物主义》,人民出版社,1955年,第274页。
⑤列宁:《第二国际的破产》,载《列宁选集》第2卷,人民出版社,1960年,第620页。

"许多主观因素和客观因素作用的结果"。既然这次起义有它深刻的社会背景和经济上的原因,那么,在这次起义之前被压迫阶级的贫困和灾难同样达到了"超乎寻常尖锐化的程度"。

这次起义的主客观因素究竟怎样?三省老林被压迫阶级的贫困和灾难究竟达到了怎样尖锐的程度?这的确是一些极其复杂和细致的问题,这样的问题,只有通过"具体事物进行具体分析",才能深入问题的本质,才能找出正确的答案。

我做这篇文章的目的,主要打算就这次起义的客观因素,起义前三省老林一带阶级矛盾尖锐化的情况来加以研究,换句话说,即研究一下这次起义之所以起自湖北宜都当阳,并且很快蔓延三省的经济方面的原因。此外,南巴老林的手工工场很多,并且大部分为私人所经营,在一般人的心目中,仿佛觉得资本主义萌芽,只有在经济发达的地区(如江南的丝织业,江西景德镇的制瓷业,广东佛山镇的铁器业,北京门头沟的民窑等诸如此类地区的手工工场才有可能),殊不知愈是经济发达的地区,统治阶级对这些手工工场控制愈严,阻碍资本主义萌芽产生和发展的因素会愈多;相反的,在经济上虽然比较落后,或者介乎先进与落后之间,然而统治阶级在政治控制上比较薄弱的地区(南巴老林汉中一带就是这样的地区),倒容易找到比较适合资本主义萌芽产生和发展的有利条件。因此之故,我做这篇文章的第二个主要目的,打算在探讨白莲教起义的经济方面的原因时,同时探讨一下有关这一带的资本主义萌芽问题。

二、三省老林的概念及其自然环境

白莲教既不是发生在一般的平原地区,也不是发生在一般的丘陵地带,如上所述,它是发生在特殊地理环境下的一次起义。我们不是唯地理环境论者,没有必要去夸大这种特殊地理环境对白莲教起义起了多么重要的作用，但是如果在研究这次起义的客观因素如何在三省老林一带发生作用，用联系的观点全面地去进行考察时，则不能不注意这种在历史上曾经为农民革命的理想地区，对于清代白莲教在这一带的传播，及其起义后在这一带与官军长期坚持斗争所给予的方便和有利的作用。

我所认为的特殊地理环境，究竟怎样的特殊？它所包括的范围如何？里面的自然条件究竟怎样？为了回答这些问题，这里不能不以较长的篇幅来进行比较详尽的叙述。

所谓特殊的地理环境，指的是三省老林地带，它的位置坐落在三省边界地方。

林无所谓老，何以名之曰老林？主要因为这一带是一个袤长数千里，"古木幽篁丛生，悬崖峭壁"①，地方窎远，人迹罕到，长时间没有开辟或者开辟很少的地区。

老林的范围很广，有狭而言之的老林及广而言之的老林。狭而言之的老林，即指南山老林和巴山老林。南山老林的范围，"盖由陕西之略阳、凤县迤逦而东，经宝鸡、郿县、周至、宁陕、孝义、镇安、山阳、洵阳，至湖北之郧西，中间高山深谷，千支万派，统谓之南山老林"；巴山老林的范围，盖"由陕西之宁羌、褒城迤逦而东，经四川之南江、通江、巴州、太平、大宁、开县、奉节、巫山、陕西之紫阳、安康、平利，至湖北之竹山、竹溪、房县、兴山、保康，中间高山深谷，千峦万壑，统为之巴山老林"②。广而言之的老林，"就其最深广而言，楚则二竹（竹山、竹

---

①严如熤：《三省边防备览》卷14《艺文》，《老林说》。
②严如熤：《三省边防备览》卷14《艺文》，卓秉恬《川陕楚老林情形亟宜区处》。

溪）、兴（山县）房（县）、巴（州）、归（州），环绕数百里也。蜀则太平、东乡、开（县）云（阳）、大宁，环绕数百里也。秦则宝（鸡）、郿（县）、周至、宁陕、孝义、洋县，环绕数百里也"①。这就是说，广而言之的老林，除了包括南巴老林之外，还包括了东乡、归州一带的山区。

这样一个"地近中原"袤长数千里的山林地带，大约自金元以来，因其"侨徙日众"，陆续有人前来开垦，到了清代乾嘉年间，荆、襄、郧、汉一带大部分地区，荒山都已垦成熟地，但山内仍有许多未辟老林。如陕西西安府周至、洋县一带，虽然"老林已开十之六七"，但未开辟的仍有"黄柏园、都督河、敖山、太古坪等处，西接郿、宝，东连宁陕，老林广三百里，长二三百里不等"②，这些人迹罕至之地区，在其"未辟之先，地旷人稀，狐狸所居，豺狼之薮"③，到处极目荒凉。到了既辟之后，山内"烟户倍增"，"江广黔楚之无业者，侨徙其中，以数百万计"，他们"依亲傍友，垦荒种地"④，"五方杂处，良莠错居"，过着极其穷困的生活。

由于这是一个山区地带，"山内州县，地瘠赋轻，大者周围三千里，小亦常五六百里，地方辽阔，令尉固耳目难周，营讯亦晨星落落"，"且省各有界，犬牙相错，不能越境而谋，勤能之吏，亦只自固其围"，加之地方窎远，地方官鞭长莫及，"各边徼距会城远者三千里，近者千数百里，不请命则专，请命则缓不及待，复事连三省，大府资商往返动须数月"⑤。从统治阶级的角度来看，因为这是一个地形"犬牙相错，不

①严如熤：《三省边防备览》卷14《艺文》，《老林说》。
②严如熤：《三省边防备览》卷14《艺文》，《老林说》。
③《光绪定远厅志》卷5，《地理志》。
④严如熤：《三省边防备览》卷14《艺文》，卓秉恬《川陕楚老林情形亟宜区处》。
⑤《皇朝经世文编》卷82，严如熤《规画南巴棚民论》。

能越境而谋","一隅有事,边彻悉警"的最易藏"奸"藏"盗",统治势力极不容易深入的"三难管",或者"三不管"的地区,故统治阶级深深感到"讲乂安之策,必合三省通筹之也"①。但是,从来对统治阶级不利的事,往往意味着对人民有利,这一带地理环境所起的作用正是如此。正因为这一带的地理形势对人民有利,明末农民军才有可能在卢氏山区及房、竹地区建立根据地,正因为这一带的统治势力比较薄弱,清代中叶才有可能在这一带迅速传播,发动起义与官军进行较长时间的斗争,充分利用地形,使用运动战术,使官军惟事尾追,在起义的最初几年内,统治阶级感到束手无策。②同样,因为统治阶级对这一带无法控制,中国资本主义萌芽才有可能在这样一个经济比较落后的地区,由于种种条件的凑合,终于有所萌芽,并且得到了比较顺利的发展。

由于这是一个山区地带,就南巴老林的山内来说,自然谈不上交通便利,农田水利灌溉事业有多大的发展,但我们谈到山区地带,并不意味着没有河流,没有适合于山区地形的水利灌溉事业,恰恰相反,这一带大大小小的河流纵横其间,农田水利亦有所发展,尽管它并不发达。

经过这一带的河流主要有汉水。"汉水自陕西嶓冢发源,至郧县入楚境,历均州、光化、谷城、襄阳、宜城、钟祥、荆门、京山、潜江、天门、沔阳、汉川、汉阳等十三州县,与江水合";其次,经过巴山边沿各州县与汉水一同东流的河流有江水。"江水自四川岷山发源,至巴东县入楚境,历归州、东湖、宜都、枝江、松滋、江陵、公安、石首等县,东

---

①《皇朝经世文编》卷82,严如熤《三省山内边防论二·形势》。

②严如熤:《三省边防备览》,《平定教匪总谕》。《十朝东华录》,《嘉庆四年十二月谕》。

至监利县汇洞庭,又东由沔阳、嘉鱼、江夏等州县与汉水同出黄州而达温浦"①。汉、江二水交通均甚发达,尤其是汉水的交通,对于这一带的经济发展起了很大的作用。大抵山内各厂加工制造的成品及山内出产的农产品,除了供给当地山民需要之外,主要靠这条水路运至襄樊,再由襄樊积集起来,转运中原及江南各地发卖。同时,山民所需要的衣着及其他本地不能制造的农产品,无不主要从这条水路运进。因为汉水交通发达,商贾往来频繁,加之"滩高水急、搬运维艰",需要很多拉把手,故山内无地可耕无田可种或者田地很少的人,每遇荒旱之年,不得不被迫"借资下游、沂流而上",或者年岁丰登,"资包谷杂粮,而水路下达襄樊一二千里,又下至武昌一千二百里"②,充当水手,过着半饥半饱、牛马不如的生活。

　　三省老林各州县的灌溉事业,大抵做到了因地制宜,在有河流经过的地方,不外乎是筑堰堵水,引渠灌溉,没有河流经过的地方,采取作"大池蓄水"的办法。前者如"汉中山河(作)大堰三道,拦乌龙江水作堰……头堰绕褒城城下,至新集入汉己、文圯,第二堰由褒城之金华堰入南郑,经上汉卫高桥、三皇川汇入汉水,环绕百余里,灌田八万余亩。第三堰在二堰下五百里,至沙河下九真圩入汉,灌田二万余亩"③,后者如"南郑、褒城,其水利……在汉江北天台山下,引沟水作大池蓄水,有南江、顺池、黄道、白阳等八池,大者宽数十丈,长二三里,灌田数百亩,数千亩不等"。此外,引小溪水进行灌溉非常普遍,如"郧阳……各堰,下种百余石,而山农之因溪岸山湾作小渠以灌溉者,

---

①《楚北江汉宣防备览》卷上。
②严如熤:《三省边防备览》卷8,《民食》。
③严如熤:《三省边防备览》卷8,《民食》。

处处有之"①。由于这是一个山区地带,"山势陡窄,鲜膏沃之地",故这一带山地多,水田极少,如"郧阳崇山峻岭,平畴水田,十居一二"②,"周至山内数百里,处处峻岭深涧,宁陕厅近城汤平河岸,间有水田,不过数百亩",他如"镇安、山阳,寸趾皆山,绝少水利,商南、确南间有水田,然亦不多"③。虽然如此,那些善于开垦的山民,为了尽可能地种稻资生,往往"就山塌斜势,挖开一二丈、二三丈,填补低处,作畦叠垒上",利用山沟细水开成水田,因为这样的水田开种之后,往往"缘塍横于山腰,望之若带,由下而上,竟至数十层,(故)名曰梯田"④。山内梯田较诸天然水田要多。如"巴州地势散漫,山多田少,巴属之民,多楚黔流徙,善于开垦,土山无石,则旋绕挖作水田,故梯田较多"⑤。

山内气候较诸平原差别很大,与丘陵相比较也有很大不同。严如熤《三省边防备览》载:

> 山内气候与平坝不同,南山、大巴山团成之属,积雪到夏初方消,到八九月间又霏霏下雪矣。十月以后,土结成冰,坚滑不可行陟,高者用锄挖磴,攀树枝而上。⑥

可见,这一带的气候比起江南丘陵地带要寒冷得多。总的来说,这一带的气候是"夏无酷暑,冬极严寒"。此外,因为这一带"老树阴森,为太古时物,春夏常有积雪,山幽谷暗,入其中者,蒙蔽不见天

---

① 严如熤:《三省边防备览》卷8,《民食》。
② 严如熤:《三省边防备览》卷8,《民食》。
③ 严如熤:《三省边防备览》卷8,《民食》。
④ 严如熤:《三省边防备览》卷8,《民食》。
⑤ 严如熤:《三省边防备览》卷8,《民食》。
⑥ 严如熤:《三省边防备览》卷11,《策略》。

日"①。大凡森林很多的地带,气候一定会很阴凉,往往多雾多雨,而多雨多雾的天气,不仅会影响农作物的收成,而且也不适宜于人畜的居住,如果人们在这样的环境中长期生活下去,就会因多雨多雾的气候而发生种种疾病。南巴老林的气候大多就是这样。兹以巴山为例,"巴山山大林深,天开一线,常多阴雨,即晴霁亦有浓雾,中多硫磺气,触之生膨胀疟疾之疾。又盛夏必有数处下雹,小如弹丸,大或盈拳,压伤包谷杂粮,人畜须急避林严方可免患"②。巴山一处气候如此,南山气候亦可知。这里,我们不能忽视这样的气候给山民带来的影响。因为:第一,它会使山内包(苞)谷清风,造成各厂停工歇业,甚至引起天灾流行。如紫阳县在道光"十二年(公元 1832 年)壬辰夏秋,阴雨过多伤稼,岁大荒,人相食","十三年(公元 1833 年)癸己更甚,自正月至九月,共晴三十三日,其余非阴则雨,米斗值大钱一千六百文,贫民儿女典卖几尽,甚至骨肉相食"③,就是一个很好的证明。第二,这样的气候,使多灾多难的山民,在贫病交加的情况下,由于自然科学极不发达,征服自然的力量很弱,加上他们对于自己之所以会受到剥削压迫的根源,并不能有什么深刻的了解,他们会在原有迷信基础之上更加迷信,相信"持斋念咒,戒贪戒淫,可以成佛成仙"④,加入各种宗教组织(山内宗教很多,其"教之名称不一,曰清香,曰圆顿,曰太阳,曰天主,曰白莲,皆山内所有"⑤),藉入教以获得某种程度的精神上的安慰与寄托,从而为最适合于贫苦农民心理的白莲教在山内的传播,大开

①严如煜:《三省边防备览》卷 11,《策略》。
②《光绪定远厅志》卷 5,《地理志》。
③《光绪紫阳县志》卷 7,《纪事志》。
④严如煜:《三省边防备览》卷 14《艺文》,《平定教匪总论》。
⑤严如煜:《三省边防备览》卷 11,《策略》。

方便之门。由此可见,白莲教之所以在三省老林一带,能够得到迅速
的发展和拥有相当深广的群众基础,与这样的自然环境,多少是不无
关系的。

　　山内的物产非常丰富,山珍野味,颇不乏其物,并且有许多特产
是平原所没有的。严如熤《三省边防备览》载:"山内花草药果,鸟兽鳞
介之属,芬奇珍异,多平原所无者。"①光绪《凤县志》亦载:"其常见者
不胜录录,其特产者,禽如拖翎百舌鶒鷄海青之属,兽如獐、狐、麋、
鹿、豺、豹、熊、虎、羊、猪、鼠、兔之属,非山薮深邃,林薄丛幽,殊不多
有,惟山内宜养,牛羊繁庶。"②可见山内飞禽走兽极多,家畜牛羊之
类,亦颇称"繁庶"。在农业方面,山内农产品种类很多,细分起来不外
乎正粮、杂粮、蔬菜三类,正粮计有稻麦,杂粮计有黍、稷、粱、粟、山
芋、大菽、赤豌、蚕、豇、刀、萹等豆类。蔬菜计有胡椒、苜蓿、蔓菁、白
菜、苣、芥、苋菜、黄、丝、冬、苦等瓜类,总计有 74 种之多(该数字根据
《三省边防备览》卷八《民食》统计的)。大约凡是平原及一般丘陵地带
所出产的最一般的农产品,山内无不应有尽有。农产品种植之法,都
是因地因时制宜,大抵"山内溪沟两岸及浅山低坡,尽种包(苞)谷麻
豆,间亦种大小二麦,山顶老林之旁,包(苞)谷麻豆清风不成,则种苦
荞、燕麦、洋芋、洋芋花、紫叶圆等"③。"包(苞)谷即玉黍,有象牙白、间
子黄、火炕子诸类"④。苞谷是山内主要农产品,山民"蒸饭作馍,酿酒
饲猪,均取于此"。由于"包谷高至一丈许,一株常二三包,上收之岁,
一包结实千粒,中岁亦五六百粒,种一收千,其利甚大",故山民在"乾

---

　　①严如熤:《三省边防备览》卷 8,《民食》。
　　②《光绪凤县志》卷 8,《物产》。
　　③严如熤:《三省边防备览》卷 8,《民食》。
　　④《光绪紫阳县志》卷 3,《食货志》。

隆三十年(1765年)以前秋收以粟谷为大庄,与山外无异",到了乾隆三十年之后,因为流民日渐增多,苞谷有利可图(尽管苞谷没有粟谷耐于久贮),山民大量种植苞谷,于是"遍山漫谷皆包(苞)谷矣"①。因为苞谷为山内的主要农产品,其用途颇广,且"与大小二麦之用相当",所以山民往往以它收成的"厚薄",作为年成荒歉之标准,即所谓"夏收视麦,秋成视包(苞)谷,以其厚薄定岁之丰歉。"②苞谷既已成为山内年成丰歉的主要标准,当然它在山内整个农业经济中的价值与作用,一定不会很小,故山内苞谷收成的厚薄,不仅关系着山民的衣着日用,同样也关系着山内各厂的开设,如果山内"包谷清风",那么,各厂就不能不停工歇业,关门大吉了。

有关山内的自然环境及主要农作物至此差不多已叙述完毕,下面打算以较大的篇幅继续就猪的饲养与贩卖,粮食的商品化以及烟草、姜、药材、香蕈、木耳、香菌等农业部门中的商业性农业的经营,结合着后面有关这一带手工工场的资本主义萌芽问题,用联系的互相影响的观点来附带地分别加以叙述:

(一)猪的饲养与贩卖

猪为山民的主要副业,也是商人获利较大的一种商品。由于山民居于万山之中,距离城市很远,在经济上往往与大城市隔绝,但山内需要货币流通,山民为了购买盐布,庆吊人情,礼尚往来,需要若干青蚨钱以资日用,在山内经常发生"钱荒"的情况下,将少许粮食运到城市去卖,因运费太大,况"年岁丰登,谷价太贱",对山民很不合算,唯一的办法是将粮食酿酒喂猪,通过猪的饲养来达到"济日用"的目的。上面曾经提到苞谷的用途较广,除了"蒸饭作馍"之外,还可以"酿酒

①《道光石泉县志》卷4,《事宜》。
②严如熤:《三省边防备览》卷11,《策略》。

饲猪",因此,凡是"山中多包谷之家,(无不)取包谷煮酒,其糟喂猪",将酿酒的家庭手工业与养猪副业结合起来。因为养猪"亦山中大贸易,与平圹之烟草、姜黄、药材等同济日用",故山民养猪之多,有的"一户之中,喂猪十余口"①,有的"喂畜猪只,多至数十头"②,甚至有的州县(如安康县)山民,每年"哺嘈牧豕,岁(达)数千蹄"③之多。一县之中,养猪的数字已达数千蹄,山内各州县养猪的可观数字,概可想见。如此众多的猪只,养肥之后,"或生驱出山,或腌肉作脯,转卖以资日用"④。山民很少亲自贩卖,往往"卖之客贩,或赴市集"卖给猪贩。这样"猪至市集,盈千累万,船运至襄阳、汉口市集售之"⑤,使获利数倍的商人资本更加充足,而这样一个经济比较落后的山区,通过商品货币关系,与手工业发达的全国性的大城市——襄阳、汉口,实际上取得了密切的联系。

(二)粮食的商品化

乾嘉年间,在全国农业经济发达的地区,粮食的商品化已经成为普遍现象。作为经济比较落后的老林山区粮食是否已经商品化了呢? 回答是肯定的。上面所谈及的苞谷养猪的情形,只不过是粮食商品化的一种间接的特殊方法。下面请看安康县粮食直接转卖的情形。嘉庆《安康县志》载:

> (安康县每年)得谷三千六百万石,县编民……每岁计
> 食用谷三石,尽用谷六百万石,所余至三千万担之多,然而

---

① 严如熤:《三省边防备览》卷8,《民食》。
② 严如熤:《三省边防备览》卷11,《策略》。
③《嘉庆安康县志》卷10,《建志考》。
④《光绪定远厅志》卷5,《地理志》。
⑤ 严如熤:《三省边防备览》卷8,《民食》。

民无盖藏,时虞饥馑者,则酒醴之消耗,商贾之贩运也。籴贩之害,舟运为大。流水铺之流水店,大道河之月池,皆有囤户积粟以待籴贩,而锁龙沟南之火石沟尤为聚会要地。岚河自火石沟以下,可通小舟,故籴贩者皆囤积,逆旅待时,赁舟东下,衡口多稻,有力者于稻未刈获,乘穷民空乏,贱价预籴,名曰买青,盖即五月巢新谷之计收成,则载月河小舟运郡,此皆郡城富商大贾所营谋,岁下襄樊,其利数倍,而不知实为民食之害。①

这里所列举的是老林州县内比较典型的例子。我们仅就安康县每年生产三千六百万石粮食,当地居民仅用去六百万石,其余的粮食均为"酒醴之消耗,商贾之贩运"所用尽的严重情况,不难看出这一带的商品粮食生产及粮食商品化的大概情形。

(三)烟草的大量种植

烟草是一种重要的手工业原料。这种带有尼古丁毒质的东西,自从明代中叶传入之后,吸食和种植的人愈来愈普遍。烟的种植最早始于福建,到了明末清初,由于吸食的人普及社会上的每一阶层,种植的面积也随之扩大到全国范围的大部分地区。清初某些地区(如福建)的种烟情况是"烟草之植,耗地十之六七"②,这虽是一句带有某种程度的夸大之辞,但它可以说明烟草的种植早在清初整个农业经济中已经占着相当大的比重。烟草的种植既然在全国农业种植面积中已经占着相当的比重,作为经济比较落后的老林山区,在那种普遍种植的情况下,当然不可能不受其严重的影响。实际上这一带的种植情况,因其"一地大约终岁获利过稻麦三倍",已经像某些典型地区一

①《嘉庆安康县志》卷10,《建志考》。
②《皇朝经世文编》卷36,郭起元《论闽省务本节用蔬》。

样,远远超过了自给自足的范围了。三省烟草的普遍种植情况,在四川的情形是"近日河坦山谷低峰高原,术艺遍矣"①。而陕西汉中一带的种植情形,岳震川在其府志食货论里进行了如下的叙述:

> 今汉中郡城,商贾所集,烟铺十居其三四,城固湑水以北,沃土腴田,尽植烟苗,盛夏晴霁,弥望野绿,皆此物也。当其收时,连云充栋,大商贾一年之计,夏丝秋烟……南郑、城固大商重载此物,历金州以抵襄、樊、鄂、渚者,舳舻相接,岁靡数十万金,可谓好之僻矣。……又闻紫阳务滋烟苗,较汉中尤精尤易售,此又以为戒,弗可效也。②

这是一段值得我们好好注意的文字。这段文字虽然由于作者是站在反对种烟的立场,在他描写这一带种烟的情形时,在文字上可能有些加工,但他所记载的基本情况应当符合事实。因为这段文字中所记载的"城固湑水以北沃土腴田,尽植烟苗,盛夏晴霁,弥望野绿"的大量种植情况与《三省边防备览》所记载的"汉川民有田数十亩之家,必栽烟草数亩"的情况相符。这段记载表明:第一,这样的大量种植商业性的农产品,必然会使非商业性农产品的种植面积缩小,使整个农业部门中的种植情况发生变化。我们绝不能把这种大量种植烟草的现象,简单看作是山民为了自给自足,为了卖些青蚨钱,"以为纳钱粮市盐布,庆吊人情之用"③,而应当看作是纯粹为了进行商品生产,供应本地及其他地区(如这段记载里所提到的襄、樊、鄂、渚等地方)手工工场所需要的原料。这种现象的出现,是全国整个商品经济货币经济发展刺激的结果,也是全国资本主义萌芽发展时期扩大社会分工,

---

① 《嘉庆四川通志》卷75《食货》,彭遵《蜀中烟说》。
② 《皇朝经世文编》卷36。
③ 严如煜:《三省边防备览》卷8,《民食》。

进一步瓦解自给自足自然经济的结果。第二，"汉中郡城商贾所集，烟铺十居其三四"。如此众多的烟铺，一方面说明这一带烟的吸食者非常普遍；另一方面这里的所谓烟铺，不应当单纯地看作卖烟的地方，而应当同时理解为制烟的作坊，换句话说，这样的烟铺担负了售烟和制烟的双重任务。因为封建时代比较简单的制造作坊，往往就是销售的地方。第三，"南郑、城固大商重载此物，历金川以抵襄、樊、鄂、渚，舳舻相接，岁靡数十万金"。这反映烟的可观产量与猪肉同样为山内之贸易大宗。通过烟草的贩卖，同样可以使汉中郡城与其他全国性的大城市取得密切的联系。

（四）生姜、药材的经营

姜药材在山内的种植也很普遍①。川陕楚三省都出药材，而且种类很多，仅陕西一省所出的药材，就达 250 种之多（根据雍正敕修《陕西通志》记载进行的统计），其中黄连、厚朴为老林山内的特产②。药材的种植不仅遍及三省，而且老林巴山一带，还有所谓专门种植药材的场地（《三省边防备览》称之曰药厂）。《三省边防备览》载：

> 药材之地道行远者为厚朴黄连刃种，老林久辟，厚朴、黄连之野生者绝少，厚朴则系裁成于小坡平圩，中有笔筒厚朴，言其小也。树至数年十数年如杯如盆，则好厚朴矣。黄连于既辟老林山凹山沟中，栽种商人写地数十里编裁之，须十年方成，常年佃棚户守连，一厂辄数十家，大抵山愈高，谷愈深，则所产更好，雪泡山、灵官庙一带连厂甚多。③

这段记载告诉我们，巴山老林以雪泡山、灵官庙为中心的药材

①严如熤：《三省边防备览》卷 8，《民食》。
②《光绪大宁县志》卷 1，《地理》。
③严如熤：《三省边防备览》卷 9，《山货》。

厂,就其所种植的药材种类来说,只不过种植了成本比较大(从其需要雇佣很多人来租种,及需要数年十数年才能长的如杯如盌的情形可以看出)然而质量比较好、价值比较贵等厚朴、黄连、但就其经营的方式来看,不但与一般商业性农业经营方式不同,而且与其他地区种植药材的方式也不一样。该地"商人写地数十里编裁之……常年佃棚户守连,一厂辄数十家"转租山地,雇佣大量山民进行种植的经营方法,简直是一种近似于资本主义租地农艺家经营商业性农业的新型的经营方式。这种新型的经营方式,虽然在清代经营商业性的农业中并不常见,而且即使根据这条材料也还不能武断地认为这就是与资本主义农业经营毫无差别的方式。因为商人虽然写地转租给佃棚户种植,与佃棚户建立了新型的租佃关系,但作为充当雇佣劳动的佃棚户,不一定就是常年的单纯的与资本家发生雇佣劳动者,他们还可能从事其他农业劳动,另租种了地主为数不多的山地,与地主有着旧式的租佃关系。虽然如此,这种商业性农业的经营方式,毕竟是值得我们注意的新型的经营方式。

(五)木耳、香蕈、香菌的制造

木耳、香蕈、香菌的制造主要集中于南巴老林山内。南巴老林内凡是生有青冈木、梓树桫椤等木的地方,差不多都已经营这种商业性的农业,设有专门性经营的场地。据卢坤《秦疆治略》所载:仅西乡一县山内,就有"耳厂十八处,每厂工匠不下数十人"。《三省边防备览》在记载四川的情形时说:"川中财货之饶甲于西南,而在山中则绮罗珠玑之内,皆无有焉,所产者木耳、香蕈、药材为多"①,可见商人在南巴老林内经营这种商业性的农业非常普遍。

南巴老林的木耳、香蕈、香菌各厂,规模并不算大,制法也颇简

①严如熤:《三省边防备览》卷9,《山货》。

单,各地制法,大体相同。如川中"木耳香蕈厂,其蓄树作架,摘取之方,与南山无异"。木耳、香蕈是一种花栗、青冈、梓等树木生长出来的东西。具体的制法是:"择山内八九年五六年花栗青冈树,用之不必过大,每年十月内将树伐倒,纵横山坡上,雨淋日晒,至次年二三月间,将树立起二三十根,攒一架,再经过淋晒,四五月内即结木耳。"大体这样生长的耳木,"第一年结耳尚少,二年最旺,三年后木朽烂不出耳矣"。木耳既结,随即进行采摘加工,采耳加工之法"遇天晴则晒晾,阴雨用火焙干,然后打包",这样便完成了木耳、香蕈的全部制造过程。

制造香菌的原料与木耳香蕈厂相同,都是采用"青蕈梓树桫椤等木",但具体制法略有不同。如果将两者制法比较一下,则有如下不同:第一,在选择原料上,制成香蕈木耳的花栗青冈树"用之不必过大",而香菌厂"必择大者,小不堪用"。第二,木耳厂将树砍倒,纵横山坡经雨淋后,必须"将木立起二三十根攒一架,再经雨淋洒",而香菌厂"将木放倒不去傍枝,即就山头坡上,任其堆积雨淋洒",用不着立木攒架。第三,在时间上,制造木耳的攒架树木,"经淋晒四五月内,即结木耳,第一年结耳尚少,二年最旺,三年后木朽烂不出耳矣"。而产香菌的树木,经雨淋日晒,需"三年后即结菌",收获的时间较长,一般可收"七八年至十年"。第四,在加工手续上,木耳、香蕈焙干后,可马上打包,而香菌必须"先用火烘干,再上蒸笼蒸过后然后装桶"[①]。十分显然,从事这种专门性的商业性的农业经营者,不是农民为了自给自足而附带经营,而是那些拥有相当资本的商人们,纯粹为了进行商品生产,雇募相当数量的工匠而制造的。这里我们看出这种商业性的农业是属于怎样的一种性质了。以上就是南巴老林一带商业性农业经营大概情况。

_____

[①]严如熤:《三省边防备览》卷9,《山货》。

我们从这些商业性农业发展的情形中，不难看出这一带的农业部门在当地手工工场及其他地区手工工场发展的影响下，已经起了激烈的变化，某些商业性的农业已经从整个农业的体系中脱离出来，成为独立的专门性的完全为了商品生产的农业经营。我们从这一带商业性农业发展的程度，及其所出现的新型经营方式的情形来看，虽然还不能武断地认为这一带在农业上已经有了怎样发展的资本主义萌芽，但我们至少可以肯定这一带农业部门中的某些农业里的确有了很明显的资本主义萌芽。这里，我们不能忽视这种商业性农业的发展对于这一带手工场开设的作用与意义。因为商业性农业的发展，固然是在商品经济和货币经济，以及手工工场的影响和刺激下发展起来的，但是它的发展，反过来可以影响手工工场。一方面，它为资本主义在这一带某些手工业部门中发生萌芽创造了前提条件，使资本主义萌芽在这一带手工业部门里已经有了萌芽的基础之上，有可能得到更进一步的发展；另一方面，通过这些商业性农产品的交换，使这样一个地位比较偏僻经济比较落后的地区，不至于隔绝孤立，而与它周围某些经济发达的地区取得了密切的联系。

三、流民的来源及其入山后的生活情况

流民问题是一个历史性的为历代统治阶级长期不能解决的社会问题。在中国的历史上似乎有着这样一个规律：每当专制政权地主高利贷商业资本对农民进行无休止的残酷剥削和迫害，迫使他们离开土地，造成土地过分集中，而这些从土地上游离出来的流民，得不到适当安插的时候，就会加深社会阶级矛盾尖锐化，以致造成天下大乱，在全国或者被压迫阶级的灾难和贫困已经到达顶点而统治势力比较薄弱的局部地区，发生波浪式的此起彼伏的农民起义，并且这种起义往往经年累月，一直继续到这些流民得到适当安插为止。不管这

些起义问题本身如何复杂,起义的规模大小、时间、地点、性质、作用有着如何的不同,从其起义开始,到起义结束,似乎大体都要受着这一规律的支配。远的不必说,明代成化年间的刘千斤、李胡子的起义,很明显的是在受着这一规律的支配。明末的李自成、张献忠的大起义,以及本文所涉及的清代中叶的白莲教大起义,也曾经似乎受过这一规律的支配。由此可见,中国历代发生的农民起义问题,实质上是一个迫不及待的需要解决的流民问题。历代统治阶级在解决这个问题时,最初往往是采取一种粗暴的方法。例如在流民开始从土地上游离之初,统治阶级为了保证其赋税收入,严防集众滋事,不惜采用封山禁山,皇册鱼鳞册(明代杜绝流民离开土地的主要办法)或者加强保甲的控制,关口的稽查(清代杜绝流民离开土地的主要措施)等办法来杜绝农民离开土地。在其从土地上游离出来积集一处以致发生起义之后,又不惜采取严厉的军事镇压措施,强迫他们发还原籍(如明代统治阶级在对待刘千斤、李胡子起义问题上这点表现最明显)。但是历史事实告诉我们,统治阶级采取的这些粗暴措施,完全是愚蠢和徒劳的。这些措施不但不能解决流民问题,相反的,只能激起流民的更大反抗,拖延斗争时间。明代成化年间刘千斤、李胡子相继发动起义,白圭、项忠之流,在其起义之初,曾经对荆襄一带流民进行了残酷的屠杀和驱逐,可是屠杀和驱逐的结果,并没有使已经积集起来的流民发还原籍;相反的,荆襄"流民屯结如故"[1],继续坚持斗争,最后还是采取周洪谟"听其附籍而设州县以抚之,置官吏,编里甲,宽徭役,使安生理"[2]的安插流民之法,命原杰进行安抚,这次起义才算没

---

①《明史》卷 178,《项忠传》。
②严如熤:《三省边防备览》卷14《艺文》,周洪谟《创治郧阳府记》。

有继续下去。清代中叶白莲教起义之初,清代统治者同样采取了单纯的军事镇压措施,结果不是斗争火焰立即熄灭,而是延长了斗争时间,扩大了起义队伍,使"教匪蔓延日久,裹胁日多"①,"无衣食身家之民,附丽之者愈众"②,最后不得不实行"剿抚兼施之法",对于那些无家可归无地可耕之流民,下令将"南山老林等处可以耕种之区,拨给开垦,数年之内,免其纳粮,俟有成效,再行酌量升科"③,"仿明代原杰经理郧阳、绥辑流民之遗意"④,才算暂时结束了这场斗争。

既然清代中叶白莲教大起义,除了它的反清民族斗争内容之外,同样是因为流民问题严重受上述规律支配发生的一次起义,而白莲军起义的主要地区——南巴老林地带。又是一个"世居者之民十无一二"⑤的来自四面八方的流民积集之所。那么,这一规律在清代如何发生作用?清代的人口流动原因及其具体情况究竟如何?各地流民怎样离乡背井进入南巴老林?入山后的生活情况较诸入山前的生活情况又是怎样?这一系列细致而复杂的问题,的确值得我们详加研究。

清代流民的形成,并非开始于乾嘉年间。早在康熙之末、雍正之初,随着统治阶级大量鼓励开荒进行休养生息的同时,在某些经济已经恢复和发展的地区,早就有大量农民从土地上游离出来的现象。⑥清代流民形成的原因,总的来说,自然是随着生产力的恢复和发展,商业资本和高利贷资本在农村中日益活跃,对农民进行残酷的清洗

---

① 《清实录》卷41,《嘉庆四年三月手谕》。
② 《皇朝经世文编》卷89,洪亮吉《征邪教疏》。
③ 《十朝东华录》,《嘉庆五年三月谕》。
④ 《十朝东华录》,《嘉庆四年九月谕》。
⑤ 《皇朝经世文编》卷82,严如熤《三省边防论》。
⑥ 《十朝东华录》卷12。

（从后文所引越境放债的情形可以看出），日益腐朽的统治阶级在商业资本和高利贷资本发展的影响下，对社会财富和农民的土地进行疯狂的掠夺，加上八旗入关之后，陆续圈占了大量土地，形成"近日田之归于富户者，大约十之五六，旧时有田之人，今俱为佃耕之户"①的土地过分集中现象。广大农民既已失去土地，投附当地地主名下充当佃户，又不能长期忍受"赋外之赋，差外之差"②的剥削，那么，他们唯一的出路只有流亡了。当时流民出外谋生之路计有三条：一是流到城市充当雇工；一是泛舟出海，到海外谋生；一是进入深山老林，开垦荒地，充当佃户雇工。南巴老林山内的流民，就是在上述情况下，选择了进入深山老林，开山作厂，充当佃户雇工的出路。

流民陆续入山的时间，大约"自乾隆三十八年（1773 年）以后，因川楚间有歉收，处所穷民就食前来，旋即栖谷依岩，开垦度日，而河南、江西、安徽等处贫民，亦多携带家室，来此认地开荒，络绎不绝"③。他们的入山路线是："北则取道西安、凤翔，东则取道商州、郧阳，西南则取道重庆、夔府、宜昌。"一路上披星戴月，吃尽千辛万苦，饱经人间风霜，"依亲傍友"，"扶老携幼，千百为群"，"不由大路，不客寓，夜在沿途之祠庙严屋或密林之中住宿，取石支锅，拾柴作饭"，到达老林，除了"遇有乡贯，便寄住写地"④，往往由于新垦荒地，需要具有一定的工本，仅靠开山作厂不足以养活数百万流民，不得不于"种地之外，多资木厢盐井铁厂，纸耳各厂，佣工为生"⑤。这些从各个地方迁徙进来

---

①《皇朝经世文编》卷 39，杨锡绂《陈明米贵之疏》。
②《皇朝经世文编》卷 28，许承宣《赋差关税四弊疏》。
③严如熤：《三省边防备览》卷 14《艺文》，毕沅《兴安升府疏》。
④严如熤：《三省边防备览》卷 11，《策略》。
⑤《皇朝经世文编》卷 82，严如熤《规画南巴棚民论》。

的流民,因其生活极不安定,"开垦伐木支椽,上复茅草,尽蔽风雨,借杂粮数石作种,数年有收,典当山地,方渐筑土屋数板,否则仍徙他处,故统谓之棚民"。棚民之外,还有所谓"客民"。"客民"这一名称的由来,并不包含新增流民客寓之意,相反的它指的是"其开荒成熟,住久有业及小贸易营生者"①。无论"棚民""客民",进入老林后的生活,并不比久经离别的故乡生活有所改善;相反的,他们的生活仍然极苦,工作非常繁剧。例如号称"某骡子"的木厂雇佣工人"壮健异常,计枋一块,重二三百斤……不能行远,日不过三四十里,亦不赶歇店,自带铜锅干粮,结队宿严屋树阴之中",又如盐厂背负之人,从盐厂"至定远不过五六日程,盐背必半月,所负重常二百四十斤,包高出肩背,上重下轻,石崎树角,偶一失足坠陡坡深涧,则人毙包烂"②。工作繁剧如此,再看看他们的生活情形。他们在一般情况下,只能"日食两顿",工作时,虽然能够日食三顿,但"干饭只一顿,早晚两顿,则汤粥间加饼馍"。山民虽然种有稻麦,但大部分山民经常性的食物主要是苞谷及其他杂粮,"至于稻麦,惟土官与市廛之民得以食之"③。这种情形还是年岁比较丰登的民食情况,至于年成较坏,"贫家无米,则专食豆麦,恒以早春充半岁之食,若早春旱,则戚然忧"④。不仅如此,山民在那种贫病交加的情况下,虽然离开故土,鸟出牢笼,但到达山内之后,仍然逃脱不了地主官吏高利贷等吸血鬼的剥削和压迫。

为了更加深刻地了解山民生活情况,进一步揭示出白莲教在山内传播、发生起义及其在较长的时间内在这一带坚持斗争的社会背

① 严如熤:《三省边防备览》卷11,《策略》。
② 严如熤:《三省边防备览》卷9,《山货》。
③ 严如熤:《三省边防备览》卷8,《民食》。
④ 严如熤:《三省边防备览》卷8,《民食》。

景,不妨详细地叙述一下山内的租佃关系,地主、高利贷、官吏三为一体对山民剥削和压迫的具体情形。

为了叙述方便,特将有关情况,胪列于下:

(一)山内的租佃关系

山内荒地很多,在大量流民没有入山之前,"世居者人少,所种者,十分一二","客民""棚民"入山之后,在"给地主数贯,就可赁种数沟数岭"①的情况下,往往租种过多,"客民亦不能尽种,转招客佃",以致形成辗转租佃,"积数十年,有至七八转者,一户分作数十户,客租只认招主,并不知地主为谁,地主不能抗争,间有控讼到案,则中间七八转之招主各受佃户顶银,往往积至数百金,断地归原主,则客民以荒山开成熟地,费有工本,而顶银当照据转给,中间贫富不齐,原主无力代赔,则亦听其限年再耕"②的极其复杂的租佃关系。租佃关系尽管如此复杂,但山民受地主的剥削并不会因此而减轻。地主照样"视地之高下,田之肥饶为准",实行"与佃户平分租谷","主四客六",或"主六客四"③的剥削,照样任意增加地租,山地"一经佃户垦熟,见其获利较多,希图自种,或因原租较少,辄思辞佃,另招牟利",甚至发生"夺佃自种"④的严重情形。在这种情况下,山民退租既不可能,继续租种下去又忍受不了地主的压迫和剥削。总之,他们已经处在进退两难的地位,在人生的道路上,再一次陷入了贫困和失望的深渊之中。关于山民的租种地主土地,因受地主的剥削和压迫,光靠租种山地不能维持生活,从而陷入了进退两难的情形,陕西佛坪同知贾荣怀在其《竹

①《皇朝经世文编》卷82,严如熤《规画南巴棚民论》。
②严如熤:《三省边防备览》卷11,《策略》。
③《光绪定远所志》卷5,《地理志》。
④《光绪白河县志》卷5,《风俗》。

枝词》中,曾经这样地写道:

> 垦得荒山变熟田,悔将限佃写多年;额租难益庄难退,只好频添扯手钱。①

这是山民生活的真实写照,也是上述情况的如实描摹。

(二)地主、官吏、差役的压迫

前面曾经提到南巴老林一带,从统治阶级的角度来看,是一个地方窵远,鞭长莫及,最易藏"奸"藏"盗",统治势力极不容易深入的地区。这样的地区,对白莲教进行传教,组织人民参加起义,固然非常有利,但是任何事情总是有两重性,"有一利,必有一害",因此,这样的地区,在有利于山民进行革命的同时,也有利于地主、差役的横行霸道。因为这样,山内差役所给予山民的直接迫害,较诸他处尤为突出。关于那些"无所不到"。"无所不利"的号称曰"海捕"和"鹰捕"②的如狼似虎的差役,如何压迫着山民,成为地主官吏的帮凶,《府志·山内风土》有着这样一段记载:

> 川楚民情本自好事,加以讼师包揽,教唆鼠牙雀角,便成讼端,差役手奉一票,视为奇货,边境窵运,每将所唤之人,羁押中途客店,关说分肥,所欲既遂,则称未票先逃,索诈未遂,或更有株害,则云唤至中途,被某某等纠众抢回,禀请加票,至城又羁之,保户累月经旬,不得质讯,差役坐食,两造口案费已不赀,至命案之邻证,盗案之开花一案,尤必破数十家,民苦莫诉,几何不胥民而盗也。③

这段记载告诉我们,山内的讼案是作为地主出身的讼师,唆使官

---

① 《光绪佛坪厅志》卷2,《杂记第七》。
② 《乾隆宝鸡县志》卷12,《风俗》。
③ 《光绪佛坪厅志》卷2,《附府志·山内风土》。

府摧粮的爪牙——鼠牙雀角①,为了达到对山民的勒索榨取、无风生浪而引起的。作为官吏缉捕的爪牙、地主的帮凶——差役,只不过利用地主所引起的讼端,利用"地方窵远"便于勒索的有利环境,乘人之危,狐假虎威,将所押之人,一再羁之,同样为了达到某种勒索的目的,不惜"或有株害",直接做出伤天害理的事而已。至于山内所发生的"命案之邻证,盗案之开花一案,尤必破数十家,民苦莫诉"的暗无天日的情况,这段记载似乎主要把它归结为差役一手所造成,实则应当理解为"讼棍勾结差役,无风生浪,遇棚民有事,敲骨吸髓,弁兵亦附合为奸"②的地主、官吏、差役三为一体,串通一气,对于受害者伤天害理的结果。

(三)高利贷的盘剥情形

历代高利贷对农民的盘剥和清洗,是造成农民离乡背井的原因之一。清代高利贷和典当业差不多遍及各省州县。那些无孔不入的高利贷者,不仅于本州县放债,甚至有越境放债的情形。例如乾隆五十一年(1786年),"豫省连岁不登,凡有恒产之家,往往变卖糊口……山西等处豪强富户,越境放债,贱准地亩,且将麦收在望之田乘机图占,一经准折,即攘为己有"③。如此残酷的高利贷,既能越境深入豫省,自然也能蔓延到地瘠民贫的老林。

山内的高利贷和典当业,虽然没有十分发展,但不能因此而忽视它对山民的危害性。它在山内仍然是清洗农民,加速他们贫困和破产的吸血鬼。山内放高利贷者和承当典当的人,几乎都是山外客民。在高利贷方面,多"山外客民携资本入山小贸易,获利息",对山民放债,

---

①《乾隆宝鸡县志》卷12,《风俗》。
②《光绪定远厅志》卷5,《地理志》。
③《十朝东华录》乾隆102,《乾隆五十一年五月手谕》。

"山民最朴,入市交易,所欠债项由客民滚算,如春间限至秋还,秋后则限至明年收麦之时,过期以利息并入"。这样,山民在短暂时间内势必不能还清,以致形成"借本债多,则以地为质,而业非己有,客民以此致富者多"①的大多数山民破产的严重情形。山内高利贷利息之高低,各州县的详细情形不得而知,不过从《光绪洋县志》所载的"县属晋人登垄断权什一之利,有名为青烟债者……有以母权子,债值不止三倍者"②的情况来看,大约一般的高利贷利息都是"什一之利"。典当业方面,山内没有当铺,所典当的东西几乎尽是地产。被迫典当的人,大部分都是"世居者之民,守其先人产业,不肯变卖,或食用不给,始则指地借债,继则当地加价,屡加不已",以致有"当价高于买价"③的情形。此外,由于买地之后"卖者复价索值不止数倍,迨至断契交业,复遭控粮之累",加之典当得地价贱,"乡俗图其贱值,大约典多买少"④,又因为当价往往高于买价,"当价太高,无人承买",以致形成"当户转当,数易当户"⑤的极其复杂的典当情形。

以上就是流民入山后生活的大概情形。这些情形告诉我们:

第一,从各个地方进入老林的流民,他们的最初迁徙意图,是为了逃荒逃税⑥,摆脱地主、官吏、高利贷者对他们的剥削和压迫,从而幻想"适彼乐土",得以安居乐业,可是到达老林之后,实际的生活情况,使他们的幻想立即破灭。贫病交加的生活,繁剧的工作,地主、官

---

①《光绪凤县志》卷8,《风俗》。
②《乾隆宝鸡县志》卷12,《风俗》。
③《光绪凤县志》卷8,《风俗》。
④《乾隆宝鸡县志》卷12,《风俗》。
⑤《光绪凤县志》卷8,《风俗》。
⑥《嘉庆四川通志》卷64《食货》,《附李先复疏》;《嘉庆四川通志》卷首之一,《圣训雍正六年谕》;《皇朝通考》卷19,《户口考》,《雍正五年谕》。

吏、差役三位一体所给予他们的剥削和压迫,使他们不能得到好好安居,只能过着"今年在此,明岁在彼,甚至一岁之中,迁徙数处"①的极不安定的棚民生活。上述所有这些情况,说明山民的贫困和灾难,在白莲教起义之前已经到达相当高度,乾嘉年间的白莲教之所以能够在三省老林一带得到传播,发动起义,并非偶然,而是有它极其深刻的社会背景和经济上的原因的。

第二,因为这些流民进入老林之后,没有得到很好安插,生活的流动性很大,故在白莲教起义的过程中很自然的产生了"或集或散,或徙或居,若鸟兽之无羁缚者"②的不能建立根据地的严重的流寇主义的缺点。

任何思想的产生与发展,都有经济上的原因。为什么宋代的钟相、杨么的起义不会产生流寇主义,而清代中叶的白莲军就会产生严重的流寇主义?这不能找到别的解释,只能理解为两种不同类型的农民起义,他们的经济地位差别很大,一是尚未破产的自耕农,一是已经破产的颠沛流离的流民。

由此可见,白莲军之所以会产生严重的流寇主义,与川、陕、楚流民生活的漂泊无定有着极大的关系。

四、山内各厂开设的条件作用及其开设的具体情况

上面曾经提到流民进入老林之后,光靠租种地主土地的收入,不足以维持最低生活,他们往往"种地之外,多资木厢、盐厂、铁厂、纸厂、煤厂,佣工为生"③。山内的手工工场很多,而且有些厂的规模很

①严如煜:《三省边防备览》卷11,《策略》。
②严如煜:《三省边防备览》卷14,《艺文》。
③严如煜:《三省边防备览》卷14《艺文》,卓秉恬《川陕老林情形亟宜区处》。

大,既然"山内木笋纸耳香蕈铁沙金各厂,皆流寓客民所藉以资生者"①,那么,山内各厂开设的条件、作用及其具体情况究竟如何?则是一个有待于进一步研究回答的问题。

首先,我们应当肯定,南巴老林汉中一带在当时已经具备了开设较大规模手工工场的一切条件。从手工工场开设的经济条件来看,三省老林的范围极为辽阔,场内物产非常丰富。如前所述,山内物产除了各种蔬菜杂粮,应有尽有,"花草药果鸟兽鳞介之属,芬奇珍异有平原所无等"之外,还有铁矿竹笋以及各种树木等手工工场所需要的原料。这一带在地理位置上比较偏僻,但它在经济上并不孤立;相反,由于这一带是汉水巴山大通道地区,加上当地商业性农业的发展,手工业产品的交换,使它与周围大城市取得了密切的联系。关于商业性农业的发展,如何使这一带与全国性大城市取得了密切的联系,前面已经详加叙述,这里不复赘言。至于手工工场产品交换如何使山内与外界取得联系,通过木商与山客互相交易圆木枋板橡栈柴炭等物可以看出。《乾隆周至县志》卷 10 载:

> 黑水谷其源最长,每岁所出木植,近至西、同,远及晋豫皆赖之。每年木植出山之日,黄巢峪地方,木商山客互相交易者,不下数万人。其为利亦不上数万(?)两。其余枋板橡栈柴炭等物,又不止独出自黑水,而骆谷田谷等处亦皆有之,其利亦远及外郡他省。②

这是有关木商山客每年在一定地方互相交易、生意极为兴隆的一段记载。这种记载,一方面反映了山内木厂规模很大,出产成品很

---

①严如熤:《三省边防备览》卷 9,《山货》。
②金济思:《十七世纪末到十九世纪初中国封建社会的几种手工业和手工工场史料》,《经济研究》,1955 年第 5 期。

多（从黑水谷"每岁所出木植，近至西、同，远及晋豫皆赖之"的情况可以看出），加之这一带出产各种木植，成本很低，使商人有利可图，故每年木植出山的时候，木商山客互相交易者才能"不下数万人"；另一方面，正因为商人能够操奇赢厚利，"其利亦远及外郡他省"，故他省商人才会不远千里闻风而来，从而使这一带通过手工工场产品的交换，与外郡他省取得了密切的联系。

从手工工场需要的人力来看，自康熙之末、雍正之初，从土地上被排挤，陆续迁来的过剩人口极多，这些从农村中迁徙过来的流民，光靠租种山地维持生活既不可能，那么，只好以廉价出卖自己的劳动力，充当雇工以维持生活。显然，他们的入山充当雇佣劳动者，为山内各厂的开设，在人力上具备了极为有利的必要的条件。此外，手工工场，需要广大的销售市场，从各个地方陆续迁徙过来的数以百万计的破产农民以及这一带各州县的世居者之户，不可能不首先成为山内各厂的消费者。列宁在其经典著作《俄国资本主义发展》一书中分析到俄国农民破产的后果时说：

> 农民沦为乡村无产阶级，主要是为消费资料造成一个国内市场，而农民转变为乡村资产阶级，主要地是为生产手段造成一个国内市场。换句话说，在农民的下层集团之中，我们看到劳动力变为商品，而在上层集团之中，则我们看到生产手段转化为资本。

> 农民的破产，对资本主义造成了一个国内市场。在下层农民之中，这种市场的形成是由于消费品的出售。①

这是列宁在引用大量统计资料，详尽分析俄国农民破产具体情

---

① 列宁：《俄国资本主义发展》，人民出版社，1952 年，第 121 页、135 页。

况之后得出来的结论。这里的所谓"乡村无产阶级"，指的是"有份地的雇佣工人阶级"（这种所谓"有份地的雇佣工人阶级"，与南巴老林州县内光靠租种山地不足以维持生活，被迫于种地之外出卖自己的劳动力，充当厂内的雇佣劳动者，应当属于同一类型）。这里的所谓"上层集团"，指的是"乡村资产阶级或富农"。在当时俄国资本主义的发展时期，农民的破产是沿着两极分化的轨道。在其分化的过程中，大部分人变为乡村无产者，小部分变为拥有大量生产资料的富农，这种农民分化情形虽然与中国具体情况有些不同（因为中国的土地兼并者主要是地主、商业资本、高利贷者，在俄国除了这些吸血鬼之外，富农在兼并土地的过程中，成为主要的角色），但就其破产的后果——"对资本主义造成了一个国内市场"，这点来看，则没有什么不同的地方。

其次，我们不能忽视这些手工工场，在安插流民中的应有地位与作用。因为流民的开山作厂，一方面固然为操奇赢厚资的商人带来了巨大的利润（从上面所引《周至县志》的材料足以看出），但在开山作厂的同时，在客观上无疑地也安插了自己，使部分人的生活有所着落。这种在客观上所起的安插流民的作用，不仅对流民本身多少不无裨益，同时对统治阶级也有好处。故严如熤在《三省边防备览》中说：

山内营生之计，开荒之外，有铁厂、木厂、纸厂、耳厂各项，一厂多者恒数百人，少者亦数十人。贼匪（指白莲教起义）滋事之始，有议以各厂人多，恐被贼裹诱，当严行驱散者，是大不然。凡开厂之商，必有资本足以养活厂内之人，必有力量以驱使厂内之人工作，利其赀值，帖然为用……若不准开厂，则工作之人，无资以生，添数十万无业流民，难保其不附从为乱，故只当听其经营，不可扰也。

山内防维之策，总以安辑流民为第一要务，流民开山作厂,既各安其业,奸徒亦不能煽惑,即偶有蠢动,而各保身家,长揽白挺,尽成劲旅,好乱之奸民,终不敌良民之多也。①

可见山内各厂,安插人数,既颇可观,"一厂多者恒数百人,少者亦数十人",而在实际上的确起了安插流民的作用。这种作用,甚至连高高在上一贯主张"重本抑末"的统治阶级,由于经验的积累,起义军给予它以深刻教训的结果,也不能不承认:"若不准开厂,则工作之人无以资生,添数十万无业流民,难保其不附从为乱,故只能听其经营,不可扰也。"

三省老林内各厂开设的条件和作用如此,下面继续研究一下山内各厂开设的具体情况。

三省老林内汉中一带的手工工场,根据严如熤《三省边防备览》卷9《山货》所载,计有木厂、铁厂、纸厂、盐厂、淘金厂、药材厂、香蕈木耳厂、香菌厂等,凡八种不同的手工工场。在这些手工工场中,严格地说,只有木厂、铁厂、纸厂、盐厂、淘金厂等真正能够算作比较像样的手工工场。至于药材、木耳、香蕈香菌等厂,因为它没有什么工业性的加工,实际上只不过是属于商业性农业范围的厂地而已。关于木耳香蕈香菌药材各厂经营的详细情况,本文第二节中已经谈及,这里仅就木、铁、纸、盐、淘金等几种主要手工工场,来分别详加叙述。

(一)木厂

山内树木种类很多,除了用作圆木之松木(如黄松油松),橄枋之杂木(如段木化木黄肝桃红白桃等)以外,还有地主绅宦之家盖造房子以及皇室建筑宫殿所需之楠杉诸木。

山内的木厂,并不是从清代开始才有,早在明代嘉靖、万历年间,

---

①严如熤:《三省边防备览》卷11,《策略》。

山内就有官督商办，或者直接由官经营的设备比较简单、操作技术并不复杂的木厂①。这种木厂主要是统治阶级为了采伐楠木而设立，因此它的功能是为统治阶级服务，与清代这一带的木厂相比较，则完全属于另一类型的东西。

清代乾嘉年间，山内木厂不仅规模很大，而且操作技术也颇复杂。这种木厂主要坐落在老林黑河周至一带的山内。《三省边防备览》载：

> 周至之黄柏园、佛爷坪、太白河等处大木厂所伐老林已深入二百余里。

卢坤《秦疆治略》亦载：

> （周至县）向来皆是老林，树木丛杂，人迹罕到。自招川楚客民开山种地，近年各省之人俱有，虽深山青密有土之处，皆开垦无余。道光三年，查明山内客民十五万有奇，兼有大木厂三处，板厂十余处，铁厂数处，供厢之人甚伙。

可见，清代老林山内木厂是随着流民的陆续入山，在开辟老林的过程中，利用老林的有利条件(大量农村"过剩"人口以供木厂之用和就地取材等)逐步增设起来的。

就这些木厂的规模来看，内"分圆木、枋板、猴柴、器具各项"，一个大木厂为若干个小厂联合而成。圆木即为大圆木，由黄松、油松木做成。枋板多用段木、化木、黄肝桃、红白桃等杂木所造就，凡是不能做圆木板枋的木材，都可剪做猴柴。一个联合的大木厂，其中以圆木厂最大，板枋猴柴厂的规模都不及圆木厂。在一般商人资本充足的情况下，往往开设"圆木、枋板、猴柴三项相连"的大木厂，反之，如果"客

---

①《嘉庆四川通志》卷71，《食货》。

商资本未裕",则"间有开厂,只作枋板、猴柴"。圆木、板枋、猴柴因其体积庞大笨重,山内交通不便,搬运维艰,故其开设的地方与制造器具的地方不同,制造器具可以"不近水次",而圆木、枋板、猴柴"必近水次为便"。制造圆木所费工本最多的地方,是将木料从高山运到厂内。由于搬运木料"度山越岭,人力难施",故不能不花费大量工本,使用大量人力,就山势之高低,安椿砌石,增设"溜子""天车"等设备,或者采用"厢度"的办法。又因为老林山势高低不一,有的地方树木砍伐已深入二百余里,故各地"天车""溜子"高低长短各异。如有的地方"天车"需要连续安装三四层,"溜子"须长达数十里。"厢度之法"主要采用于黑河山内。这种运输办法,因为"黑河中山势浅,不至翻山越梁,作长溜'天车'",故较诸周至山内采用"溜子""天车"二法运出之木料,"其工本尚不甚钜也"。枋板厂大多数开设在离市集数十里的地方,除了开设在"周至山内者与圆木同用天车溜子"之外,一般开设在距离市集较近的板枋,不需要添设"溜子""天车"等设备。猴柴厂因为是将圆木枋板厂所不用的木材,劈成二三尺,重约四五斤的木块,"从山上推下,堆积厂之山沟",等到山水涨发,由小溪运到平地,"然后用牛车装运进城,以供市民燃用"①不需要大费工本来修筑运输道路,故板枋、猴柴厂"其资本俱不甚大,工作人等亦属无多"②。大约一般的大圆木厂能容纳"匠作水陆挽运之人,不下三五千"之多,而板枋、猴柴厂所需要的雇工人数,至多不过"大者每厂数百人,小亦数十人"而已。

木厂规模既很宏大,里面的组织纪律严格,机构也很健全。在管理机构方面,"其总理总管之人曰掌柜,曰当家,挂记账目,经管包揽

①严如熤:《三省边防备览》卷9,《山货》。
②卢坤:《秦疆治略》。

承赁字据曰书办,水次揽运头人曰领岸,水陆夫运之人曰包头"。生产组织纪律严明,具体表现在木厂的匠做佣工,特别是伐木搬运工人"其开伐以渐而进,平时禁止皆有号令,号曰某营,与行军同"①。

木厂出产成品的销路,除了猴柴厂出产的柴块大部分供给当地居民燃烧及大宁等地盐厂②熬盐之外,圆木、板枋大部分由汉水运进襄樊,再由襄樊转运江南各地发卖。

木植出山,圆木枋板每经过一种重要关口,必须缴纳木税。清代的木税属于杂税,凡是出产木植的地方,该省的重要关口都要征收木税。清代征收木税的地方很多,如盛京、吉林、伊犁、直隶、山西、江苏、安徽、湖北、湖南、四川等地重要关隘,都有专人负责征收木税。康熙四十六年(公元1707年)规定渝关木税归川东道征收,每年"税银五千两"。木税的征收办法,在四川渝关的征收情形是"商贩木植,以径围尺寸,核估本价,每两税银三分,按则征收"③,而湖北荆关征收的情形,则是"商贩竹木板枋,按经围地产料材船计色目梁头尺寸,照部颁条例征收"④。

木厂各种雇佣工人工资究竟多少?以食物为主,还是货币为主?《三省边防备览》及有关文献没有记载,详细情形不能知道,不过从清代刑部钞档所记载:嘉庆十一年(公元1806年),陕西兴安府、紫阳县"仲思陇雇余万,和帮工言明每拉板宽一丈,工钱一百文,按月

---

①严如熤:《三省边防备览》卷9,《山货》。

②严如熤:《三省边防备览》卷14《艺文》,陈明申《夔行纪程》。

③《钦定大清会典事例(工部)》卷941,《关税》。

④《嘉庆湖北通志》卷24,《政典七·关榷》。

清给"①,以及嘉庆二十一年(公元 1861 年)四川成都府、崇庆州"周技才等五人合伙赊买马纯翠山场树木,锯枋发卖,雇余万春在厂帮工,每月议给工钱八百文"②的情况来看,木厂一般工人的工资都是按月计算,每个拉锯板枋的雇佣工人,每月工资为八百文左右,至于造作圆木猴柴器具以及水陆搬运工人,每月工资究竟多少,因为没有找到这样的材料,只好暂付阙如。

(二)铁厂

老林山内的冶铁业主要集中于南山,分布在凤县、略阳、宁羌、定远一带。《三省边防备览》载:"(南山)黑河之铁炉川,略阳之锅厂,定远之明洞子,宁羌之二郎圻,留圻之光化山,镇安之黑洞沟,洵阳之骆家河,均往时产铁地"③;卢坤《秦疆治略》更具体而明确记载着定远厅有"铁厂二处";略阳县"北路有铁厂五处",凤县铁厂较多,共"有铁厂十七处"。山内铁厂分为红山与黑山。黑山为炭窑,乃是就老林之树木装窑烧炭,供给冶铁燃料的场所;红山为出产铁矿的地方,因为该地出产铁矿"如石块,色微赤,故称曰红山"。出产赤铁矿的红山分布在山内比较普遍,差不多"处处有之"。④

山内铁厂,大小不一,较大的有六七个冶铁炉,较小的有三四个冶铁炉。总的来说,这一带的铁厂规模很大,分工较细,冶铁技术达到

①《清代刑部钞档》嘉庆十一年四月十日,《管理刑部事务董诰等题》。转引自金济思:《十七世纪末到十九世纪初中国封建社会的几种手工业和手工工场史料》,《经济研究》,1955 年第 5 期。

②《清代刑部钞档》嘉庆廿一年秋审,《四川总督口口题》。转引自金济思:《十七世纪末到十九世纪初中国封建社会的几种手工业和手工工场史料》,《经济研究》,1955 年第 5 期。

③严如熠:《三省边防备览》卷 9,《山货》。

④严如熠:《三省边防备览》卷 9,《山货》。

了相当水平。《三省边防备览》载：

> 铁炉高一丈七八尺,四面橡木作栅,方形,坚筑土泥,中空,上有洞放烟,下层放炭,中安矿石几百斤,用炭若干斤,皆有分两,不可增减。旁用风箱十数人,轮流曳之,日夜不断。火炉底有桥,矿渣分出,矿之化为铁者,流出成铁板。
>
> 每炉匠人一名,别铁色成分。通计匠作佣工,每十数人可给一炉。其用人最多,则黑山之运木装窑,红山开石挖矿运矿。炭路之远近不等,供给一炉所用人夫,须百数十人,如有六七炉,则匠作佣工不下千人。
>
> 铁既成板,或就近作锅厂,作农器。匠作搬运之人,又必十数百人。故铁炉川等稍大厂分,常川有二三千人,小厂分三四炉,亦必有千人数百人。①

这是一段有关山内铁厂冶铁具体情况的记载。这段记载告诉我们:第一,这些铁厂的铁炉安设在"红山"及"黑山"的附近,绝大多数铁厂都是就地取材,矿山及燃料用不着从很远的地方运来,省去很多工本运脚,完全有条件安装容纳雇佣工人较多、产品数额较大、质量较好的技术设备相当精良的炼铁炉和规模宏大的炼铁厂,而实际上这一带已经安装了高达一丈七八尺、旁边装有几十人轮流操作的风箱,进行夜以继日鼓铸的炼铁炉,和大者常二三千人、小者亦必千数百人的炼铁厂。第二,从分工的情况来着,整个的炼铁过程计有如下的分工:首先,要砍伐树木在黑山运木装窑烧炭,以供炼铁;其次,要派人到红山挖掘矿砂;矿砂和炭齐备之后需要大量人夫进行运送;然后正式开始冶炼;生铁炼好成块之后,最后必须将它从铁厂运到附近

---

① 严如熤:《三省边防备览》卷9,《山货》。

造锅造农器的地方。不仅如此，单就整个炼铁过程中的冶炼一环来看，每炉里面有专门轮流负责拉风箱者，及专职匠人一名，"辨火候，别铁色成分"的更细的分工。第三，"铁板既成，或就近作锅厂，作农器"，说明这一带铁厂主要是为了供给山民，尤其是从各个地方迁徙过来的人数众多的新增流民所需要的家具和农器的消费而设立的。这种配合流民消费而设立铁厂的情形，一方面说明了为什么严禁私贩私铸，杜绝集众滋事的统治阶级，毕竟允许了私人资本，在山内开设规模如此宏大的冶铁厂的原因（当然，这种流民消费的迫切需要仅仅是开设较大铁厂的原因之一，要想全面了解这种原因，必须结合着前面叙述的种种条件），同时，再一次从事实上证明了我在前面所说的流民入山，不仅为山内各厂在人力上提供了有利条件，而且为山内各厂首先造成了消费市场的论断。

当然，山内铁厂，因其规模较大，不分季节夜以继日的鼓铸（这点不但与官督商办的铁厂有所区别，而且与某些地方私商经营的铁厂也有所不同。因为一般官督商办成者私人经营的铁厂，由于不具备夜以继日鼓铸的条件，都要受一定季节性的限制。如湖北竹山官督商办铁厂鼓铸的时间为"每年九月，至次年二月"①；而广东私人冶铁业鼓铸的时间是"始于秋，终于冬"②。可见，全国各地的炼铁时间，大部分都是利用农民秋收之后，至春耕之前的农闲时间进行鼓铸，唯山内铁厂，因其雇佣工人大部分都是完全脱离农业的专靠自食其力的雇工，有可能不分季节，夜以继日地鼓铸，故其鼓铸时间，完全可以与上述某些官私经营的铁厂不同），它所出产的铁器，不仅数量较多，而且质量较好（严如熤《铁厂咏》"黑沟黄花川，家具颇坚致"等语足以证明），

①《嘉庆湖北通志》卷23《政典》，《附开采竹山县宽坪山铁厂章程》。
②屈大均：《广东新语》卷15。

自然不会仅仅限于山民消费（实际上山民也不可能消费许多），而是除了首先供给山民消费之外，还有很大一部分铁器供给没有铁厂进行冶铁的省份，特别是靠近陕西的甘肃人民。《光绪凤县志》载：

> 旧有自洵县、百丈坡出此古路，今荒塞不通，又有自方石铺进沟逾酒奠梁，进东岔沟、三道河、剑锋垭至闸石口，为先年甘肃赴此运铁之路。今铁厂衰微，贩运者间或自留圩之连云寺进陈仓，每冬春时驼盐者到此运铁回转。近日树木砍伐略尽，土人谓黑山多而红山少，故厂不兴旺也。①

这是有关山内铁厂在"黑山多而红山少"的铁厂衰微情况下的产品销路的一段记载。从时间上来看，这段记载距离铁厂兴旺时期的嘉庆道光年间较远，江山如故，景物全非，山内的一切情况改变很大，但是我们仅就这段记载所告诉我们的"先年"（应当指的是嘉庆道光），甘肃人民不远千里，翻山越岭来到凤县运铁的情况，以及光绪初年甘肃人民在凤县铁厂极端衰微的情况下，仍然有人驼盐前来换铁的情形，以今推古，也能依稀看出乾嘉年间，山内铁厂产品的大致销路。

铁厂雇佣工人的工资情况，像木厂一样不能详细知道，仅仅根据《刑部钞当》所保留的乾隆三十七年（1772年）陕西西乡县"滕均美铸锅生理。汪士英雇滕均美铸锅，每月工钱一千八百文"②的情况，知道山内铁厂的工资，一般也是按月计算，铸锅工人的工资，每月约为一千八百文。

---

①《光绪凤县志》卷 1，《地理》。
②《清代刑部钞档》，嘉庆二十一年秋审，《四川总督口口题》。转引自金济思：《十七世纪末到十九世纪初中国封建社会的几种手工业和手工工场史料》，《经济研究》，1955 年第 5 期。

(三)纸厂

山内纸厂,像铁木等厂一样,并不是任何地方都可以开设,必须"择有树林青石,近水处,方可开设"。原因是,"有树则有柴,有石方可烧灰,有水方能浸料",没有具备这些最基本的和必要的条件,"如树少水远,即难做纸,只可就竹箐开笋厂"①。

这一带纸厂主要分布于定远、西乡、华阳、洋县等处的巴山老林中。《三省边防备览》载:

> 西乡纸厂二十余座(卢坤《秦疆治略》载该地至道光三
> 年拓大为三十八座),定远纸厂踰百,近日(19世纪初)洋县
> 华洋亦有小纸厂二十余座。厂大者,匠作佣工必得百数十
> 人,小者亦得四五十人。②

可见,这一带纸厂不仅规模较大(与他处相比,相对而言),而且数量最多。此外,陕西岐山、宝鸡、安康、定远厅、砖坪厅、紫阳、商南、孝义厅等处纸厂,亦颇称发达。卢坤《秦疆治略》载道光三年(1823年)这些地方纸厂的分布情形是:

> 陕西岐山县,"南乡有纸厂七座,雇工均系湖广四川人"
> 宝鸡县,"纸厂三处,其中资本俱不甚大,工作人等亦属
> 无多"。
> 兴安府安康县,"有纸厂三十六座,工匠众多"。
> 汉中府定远厅,"有纸厂四十五处……其工作人数众
> 多"。
> 兴安府砖坪厅,有"纸厂二十二处,每处工作人等不过
> 十余人,均系亲丁子侄,尚无外来游民,惟僻处万山之中,力

---

① 严如煜:《三省边防备览》卷9,《山货》。
② 严如煜:《三省边防备览》卷9,《山货》。

食者多"。

紫阳县，"惟道河有造火纸者数家，每家不过四五人"。

商南县，"跬步皆山，久经开垦，并无老林，间有三四家
草纸厂，每家匠作不过三四人及五六人不等，非别县纸厂聚
集人多可比"。

孝义厅，"户口零星，不成村落，兼有纸厂，杂聚庸流"。

这里所引的虽然是道光三年山内若干厅县纸厂开设情形的一些
极其简单的记载，但道光距离嘉庆很近，我们从这些记载中，可以大
体看出乾嘉年间，直到道光初年，这一带纸厂分布的普遍性与发展不
平衡性，及其随着流民的入山，逐步得到发展的一个轮廓。

山内纸厂之所以能够得到发展和分布比较普遍，除了因为"丛竹
生山中，遍岭漫谷，最为茂密，取以作纸，工本无多，获利颇易"①的原
因之外，还因为这一带出现了竹笋的专门经营，为纸厂的发展提供了
前提。《三省边防备览》载：

山内居民当佃山内有竹林者，夏至前后，男妇摘笋砍竹
作捆，赴厂售卖，处处有之，借以图生者，常数万计矣。②

为数如此众多的山民，为了谋求生路，在这一带商业性农业得到
相当发展的影响下，不遗余力地自发充当了这些纸厂原料供给站的
服务者。这里，我们虽然没有较多的材料来检查一下那些拥有竹林山
主的身份，及其与"当佃山内有竹林者"发生了怎样的一种新型的租
佃关系，但是我们仅就这条材料也能看出，这种竹笋的经营，已经像
山内经营烟草、药材等农产品一样，从自给自足的农业中脱离出来，

---

①严如熤：《三省山内风土杂识》。
②严如熤：《三省边防备览》卷9，《山货》。

成为一种专门性的商业性的农业。它的存在和发展,对于山内纸厂的存在和发展,有着怎样的相互影响的密切关系。

纸厂造纸的原料,除了那些山民所经营的丛竹之外,楮树的皮也能造纸。采用这种原料造纸的地方,往往是因为当地仅有楮树没有竹林。如白河县,"楮,山谷广有之,以其为穰作纸,白河多纸厂,故术构者众"①。

这一带造纸的方法极其复杂。如果将整个造纸过程,仔细分析归纳一下,大体可以分做两个重大步骤——造作纸料过程与正式造纸过程。造作纸料过程如果再细分一下,又可分为若干小步骤,如首先要于夏至十日前后砍取嫩竹放在蓄水池内浸透,然后用木棍砸至扁碎,篾条捆缚成把,放在石灰池内蘸透;其次,将已经蘸透的嫩竹用铁钩捞起,放在甑内,经过反复的淘洗和反复的蒸煮,使它成为纸料。纸料造好之后,第二步开始正式造纸,正式造纸的手续比起造作纸料要简单得多,只需先将纸料从甑内取出,放在踏槽内踏细,及搅槽内搅匀,然后用竹帘将纸一张一张地揭起,上焙墙焙干,即成纸张。

纸厂产品的种类有毛边,有火纸及草纸,有再三加白米汁于纸料内而成的细白纸,有"加姜黄末染成的黄表纸"。这种染有颜色的纸张,并不能在山内造纸厂内马上造就,必须经过二次加工手续,即"须背运出山,于纸房内将整合之纸大小裁齐,上蒸笼干蒸后,以明矾水拖湿晾干刷色"②才成。

这一带纸厂的销路,除了供给本地山民需要之外,还大量运到不产纸,或者产纸很少的地方。严如熤在其《纸厂咏》中谈到这一带纸厂

---

①《光绪白河县志》卷7,《物产》。
②严如熤:《三省边防备览》卷9,《山货》。

销路时说"驼负秦陇道,船运郧襄市"①,可见这一带纸厂水陆都有销路。

此外,厂内雇佣工人的工资,根据清代刑部钞档所保留的嘉庆二十年(公元1815年)陕西汉中府略阳县,"任克滨雇杨魁思帮工做纸,每月工钱一千二百文"②的资料,知道雇佣工人的工资也是按月以货币计算,每月约一千二百文。

(四)盐厂

盐为日常生活不可缺少的东西,中国人民很早就知道食盐和制盐。因为盐的销路很大,获利颇易,故远在秦汉之际,中国就曾经出现过不少因鬻盐而致富的大商人。自从汉武帝兴办官营手工业实行盐铁酒三筦政策以来,盐的专卖权,差不多一直控制在历代封建王朝手中。他们在全国各地设有专卖机构,各地贩盐商人,必须到官府领取盐引,缴纳盐税,才能公开的合法的进行贩卖,否则一经拿获,必按私贩之盐枭严加惩处。因为这样,加之历代统治阶级往往为了增加国家财政收入,累加盐税,使贩盐商民在无利可图甚至亏本的情况下被迫起义。在中国历史上,曾经有过不少的农民起义领袖(如黄巢、王仙芝等),是卖盐的私枭私贩,宋代更发生过"盐寇"的起事,清代乾嘉年间虽然没有发生过盐枭私贩领导的起义,但在白莲军起义之前,在川东、川北经常发生过"商贩相激"的打盐店案件。③到白莲教起义期间,当白莲军势力很快拓展到四川的时候,同样有因"严禁私盐私铸失业

---

①严如熤:《三省边防备览》卷14,《艺文》。

②《清代刑部钞档》嘉庆二十年十一月十日,《管理刑部事务董诰等题》。转引自金济思:《十七世纪末到十九世纪初中国封建社会的几种手工业和手工工场史料》,《经济研究》,1955年第5期。

③严如熤:《三省边防备览》卷9,《山货》。

者"①参加起义,及"盐枭啯匪,乘机聚集"②的事。这些私盐私铸失业者,其中有很多零星盐贩,因为遭受商人排挤,忍受不了经常被官府"捕拏到官,辄以私贩充斥"③的压迫,而被迫参加起义。

三省老林内各州县的盐厂主要集中于四川境内。由于"四川之货殖,最钜者为盐",故这一带的盐厂最多。计有"川北之南部、西充、射洪、乐至、蓬溪,川南之犍为、富顺、荣县、资州、井研,川东之忠州、云阳、开县、大宁、彭水,川东之简州、上川南之盐源州县,著名产盐者二十余处"。此外,"地出咸水,可以熬盐。闾阎私井不外卖者,不在此数"④。

产盐的地方既多,盐厂的规模及其出盐的数量,自然不会太小。李榕的《自流井》记载四川自流井开设的情形:

> 担水之夫约有万,其力最强,担可三百斤,往复运送,日值可得千钱。盐船之夫,其数倍于担水夫,担盐之夫又倍之,其值稍杀。盐匠、山匠、灶头,操此三艺者约有万,其价益昂,积巨金以业盐者数百家。为金工、为木工、为石工、为杂工者数百家,贩布帛豆粟牲畜竹木油麻者数千家,合得三四十万人。凿井之工,岁停除日元日,烧盐之工,岁不停日,盖天下之至劳苦者也。⑤

————————————

①《圣武记》卷9,《嘉庆川湖陕靖寇记一》。

②《嘉庆四川通志》卷首《圣训》,《嘉庆二年四月谕》。

③严如熤:《三省边防备览》卷9,《山货》。

④严如熤:《三省边防备览》卷9,《山货》。

⑤李榕:《十三峰书屋文稿》卷1,《自流井记》。转引自金济思:《十七世纪末到十九世纪初中国封建社会的几种手工业和手工工场史料》,《经济研究》,1955年第5期。

《三省边防备览》亦载：

（四川）大盐厂如犍富等县，灶户佣作商贩各项，每厂之
人，以数十万计，即沿边之大宁开县等厂众亦以万计，灶户
煮盐，煤户柴行供井用，商行引张，小行贩肩挑贸易，或出资
本取利，或自食其力，各营生计。

大宁盐厂为白龙泉……额设灶二百零一座，每灶煎锅
三口，共煎锅六百零三口，每锅三昼夜出盐三百数十斤。①

这里所引的是一些最能代表四川井盐生产力水平的盐厂开设情
况。这些记载告诉我们：第一，这一带某些盐厂的规模宏大，非山内各
厂所可比拟，出产盐斤的数量达到了相当的高度，这种能够容纳人数
"以数十万计"不分季节日夜煎熬的盐厂，只有长期经营（这些厂的历
史都很悠久，与山内铁木纸金各厂存在时间的短暂性，是一个相反的
鲜明的对比），不断积累资本（不能把积累财富和积累资本混为一谈，
因为财富和资本是两种不同的概念。从积累财富到积累资本，中间有
着一个相当长时间的过程）才能开设。这样的盐厂，虽然采取了官督
商办的形式，但是官督并不等于官办，它并不能包办厂内生产的任何
操作过程，因为官督（于各地设盐大使一员）的目的主要是为了收税，
防止聚众滋事，至多不过由于收税较多，使商人不能像经营木材那样
的获取厚利，从而在某种程度上影响这些厂的发展。而实际上，这些
厂的生产技术操作，是在同一私人资本家的命令下，主要操作在盐
匠、山匠、灶头等专职者的手里，那些"积巨金以业盐者"所凑集的庞
大的私人资本，在组织和支配整个盐厂的生产中，仍然起了决定性的
作用。第二，这些盐厂所需要的巨额资本，并非个别商人所能拿出，必
须采取分股合伙的经营方法。而这些盐厂的商人允许小贩"出资本取

①严如熤：《三省边防备览》卷9，《山货》。

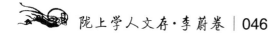

利"，吸收他们的资本，以及这一带存在着"积巨金以业盐者数百家"的情形，正是采取这种经营方法的有力证明。第三，这些盐厂的雇佣工人，常年过着"岁停除日"或者"岁不停日"的"天下之至劳苦"的生活，说明经营这些盐厂的商人，在经营盐业获利较小的情况下，为了尽可能的获得较大利润，不惜对他们进行超经济的强制劳动和剥削，这里可以看出盐厂内的雇佣劳动和剥削情况。第四，担水之夫"日值可得千钱"，担盐之夫，"其值稍杀"，盐匠、山匠、灶头，"其值亦昂"的情形表明：盐厂雇佣工人的工资，皆因劳动操作之繁简而高低不一。

盐厂的规模之所以如此庞大，容纳人数之所以如此众多，除了因为从农业上被排挤出来的流民需要自食其力，肩挑负贩之人需要零星售卖以维持生活，为盐厂的开设在人力上准备了条件之外，还因为盐为这一带取之不尽、用之不竭的天然富源，盐井接近燃料，煎熬起来十分方便。由于"蜀井开近山林，有煤有火出自井，其煎熬视海为易"，故"大宁商人，不须大有工本，亦能开设"。又因为川省中小河流颇多，处处可以舟运，其运销湖北之盐，顺流而下，较诸沂流而上之淮盐，省去很多工本运脚，"故其价常贱，而销售甚易"。①

四川以井盐著称。因为所有盐都是出自井内，故这一带制盐之法与海盐、池盐不同。海盐有煎有晒，池盐皆晒，而井盐几乎都是煎煮。同时海盐虽然也有煎煮，但与井盐的煎煮情形完全两样。海盐取海水煎煮，非常方便，井盐因为是取自井内，从取水到熬盐的手续非常复杂。总计井盐的制盐过程可分以下三个步骤：

第一，做井或凿井。在泉水自涌的地方（如大宁白龙泉）做井，安龙头于其上，使水从龙口喷出；泉水不自涌出的地方，可"相其地脉出盐者凿之"。如"犍（为）、富（顺）之井，皆系凿成……盐井治山皆有，高

①严如熤：《三省边防备览》卷9，《山货》。

下深浅不一,自百十丈,至三四百丈(不等)"①。凿井需要时间较长,工本又多,并且往往不易凿好。《三省边防备览》载:

> 每开一井或二三年,或四五年,工费甚巨,竟有凿之十余年而不及泉者。井体以石为贵,遇沙泥淡水,则淘汰难成。……偶坠物件,能以竹竿检取,遇内有渗漏能补塞之,洵称绝技。②

可见凿井及泉之难。

第二,设灶引水。引水的具体设置,各地繁简不同。如开县温汤井引水之法,仅"用竹竿置井曳水,灌大木桶中,再用竹竿安木桶中,灌上层木桶,以次而上,再用竹筒接长,分注各灶",犍为、富顺盐井引水设备比较完善,除了采用竹筒引水之外,还在"井上立木架设辘轳","旁设盘车",安装了用牛马或人盘旋取水的简单机械③。

第三,煎盐。煎盐之法,各地也略有不同。如开县温汤盐井煎盐的情形是:"先将咸水和泥作团烤干曰泥矺,挖槽安泥矺,再用咸水浸之,泥散沉槽底,面浮清水熬之。"而犍为、富顺等地盐厂煎盐之法,则是另外一种情形。具体的煎法是:"(于)正锅之旁,另设一锅,谓之温锅,先入水于温锅煎沸,然后舀之正锅,水与卤边齐,视水煎及卤边之半,用生豆浆注入,若点腐然,候水大沸,即成白盐。"④

川盐种类颇多,"有味淡而稍苦"之"花盐",有黑色之"巴盐",另有"灶旁泥土与盛盐篾包绳索之类,用淡水泡洗,去渣滓,入小锅煎一昼夜……白色而味淡涩"的"渣盐"。在这三种盐中,以巴盐产量最多,

---

①严如熤:《三省边防备览》卷9,《山货》。
②严如熤:《三省边防备览》卷9,《山货》。
③严如熤:《三省边防备览》卷9《山货》,载犍为、富顺盐厂引水情形。
④严如熤:《三省边防备览》卷9,《山货》。

用途最广。因为巴盐"质重味咸",腌肉最好,故"陕西、西乡、定远、紫阳各处,民间喂猪多腌成火腿,所用之盐必择巴盐"①。

四川盐厂,因其规模较诸汉中一带木铁纸厂要大,自然其里面组织机构更加完整,其分工精细程度,也非木铁纸厂所可比拟。李榕《自流井》记载:

> 盐厂之管事有四:规画形势,督工匠以凿井者,为井之管事;综核水火,计成数以烧盐者,为灶之管事;安置竹笕,由近及远以达咸水者,为笕之管事;储盐运盐,行水陆以权交易者,为号之管事。井、灶、笕、号四管事,盐之重任也。

> 凡计议官私厂务者,谓之档首;商酌买卖盐价与时为低昂者,谓之经纪;驱使杂佣接待宾客者,谓之外场;凿井者谓山匠,烧盐者谓之盐匠,安大笕置火圈者,谓之灶头。灶头世其业,不习他艺。②

温瑞柏《盐井记》亦说:

> 其人有司井、司牛、司车、司篾、司梆、司漕、司涧、司锅、司火、司饭、司草,又有医工、井工、铁匠、木匠……(等)。③

前者是有关盐厂组织机构的说明,后者是有关盐厂内部分工精细程度的记载。从盐厂的组织机构来看,每个较大盐厂计有井、灶、笕、号四管事,及挡首、经纪、外场、山匠、盐匠、灶头等组织机构;从其分工程度来看,有司井、司牛、司车等专职性的精细的分工。如此完善

---

① 严如熤:《三省边防备览》卷9,《山货》。

② 李榕:《十三峰书屋文稿》卷1,《自流井记》。转引自金济思:《十七世纪末到十九世纪初中国封建社会的几种手工业和手工工场史料》,《经济研究》,1955年第5期。

③ 《皇朝经世文编》卷50,温瑞柏《盐井记》。

的组织机构和明确的精细的分工，在中国封建社会尚未彻底瓦解的末期，只有产品市场销路很大，及具有相当优越条件的情况下，才能开设这样的手工工场。

关于四川盐厂的性质，在我们一提到曾经为历代统治阶级控制很紧很严的盐业时，也许有人会立即推想这些手工工场一定都是官营。不错，我们应当承认这些盐厂的确有"官营"的成分，但是官营毕竟不等于官府操纵一切，官府毕竟没有干预厂内生产，如前所述，实际上清代的官营，只不过对于像云（阳）、达（州）、新（县）、开（县）、南邛、大宁、彭蒲、巫东等川东大盐厂，"设有盐大使一员经理"[①]负责征收盐税，采取"官督商销"[②]的官营形式而已，而且即使就像这样的官营，并非各个盐厂都是如此。实际上，四川私人控制的盐井，仍然相当严重。

《三省边防备览》载：

> 川中产盐最盛之区，额设井灶固多，私井亦数倍于官。[③]

吴炜等《四川盐政史》亦载：

> 当清代之初年，盐场旺于川北潼川一带，尤以射厂称巨擘焉。雍正八年有井二千三百十九眼，乾隆时增为三千余井，其后复增至万余井，而报名纳课者，只二千九百九十眼，其余皆私增而未起课也。[④]

这里所引的川盐私井"数倍于官"，及射洪盐厂三千余井甚至万

---

① 严如熤：《三省边防备览》卷9，《山货》。
② 《清史稿》，《食货四·盐法》载清代有七种行盐法。
③ 严如熤：《三省边防备览》卷9，《山货》。
④ 吴炜等：《四川盐政史》卷2。转引自金济思：《十七世纪末到十九世纪初中国封建社会的几种手工业和手工工场史料》，《经济研究》，1955年第5期。

余井,只有二千九百九十眼纳税,"其余皆私增而未起课"的情形,应当是官私盐井并存严重情况的如实反映。这些没有起课的私井,是否有"间阎私井不外卖者"①,由于没有找到更多的材料来细致地加以考释,不能乱下断语,但在"私井数倍于官"的情况下,如果武断地认为这些盐井都是"不外卖者",恐怕也不符合事实。

川盐销路之广,除了淮盐就是川盐。其销路主要是以本省为中心的几个邻近省份。即除了行销本省之外,还行销到西藏、湖北、湖南、贵州、云南、甘肃等地②。

川盐的纳税情况,按照盐法的规定,计有"井课、灶课、引课,井课、灶课由出盐的地方征完,引课由行盐州县征完",川盐引课内"分边引、计引。计引行本境,所谓计口而食也。边引行黔中思州、思南、楚中施南、永顺各处边境。水引一张,每年额征税银十两,陆引一张征税银八钱,计引每张年征税银七钱六分八厘"③。这种对官督商销行盐州县纳税的规定,从法律条文来看,规定计口而食,肩挑负贩者不超过四十斤者不纳税,但实际上盐课分配很不平均,有的地方因为盐课过多,"使商民皆闻风远遁",而不能遁走的被县令责卖的小贩店户,因为经不起盐课的重压,以致发生"有典卖乏具称贷无门者"④的严重情形。(其川盐纳税情况,详见附表)

(五)淘金厂

淘金厂主要坐落在南郑、城洋、略阳、西乡、褒城等地江河所经过的沙滩。《三省边防备览》载沙金出产的地点说:"南郑、城洋滨临汉江

---

① 严如熤:《三省边防备览》卷9,《山货》。
② 《清史稿》卷123,《食货四·盐法》。
③ 严如熤:《三省边防备览》卷9,《山货》。
④ 《光绪洋县志》卷6《文告》,谢景安《申请残邑盐课偏苦文》。

一带沙滩多有之。"又说"略阳嘉陵江、西乡木马河、褒城乌龙江河滩两岸,均有淘金者"①,可见沙金之产地主要在汉江、嘉陵江流沙积集之所。

淘金的方法,用木做一"长五尺五六寸,宽二尺七八寸,四周有边,边高二寸许"的淘床,床边之内前后镶木板一块,板前安横木一根,横木下安两根柱子插在地下,使淘床前高后低,横木上凿二圆孔,另安二尺多长的十字木架,架下安两根小柱,插入木孔内,使它活动自如。淘床安好之后,"将沙倒入筐内,床后把住木架一头,不住掀簸,用水频浇,则沙随水流,金性沉,沉在筐底细缝中,透下木床"。木床除两头镶板,另安木板一块,板上横刻"宽二三分,深寸余"的木槽百十道,使筐底露出的金沙顺水流入槽内。此外,于淘床、木床之旁,还需要安一面像"簸箕式"的木匣,将槽内金沙扫入其中,放在水中漾摆,直到金屑摆尽沙土为止,然后"再用水银同金屑入硝银罐烧炼,水银成灰,金成小粒,如黄豆大"②,这样,就完成了淘金的全部操作过程。

淘金厂的规模既小,淘金者每天的收入也微乎其微。大约"每厂约数十人","每床一人掀簸木架,一人挑水,三人挑沙,共五人,同力合作。每日多则淘金五六分,少则一二分,仅敷一日之食"。淘金对于那些直接参加淘金者的被雇佣的工人来说,利益虽然不大,但因为它到底能够糊口,"故贫民赖以生活,盖亦不可纪计矣"③。

此外,"厂头出工本,佣夫淘簸"④的情况表明:这一带淘金厂劳资两方的雇佣关系非常明确。它像山内几种较大的手工工场一样,都是

---

①严如熤:《三省边防备览》卷9,《山货》。
②严如熤:《三省边防备览》卷9,《山货》。
③严如熤:《三省边防备览》卷9,《山货》。
④严如熤:《三省边防备览》卷9,《山货》。

在商人出资本，拥有厂内全部生产资料，用钱雇佣工人，工人自食其力的情况下，开设起来的。

以上就是乾嘉年间以汉中为中心的南巴老林一带的州县内几种比较重要的手工工场开设的具体情况。通过这些具体情况的叙述，我们对于这一带木铁纸盐淘金等厂的面貌，差不多已经有了一个比较明确的认识。有了这种认识之后，下面我们可以进一步通过这些手工工场的性质特点等方面的分析，来初步探索一下有关乾嘉年间的资本主义萌芽问题。

五、从南巴老林汉中一带手工工场的性质特点来看乾嘉年间的资本主义萌芽

中国的资本主义萌芽问题，是中国史学界正在热烈争论的一个极其复杂的问题。大家对中国资本主义萌芽究竟从什么时候开始？中国资本主义萌芽时期有哪些特点？这种萌芽是在什么样的条件下以及在什么样的地区首先出现的？这一系列的问题，截至目前，还是众说纷纭，各持己见。例如，对于第一个问题就有以下几种不同的看法：第一，认为中国资本主义萌芽远在南宋末年元朝初年就可以看到。第二，认为到明初才出现资本主义生产关系。第三，认为到明代嘉庆万历之后才有资本主义萌芽，这种意见把资本主义萌芽时期分为两个发展阶段，即认为从万历到明末为开始阶段，清初到乾隆为发展时期。第四，认为乾嘉之后才有资本主义萌芽。尽管对于中国资本主义萌芽尤其是萌芽的时间问题，存在着严重的意见分歧，但史学界对于乾嘉年间出现资本主义萌芽问题，似乎还没有产生意见分歧。

乾嘉年间，随着生产力的恢复、货币经济的发达，在商业性农业发展的前提下，许多经济发达的手工业地区已经出现了资本主义萌芽，几乎为大家一致所公认，但在经济比较落后或者介乎落后与先进

之间的地区(如汉中一带的手工工场),是否同样会有资本主义萌芽?如果有,其萌芽的程度和特点究竟如何?则是一个值得商榷的问题。

我在这篇文章中一开始就表白了这样一个观点:即由于封建政治经济发展不平衡,封建主义及其上层建筑对资本主义萌芽、产生和发展所起的阻碍作用,往往在程度上有所不同。在经济比较发达的地区,由于统治阶级的统治势力较强,其阻碍作用较大,因此在这样的地区,资本主义往往不容易萌芽(当然不容易并不等于不可能,实际上在这些地区,乾嘉年间已经存在着资本主义萌芽),即使有所萌芽,也很难比较顺利地得到长足的发展;相反,在经济上虽然比较落后但在政治控制上比较薄弱的地区,往往容易找到它产生和发展的比较适合的土壤。这种情形如同革命(白莲教起义就是一个很好的例子)在统治阶级政治势力控制比较薄弱,然而具有发生一切革命条件(当然这种类比不一定恰当)的地区,首先发动起义一样。

然则,南巴老林汉中一带的实际情形是否正是这样呢?

我的回答是:关于政治控制比较薄弱的情形,我在叙述南巴老林自然环境时已经详加叙述,这里不复赘言。下面仅就这一带手工工场是否存在着资本主义萌芽?如果存在,它通过手工工场表现出来的特点究竟怎样等问题来加以初步探索。

我们在讨论任何手工工场是否属于资本主义的性质时,首先应当从手工工场所有者的性质来判断。这一带手工工场的所有者是官府抑是私商呢?通过前面有关这一带手工工场开设具体情况的叙述,我们完全可以断言:这些手工工场绝大部分都是属于私人所有。因为这些手工工场,除盐厂采取了官督商办的形式(实际上,从前面有关盐厂的叙述,仍然可以看出其生产资料属于私人所有)之外,其余铁木纸金各厂"皆系厚资商人出本交给厂头,佣募匠作"①而开设起来的。例如经营木材业的开厂出资本的商人,将开厂的一切事宜交给当家领岸、书办、包头等"小伙名色"②去管理,自己"住西安、周至、汉中城"③坐收奇赢之利,就是一个有力的证明。

既然这一带手工工场是属于私人资本家所有,那么,这些手工工场究竟有哪些特点呢?

综观前面有关手工工场开设的具体情况,我们大致可以看出,这一带手工工场有如下特点:

(一)雇佣劳动的发达

这一特点,不仅表现在山内各厂的人数众多(从前面有关各厂人数的叙述,大者数千,小者恒数百人的可观数字,足以证明),而且还表现在被雇人的身份及劳资两方的关系上。如前所述,这一带是一个"世居者之民,十无一二",四面八方流民积聚的川陕楚边徼地带,流民入山之后,光靠租种山地不可能全部得到安顿。这样,在山地多荒、地瘠民贫的情况下,山内各厂出现了两种充当雇工的情况:一是不完全脱离农业劳动的人。他们因为单靠租种山地不能维持生活,不得不于种地之外,被迫充当雇工,因为没有完全脱离农业,他们的工作时间,一般都在八九月之后,直到春耕之前,而且他们所参加的劳动,多是搬运之类的简单劳动,很少担任厂内专职的技术操作。另一种是完全脱离农业的雇佣工人。这类雇佣工人工作的情形,与第一类完全相反,他们的工作没有季节性。大约因为这一带的铁厂进行日夜的鼓铸,厂主需要的工人(特别是能够操作冶铁技术的工人),必须常年能

---

①严如熤:《三省边防备览》卷 14《艺文》,《老林说》。
②严如熤:《三省边防备览》卷 14《艺文》,《木厂咏》。
③严如熤:《三省边防备览》卷 9,《山货》。

够充当雇工,故这类工人已发现在铁厂最多。严如熤在其《铁厂咏》中说"一厂指屡千,人皆不耕食"①,可以看出这类雇工在这一带手工工场中(尤其是铁厂)存在的情形。这些雇工尽管从其身份(前者是租种地主山地的佃农,后者是一无所有的无业游民)及其工作的时间来看,可以分做两种不同的类型,但就其与厂主的关系来看,则是属于同一种雇佣关系,前者时作时辍,进出厂内自由,与厂主固然没有什么封建的隶属关系,后者虽然为厂头长期雇佣,但是他们与厂主"同坐共食,并无主雇名份"②。可见,他们与厂主同样没有任何封建的隶属关系。

(二)规模的宏大

这点与雇佣劳动的发达密切结合在一起。这一带的手工工场除淘金厂、纸厂较小之外,其余木铁盐厂规模都很宏大。这种规模之大,不仅表现在这些厂能够容纳很多雇佣工人,而且还表现在一个大厂往往为许多小厂联合而成。例如:这一带的木厂,就不同于一般地区的木厂。它是"一厂群工备,大者屡千人"③的包括圆木、枋、板、猴柴、器具等生产部门而形成的联合企业。这种木厂,从其设备来看,不仅有"长达数十里,作法如栈阁,望之如桥梁"的"溜子",而且还有"高达三四层"用牛或人推挽的将木从高处运往低处的"天车"。从其所能容纳的雇佣人数来看,也很可观,每厂雇工有的竟不下"三千人"④之多。

①严如熤:《三省边防备览》卷 14《艺文》,《铁厂咏》。
②《清代刑部钞档》,嘉庆二十一年十一月,《管理刑部事务董诰等题陕西汉中府略阳县》。
③严如熤:《三省边防备览》卷 14《艺文》,《木厂咏》。
④严如熤:《三省边防备览》卷 9,《山货》。

（三）分工精细

不仅表现在铁厂里有烧炭、采矿、冶铁、铸造、搬运，以及盐厂里有司井、司牛、司车、司笕、司梆、司漕、司涧、司火、司饭、司草等诸如此类的生产上的分工，而且在某种程度上还表现在木厂里的"商人厚资本，坐筹操奇赢，当家司会计，领岸度工程，书办纪薄册，包头伙弟兄"[①]的严格的组织分工。

（四）分股合伙的经营

山内铁木纸厂是否是分股合伙经营，由于有关文献没有记载，不得而知。不过从情理上推想，像木铁那样的规模宏大、容纳人数众多的，由许多生产部门联合而成的手工工场，其所需资本（厚资）之多，并非一个商人所能拿出，必须由许多商人分股合伙经营，才能雇佣数百数千工人，才能增设高达一丈六七尺的铁炉，及花费"工本最多"的"长达数十里"的"溜子"和高达三四层的"天车"。至于盐厂的经营，采取了分工合伙的经营方式，具体表现在那些盐厂有的吸收小商小贩的资本，有的（如四川的自流井）则为数百家业盐者积巨金开设起来的（关于盐厂采取分股合伙经营的情形。详见前文有关盐厂的叙述，这里不复赘言）。

（五）开设的暂时性

这一特点，除了盐厂之外，几乎存在于山内的每一个手工工场（包括属于商业性农业的某些厂地）。《光绪洋县志》载山内各厂到光绪初年存在的情形说：

> 其在山中昔时香菌木耳铁纸木料等厂，今皆无之，惟纸厂尚余二三，药扒虽有，近日亦颇寥寥，惟各山场于夏日有

---

①严如熤：《三省边防备览》卷14《艺文》，《木厂咏》。

客商买笋蕨野药者,尽可日尚有货焉而矣。①

这里,我们可以清楚地看到,从存在的时间上看,山内各厂较诸北京门头沟的民窑②(该窑从明代万历一直存在到现在),以及有着悠久历史的苏、嘉、湖、杭的丝织业,江西景德镇的制瓷业,都要短暂得多。

究竟这些手工工场为什么不能长期存在下去?

对于这个问题,仔细推敲的结果,觉得应当从两个方面去找出答案。

第一,这些手工工场从它增设之日起,一开始就受到一定自然条件的限制。

《三省边防备览》载:

> 商人操奇赢厚资,必山内丰登,包谷值贱,则厂开愈大,人聚益众,如值包谷清风,其值大贵,则歇厂停工,而既聚之众,不能复散,纷纷多事,防范最难。③

王开沃《乾隆周至县志》:

> 南山夙称陆海,材木之利取之不穷,然必有力之家,捐重赀,聚徒众,入山数百里砍伐积之深溪绝洞中,待大水之年而后随流泛出,则其利益十倍,然非可以旦夕权子母者。④

这里所引的两条材料,虽然它所涉及的对象不同(前者谈的是山

---

① 《光绪洋县志》卷14,《食货志》。
② 邓拓:《从万历到乾隆——关于中国资本主义萌芽时期的一个论证》,《历史研究》,1956年第10期。
③ 严如煜:《三省边防备览》卷9,《山货》。
④ 金济思:《十七世纪末到十九世纪初中国封建社会的几种手工业和手工场史料》,《经济研究》,1955年第5期。

内各厂,后者仅仅就木厂而言),但它所说的问题则一,即都是说明山内手工工场规模之大小,获利之厚薄,固然决定于开厂商人资本(重赀)的多少,但更主要的还是决定于这一带的自然条件(如"商人操奇赢厚资,必山内丰登"。木植出山,必"待大水之年而后随流泛出",等等)。由此可见,山内各厂的开设,在一定程度上受到这一带自然条件的限制。

第二,原料逐渐稀少和缺乏。前面曾经提到,这些手工工场是随着流民的入山,在开辟老林的过程中逐步增设起来的。乾嘉年间,山内各厂之所以能够一时兴盛起来,除了因为当时在人力上具备了开厂的条件之外,还因为这一带是一个正在开辟的山区,山内有铁可采,有木可伐,有竹可以造纸,一旦老林既辟,开厂日久,山内原料有限,不少手工工场逐渐感到原料的稀少与缺乏。其所以会很快衰微下去,以致不复存在,多少与这种原料的供不应求不无关系。兹以铁厂为例,《光绪凤县志》载这一带铁厂逐渐衰微的原因说:

近日树木砍伐略尽,土人谓黑山(运木装窑烧炭的地方)多而红山(开石挖矿运矿的场所)少,故厂不兴旺也。①

铁厂因为其重要原料——铁矿的稀少,而逐渐衰微下去,其他各厂(木纸各厂等)同样在某种程度上,因为感到原料的稀少与缺乏以致逐渐衰微的情形,概可想见。

当然,山内各厂衰微的原因,不会仅仅只有这些,而且即使根据我所引证的几条材料(没有将每一厂衰微的具体原因像铁厂那样一一列出),也并非能够证据确凿的说明我在上面所列举的两点原因,就一定能够成其为原因。这里,只不过将我的两点不成熟的看法,提

---

① 《光绪凤县志》卷1,《地理》。

供出来作为大家在研究这个问题上进行参考的线索而已。

　　以上就是这一带手工工场存在的几个比较突出的特点。明确这一带手工工场开设的具体情况及其特点之后，现在我们完全可以根据这些具体情况和特点，结合有关资本主义萌芽的理论，来回答这一带手工工场是否存在着资本主义萌芽、如果存在，其萌芽的程度如何等问题。

　　在解决或回答这一问题的同时，首先接触到的理论问题，是资本主义萌芽的定义和概念问题。什么是资本主义萌芽的定义和概念呢？马克思在《资本论》里，对于这个问题，曾经进行了如下的科学阐明。他说：

　　　　资本主义的生产，事实上是在这个地方开始。在这个地方，同一资本同时雇佣较多数的劳动者，以至劳动过程拓大了它的范围，而以较大量的规模来供给生产物，较多劳动者在同时在同地(或同一工作场所)，在同一资本家的命令下，生产同种商品，在历史上和概念上，都是资本主义生产的出发点。[1]

苏联科学院经济研究所所编的《政治经济学》教科书在阐述到什么是资本主义生产的概念时说：

　　　　资本主义生产是在这样的场合开始的，即生产资料集中在私人手中，而被剥夺了生产资料的工人不得不把自己的劳动力当做商品出卖，在手工业生产和农民副业中，形成了资本主义的比较大的作坊。[2]

----

[1] 马克思：《资本论》卷1，人民出版社，1953年，第383页。
[2] 《政治经济学教科书·上册》，人民出版社，1952年，第86页。

　　根据《资本论》和《政治经济学》教科书对于资本主义萌芽定义和概念的科学阐述，可以看出资本主义萌芽并不是任何时候可以产生，它的产生和发展受到一定历史条件的限制。换句话说，资本主义生产关系，只有当社会发展到一定的历史阶段——商品经济及货币经济得到了相当发展，自给自足的自然经济已经开始瓦解，无论工业部门和农业部门的生产（尤其是手工业生产），都已很明显地超出了自给自足的范围。手工工场生产资料开始集中在私人手里，雇佣工人可以自由出卖劳动力的时候，才有可能得到产生和发展的。我们在检查某一时期某些地区的手工工场，是否存在着资本主义萌芽时，除了首先应当判断它是属于官府所有抑是私人所有的前提之外，还应当从其雇佣劳动（不仅要注意其雇佣劳动者数量的多少——"雇佣较多数的劳动者"，更重要的应注意这些雇佣劳动者是否能够自由出卖其劳动力，"把自己的劳动力当做商品出卖"。他们与厂主之间是否存在着封建的隶属关系），从它的规模（因为进行商品生产，必须要"以较大量的规模来供给生产物"），及其是否是在同一资本家的命令下生产同种商品来检查。

　　由此可见，不注意资本主义萌芽产生和发展的历史条件，不注意中国资本主义萌芽的特点，把中国资本主义萌芽的时间说得过早或者过晚，都是值得重新商榷的。

　　根据上述资本主义生产的定义和概念，结合着前面有关手工工场开设的具体情况，以及本节所叙述的有关手工工场特点的分析，这一带的手工工场是否存在着资本主义萌芽呢？我的回答是：不但已经存在着资本主义萌芽，而且就其萌芽的程度来看，它已超出了资本主义手工工场发展阶段中的第一阶段——资本主义单纯协作时期，而已进入了第二阶段——"以分工和手工技术为基础的资本主义协作"①的工场手工业时期。因为这一带的手工工场从其生产资料的所有者来看，除盐厂采取了官督商办的形式之外，其余都是私人所有和经营；从其雇佣劳动者的身份来看，虽然在手工工场内存在了两种不同的雇佣工人，但是他们与厂主的关系都是"同坐共食，并无主仆名分"。换句话说，他们都是自食其力（从严如煜《纸厂咏》"匠作食其力，一厂百手指"等语中可以看出），在其都能自由出卖劳动力这点上，则是完全相同的。从手工工场的规模和分工的程度来看，这一带手工工场不仅规模很大，容纳雇佣人数很多，里面有着从事各种劳动的雇佣工人（有如木厂"一厂群工备，大者屡千人"就是一个很好的例子），而且这些雇佣工人，在其操作整个生产技术的过程中，有着十分明显的精细的分工（关于其分工情况，详见前面有关手工工场具体情况的分析）。这里，我之所以认为这一带的手工工场已经进入了资本主义萌芽发展的第二阶段——工场手工业时期，主要是根据其雇佣劳动的发达及其分工精细的程度来划分的。列宁在《俄国资本主义发展》一书中，在给工场手工业下定义时曾指出：

> 工场手工业是指以分工为基础的合作。就其发生来讲，工场手工业是直接属于上述的工业资本主义的最初阶段。一方面，雇有相当数量工人的作坊逐渐地采用分工，于是资本主义的单纯合作变为资本主义的工场手工业。②

根据列宁所谈到的工场手工业的定义，检查我的划分标准，可见，认为这一带手工工场已经进入了资本主义的工场手工业时期，是完全可以这样断言的。

这一带的手工工场既已进入了工场手工业时期，尽管这一发展

---

①《政治经济学教科书·上册》，人民出版社，1952年，第87页。
②列宁：《俄国资本主义发展》，人民出版社，1952年，第342页。

阶段距离第三阶段——机器时期尚远，但是我们不能忽视它在整个资本主义生产发展阶段中,所具有的重大意义。列宁在《俄国资本主义发展》一书中阐述到其重大意义时指出:

> 它是手工业和带有原始资本形式的小商品生产与大机器工业(工厂)之间的中间环节。①

由此可见,这样的工场手工业,如果能够比较顺利的继续得到发展下去,一处如此,他处皆然,那么,中国在鸦片战争之后,即使没有外国资本主义的侵入,同样可以进入大机器工业时期,从而使中国进入资本主义社会。

六、结　语

总结以上所述,大致可以得出如下结论。

清代中叶白莲教大起义,是发生在特定历史条件和特殊地理环境下的一次起义。这次起义之所以发生在乾隆之末、嘉庆之初的三省老林地带,是有它极其深刻的社会背景和经济上的原因。这次起义主要的组织者和领导者,虽然像历代若干次农民起义一样,是作为落后的宗教(宗教,就其本身来说是一种唯心主义的落后的东西,但当它被农民革命所利用时,在组织和领导起义的过程中,往往起着一定的积极进步作用)——白莲教来领导,但就其斗争内容来看则已经超出了历代农民起义斗争的范围。因为这次起义,不仅是农民反抗地主及官吏压迫的斗争,是汉族人反抗满清民族牢狱的民族斗争,而且通过手工工场自食其力的雇佣工人参加起义(这种已经有了相当程度的资本主义萌芽的工场手工业中的雇佣工人, 在嘉庆初年白莲教起义

---

①列宁:《俄国资本主义发展》,人民出版社,1952年,第342页。

期间，还仅仅是作为白莲教起义基本群众之一参加，到了嘉庆十八年，因饥饿而发生的以万伍等领导的箱工之变时，其基本群众几乎都是因歇厂停工而失业的雇佣工人了），[1]某种意义上体现了新兴的资本主义生产力和生产关系，同束缚它的腐朽封建生产关系进行了强烈的反抗斗争。

南巴老林是一个山区地带。在当时，这一带的经济虽然较诸全国经济发达的地区比较落后，但这一带与其四周并不孤立隔绝，相反的，通过商业性农产品及手工工场产品的交换，使它与经济比较发达的地区，仍然有着密切的联系。

由于老林山区是一个物产丰富，为新增流民积集之所，在人力物力上具备了开设规模较大、分工较细的手工工场，加之这一带政治控制比较薄弱，阻碍资本主义萌芽发展的因素较小，故这一带手工工场在商业性农业发展的前提下，不但出现了资本主义萌芽，而且这种萌芽得到了比较顺利的长足的发展，使这一带手工工场，无论从雇佣劳动的发达、规模的庞大、分工的精细等方面来看，都已超出了资本主义手工工场的第一阶段——单纯协作时期，而已进入了第二阶段——工场手工业时期。尽管这些手工工场，在它开设的过程中，曾经存在过暂时性的特点，然而并不能因此而怀疑到这一带手工工场是否存在着资本主义萌芽。因为这一特点所能反映的唯一事实，只不过说明中国资本主义萌芽产生和发展的道路，是一条曲折而复杂的道路而已。

---

①《十朝东华录》，《嘉庆十八年十二月上谕》。

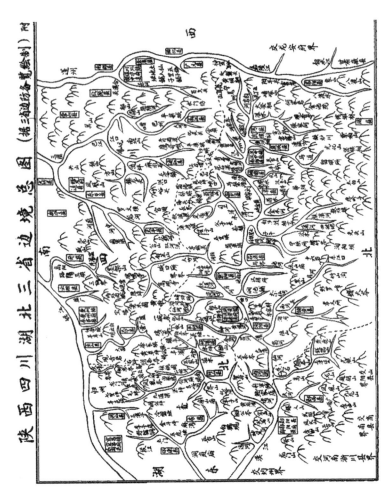

图 1 陕西四川湖北三省边境总图

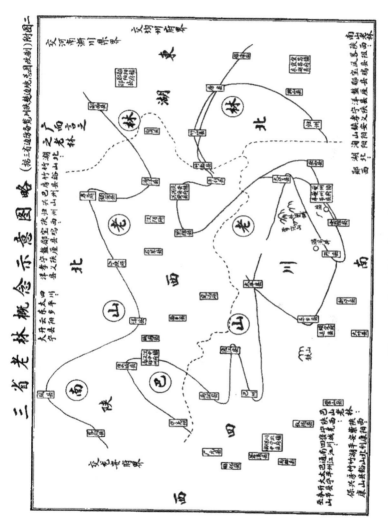

图 2 三省老林概念示意图图略

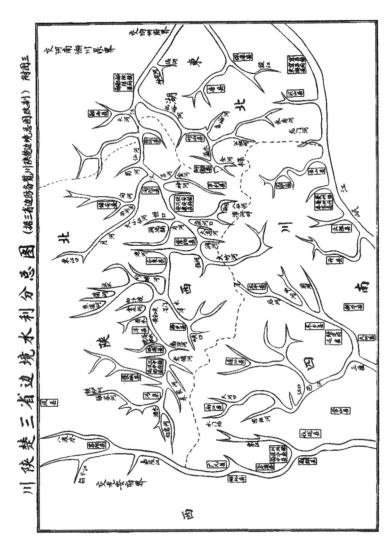

图 3 川陕楚三省边境水利分总图

附表：嘉庆四川盐厂井眼煎锅分布情形及其榷税概况统计表

州县名称	府或直隶州属	部位	名井	井眼数	灶数	煎锅口数	课银总数	全省出盐州县课银总数	备注
大宁县	夔州府	川东	白龙泉	2	337	984	2016两	四川省行盐每陆引一张，实征税银1钱7分2厘4毫，水引1张徽税银三两4钱零五厘，井锅灶则有上中下不同，榷课水早，自乾隆二十四年（1759年）以后，陆续增捌，现在（指嘉庆）上中下盐井8686眼，锅5076口，水引29518张，陆引137578张，计税课银共壹拾贰万贰仟陆佰陆拾贰两玖钱壹分二毫。	这张表是根据《嘉庆四川通志》卷68《食货盐法》所载的四川各州县盐井井眼煎锅存在情况以及水引征课情况整理而成的。四川全省出盐州县总计40余处，其中重要的有20余处。从古出盐州县的部位来看，一些主要盐厂以集中在川北最多，其次是川南利川东，以川西最少。通过这张表的统计，结合着正文中有关四川盐厂的分析，可以使我们更清楚地了解天府之国的四川产盐纳税的较比详尽的情形。

续表

州县名称	府或直隶州属	部位	名井	井眼数	灶数	煎锅口数	课银总数	全省出盐州县课银总数	备注
开县	夔州府	川东	温汤井	3	54	70	175 两		
忠州	忠州直隶州	川东		34			179 两2 钱 4 分		
云阳县	夔州府	川东	云安厂（川东大盐厂）	135	357	353	892 两5 钱		
彭水县	酉阳直隶州	川东		14		煎锅158温水锅101	456 两9 钱4 分五厘		
荣昌县	重庆府	川东		14			4 两 2 钱		
铜梁县	重庆府	川东		1			3 钱		
合州	重庆府	川东		1			3 钱		
涪州	重庆府	川东		2	51	306	24 两 8 钱6 分		

续表

州县名称	府或直隶州属	部位	名井	井眼数	灶数	煎锅口数	课银总数	全省出盐州县课银总数	备注
大足县	重庆府	川东		3			9钱		
万县	夔州府	川东		4		2	24两8钱5分9厘		
乐山县	嘉定府	川南		257		358	620两		
威远县	嘉定府	川南		2		2	6两		
大竹县	绥定府	川东		1			5钱		
盐源县	宁远府	川南		2	66条半		957两6钱		
犍为县	嘉定府	川南		1173		1687	3404两		
富顺县	叙州府	川南	自流井	382		565	1174两		
荣县	嘉定府	川南	贡井	盐井24 火井10		496	1220两		
资州直隶州	资州直隶州	川南		237		39	478两		

续表

州县名称	府或直隶州属	部位	名井	井眼数	灶数	煎锅口数	课银总数	全省出盐州县课银总数	备注
井研县	资州直隶州	川南		113		6	199两		
江安县	邛州直隶州	川南		1		14	26两		
资阳县	资州直隶州	川南		5			10两		
内江县	资州直隶州	川南		9			13两6钱		
仁寿县	资州直隶州	川南		1			1两2钱		
南部县	保宁府	川北		436			452两6钱		
射洪县	潼州府	川北		2999			899两7钱		

续表

州县名称	府或直隶州属	部位	名井	井眼数	灶数	煎锅口数	课银总数	全省出盐州县课银总数	备注
西充县	顺庆府	川北		49			76两8钱9分		
乐至县	潼州府	川北		186			30两4钱7分9厘		
蓬溪县	潼州府	川北		1261			206两6钱2分7厘		
阆中县	保定府	川北		8			7两2钱5分		
南充县	顺庆府	川北		23			10两6钱		
蓬州	顺庆府	川北		1			5钱		
三台县	潼州府	川北		268			110两2钱		
盐宁县	潼州府	川北		196			122两4钱5分		

续表

州县名称	府或直隶州属	部位	名井	井眼数	灶数	煎锅口数	课银总数	全省出盐州县课银总数	备注
中江县	潼州府	川北		125			50两		
遂宁县	潼州府	川北		8			1两3钱1分1厘		
安岳县	潼州府	川北		3			4钱9分2厘		
太平厅	太平直隶州	川北		3		12	91两4分		
简州	成都府	川西		533			639两6钱		
绵州	绵州直隶州	川西		159			72两9钱3分		

吴玠吴璘抗金史迹述评

　　吴玠、吴璘是南宋高宗建炎年间西北地区有名的抗金将领。当时全国最负盛名的抗金将领,在东南江淮地区如果是张浚、刘光世、韩世忠和岳飞(当时号称四大屯军)的话,那么在西北地区则首推吴玠、吴璘了。

　　由于吴玠、吴璘在从事保卫大西北的抗金斗争中,能够比较爱护人民,与士兵同甘共苦,并能以毕生精力积极坚持抗金斗争,故他俩在西北广大人民和士兵中,享有极高的威望,深得人民和士兵的推崇和拥护。当时岳飞在江南地区军民中的威望是"时誉翕然"①,而吴玠、吴璘在西北地区的威望是"陕蜀诸军,但知吴氏"②。在吴氏兄弟中,尤其是吴玠,他与他同时的西北地区的另一将领曲端"皆有重名",当时在陕西人民中普遍流行着这样两句赞语:"有文有武是曲大,有谋有勇是吴大。"③人民不仅在吴玠、吴璘的生前对他俩推崇备至,对其所从事的抗金斗争予以热烈的拥护和积极的支援,而且在他俩去世后的很长很长的时间里,仍然是"西人至今思之"④,不时对他俩进行着意味深长的怀念。这样的抗金将领,可以称得上与岳飞媲美的抗金英

　　①《皇宋中兴两朝圣政》卷7,《岳飞时誉翕然》。
　　②李心传:《建炎以来系年要录》卷141。
　　③周密:《齐东野语》卷15,《曲壮闵本末》。
　　④《宋史》卷366,《吴玠传》。

雄,有必要将他俩的抗金史迹加以梳理,了解他俩在抗金斗争中,究竟起了怎样的不可忽视的作用。

本文拟就吴玠、吴璘的身世,吴玠、吴璘保卫川陕秦陇地区的战略意义,富平之战前后陕西地区的抗金形势,吴玠、吴璘保卫川陕秦陇地区的主要战绩等方面进行叙述和分析。

一、吴玠吴璘的身世

吴玠字晋卿,生于公元 1093 年,卒于 1139 年。吴璘字唐卿,生于公元 1102 年,卒于 1167 年。吴玠比吴璘长九岁。兄弟二人,原系德顺军陇干人(德顺军的治所在今甘肃静宁县东,其旧县治叫陇干)①,后因其父死葬水洛城(按:宋史吴玠传作永乐城,误),其家也随之迁到军治以南的水洛城②居住。其先世事迹,《宋史》本传不见记载,无从详考,仅根据吴玠墓碑及李心传《建炎以来朝野杂记》的记载,大体上知道他的曾祖叫吴谦,祖父叫吴口,父亲叫吴扆③。吴扆曾在德顺军做过地方"军校",由此可以推知吴家数世以来系德顺军的军官。吴扆生子三人:玠、璘、珙,玠、璘为其正妻刘氏所生,珙系玠之"庶弟",为吴扆

---

①《乾隆续修静宁州志》卷 2《堡寨》:"德顺军在州东南。宋置。庆历三年,以渭州陇干城置。《通考》:德顺军,汉番互市之地,在六盘山外"。又"陇干废城在州南。宋志,德顺军治陇干县以外底堡。置宋祥符中,知渭州曹玮筑城,成兵守之。……庆历年间,经略使韩琦请建为军"。

②《乾隆续修静宁州志》卷 2《堡寨》:"水洛故城,在州东南一百二十里……"。宋范仲淹曰:"朝那之西,秦亭之东,有水洛城"。……旧志云:"韩琦既建德顺军,遣四路都总管筑水洛城,至金升为水洛县,元并入陇干"。

③临洮张维鸿《陇右金石录》卷四《吴玠墓碑》:"公曾祖讳谦,赠太子太保,妣李氏,永宁郡夫人,祖讳口,赠太子太保,妣齐氏,普宁郡夫人,攷讳良,赠少保,妣刘氏嘉国夫人,自少保而上,世居德顺之陇干,以公贵追荣三世"。

婢妾所生。①吴氏兄弟及璘子挺,均以毕生精力从事抗金的斗争,后来吴玠因军功累官为"开府仪同三司,迁四川宣抚使",成为西北地区第一流的抗金将领,吴璘也因军功累官至"太傅新安郡王","隐然为方面之重,威名(仅)亚于玠"②。珙在西北地区的声望,虽然远不及吴玠、吴璘,"然珙为人颇类玠,屡历行阵,亦得军士心",并且晚年也因军功"与璘子挺同为管军节度使"③,与吴玠、吴璘一道在抗金斗争中,立下了不可磨灭的功勋,写下了光辉的一页。吴玠年轻时即"沉毅有志节",善于骑马射箭,读书能通大义,在他尚未满二十岁的时候,便投笔从戎,"以良家子隶泾原军",成为西北名将曲端的部下,在跟随曲端东征西讨期间,因为屡立战功,逐渐由一名普通的士兵,提升为"泾原第十将"④。金人入侵陕西,朝廷派张浚经理川、陕,他和弟弟吴璘经过"参军"刘子羽的介绍,继续得到张浚的赏识和重用(详后)。由于他个人的主观努力,终于在富平之战以后,由一名下级军官,提升为保卫大西北地区的独当一面的大将。吴璘年轻时也与吴玠一样,喜欢骑马射箭,他一直跟从吴玠攻战,累立战功,在吴玠去世之后,代兄为将20余年。⑤经常带病亲临阵地,与将士"戮力协心,据险抗敌",以不屈不挠的精神,与金国侵略者进行着顽强的战斗,"卒保全蜀",⑥完成了其兄尚未完成的抗金事业。

---

①《建炎以来朝野杂记》乙集卷 12,《吴玠福不及吴璘》。

②《宋史》卷 366,《吴璘传》。

③《建炎以来朝野杂记》卷 12。

④《宋史》卷 366,《吴玠传》。

⑤《宋史》卷 366,《吴璘传》。

⑥《宋史》卷366,《吴璘传》。

二、吴玠吴璘保卫川陕秦陇地区的战略意义

吴氏兄弟及璘子挺与金人长期周旋作战的地区，是幅员辽阔的以秦陇为中心的西北战场。唐时的秦陇地区属于关内陇右道，宋时则包括在当时的陕西境内①。(宋初于陕西秦陇一带置秦凤路)为古时关中的西部地区②，其西北与西夏为邻，西南与吐蕃接界，东南则与四川互为表里。这一带地势高亢，山岳绵亘，地势极为险要，自古为军家必争之地。北宋仁宗庆历初年，为了防御西夏的进攻，曾经围绕着这一地区，选择了四个"制高点"，建立了四个"军区"当时号称"四路"。这四路的名称是：鄜延路(今陕西延安一带)、环庆路(今甘肃庆阳一

---

①《宋史》卷85《地理一》："至道三年，分天下为十五路，天圣析为十八，元丰析为二十三，曰京东西，京南北，曰河北东西，曰永兴，曰秦凤，曰河东，曰淮南东西，曰两浙，曰江南东西，曰荆湖南北，曰成都梓、利、夔，曰福建，曰广南东西。东南际海，西尽巴僰，北极三关，东西六千四百八十五里，南北万一千六百二十里"。又《宋史》卷八十七《地理三》陕西："秦凤路：府一，凤翔。州十二，秦、泾、熙、陇、成、凤、岷、渭、原、阶、河、兰。军三，镇戎、德顺、通远。县三十八。其后增积石、震武、怀德三军，西宁、乐、廓、西安、洮、会六州，又改通远军为巩州。凡府一，州十九，军五，县四十八"。按：据此可知，宋初曾于秦陇地区设秦凤路，秦陇地区包括在当时的陕西境内，属于陕西的沿边地区。

②顾祖禹：《读史方舆纪要》卷52《陕西一》在叙述陕西地理沿革、阐明关中概念时转引以下记载：(A)潘岳《关中纪》云："东自函谷关，西至陇关，二关之间，谓之关中，东西千余里"。(B)《三辅旧事》云："西以散关为限，东以函谷为界"。(C)徐广曰："东函谷，南武关，西散关，北萧关，秦地居其中，亦曰四塞"。又，清扬州甘泉毛凤芝撰《南山谷口考》(见邵力子：关中丛书第一集)载："关中之险，东有潼关，西有陇阪，东南有武关，北有大河，所谓四塞之国也"。按：据此可知，古时关中包括的地区大体上以两关或四关为限。而本文所涉及的秦陇地区，则属于今天甘肃的东南部，为古时关中的西部地区。

带）、泾原路（今甘肃平凉一带）、秦凤路（今甘肃天水、凤县、徽县、成县一带）等。到神宗熙宁年间，"又增置熙河路（今甘肃临洮一带），既又分置永兴路"①（今陕西西安市及山西永济一带），故宋朝史书上，也叫作"五路"或"六路"。北宋由于通过"五路"的建置，控制了这一地区，从而改变了对西夏战争的不利处境。宋金战起，北宋沦亡，在南宋政权刚刚建立之初，立即争取以秦陇为重心的川陕地区，对于宋金双方，无论在军事、经济等方面，都具有极为重要的战略意义。首先，从这一地区在地理上，对于赵宋政权的重要性来看，已经因时而异，北宋时这一地区，还只是防止西夏进攻的首当其冲的边防重镇，但到高宗南渡之后，全国整个的地理形势，有如"常山蛇势"，其具体形状是，"秦蜀为首，东南为尾，中原为脊"②，"关中者，天下之上游，而江左则下游也。上下之势，犹之首尾，其中气脉必相接续"③。

其次，从用兵的角度来看，因为四川为长江之上游，而陕西关中地区又为"天下之上游"，这种地理形势对于宋金双方用兵显得都很重要。对金人来说，要想拿下四川，顺流而下，掩举吴越，从而对南宋形成包围圈（像后来蒙古宪宗侵宋那样），必须首先攻占陕西，夺取五路。对南宋来说，因为陕西秦陇地区，"其势与蜀相接"，只要能够保卫住这一地区，"不惟保蜀，所以重上游形势"④。

---

① 顾祖禹：《读史方舆纪要》卷52《陕西一》。又，《宋史》卷87《地理三》"陕西路：庆历元年，分陕西延边为秦凤、泾原、环庆、鄜延四路。熙宁五年，以熙河洮岷州通远军为一路，置马步军都总管经略安抚使。又以熙河等五州军为一路，通旧鄜延等五路，共三十四州军，后与永兴、保安军、河中、陕府、商、解、同、华、耀、虢、鄜延、丹坊、环庆、邠、宁州、为永兴军等路转运使"。

②《宋史》卷404《汪若海传》。

③《建炎以来系年要录》卷68。

④《建炎以来系年要录》卷131。

最后，从川陕地区给南宋政府所可能提供的人力物力来看：第一，陕西秦陇地区可以给南宋政府提供大量的军官和军队。自古"山东（太行山以东）出相，山西（太行山以西）出将"，自高宗即位以来，"渡江后名将皆西北人"①。当时在抗金斗争中所涌现出来的著名将领：如韩世忠（绥德军人），吴玠、吴璘、郭浩（均德顺军人），张浚（秦州人），曲端（镇戎军人），李显忠、杨惟忠（均环州人），金渊（阶中人），马广（熙州人）等，大都出身陕西秦陇地区。同时，这一地区，所拥有的军队数量，在全国也是首屈一指。当时大抵"天下之精兵健马，皆出于西北"（李纲语）②。南宋初年，全国究竟有多少军队，具体数字不详，川陕之兵，在全国所占的比例，也无从精确计算。据《宋史·兵志》记载："（高宗）建炎南渡，收溃卒，招群盗，以开元帅府，其初兵不满万，用张、韩、刘、岳为将，军声以振"③。又李心传《建炎以来朝野杂记》记载："绍兴初，内外大军，凡十九万四千余，而川陕不与"④。建炎四年九月，在陕西爆发的富平之战，张浚会合五路之师，计四十万人。该数字，散见诸史，颇有出入，有的记载为四十万，有的则记载为三十万或二十万⑤。今姑且以二十万计算，与绍兴初年的十九万四千数字相比，仅陕

---

①《建炎以来朝野杂记》乙集卷 12，《渡江后名将皆西北人》。

②《皇宋中兴两朝圣政》卷 2。

③《宋史》卷 187，《兵志》。

④《建炎以来朝野杂记》卷 18，《绍兴内外大军数》。

⑤关于富平之战的具体数字，《建炎以来系年要录》、《皇宋中兴两朝圣政》、熊克《中兴小纪》，《宋史·张浚传》等诸史记载为四十万。唯徐孟辛《三朝北盟会编》记载为二十万。朱胜非《秀水闲居录》记载为三十余万。这是宋朝方面的记载。又《大金国志》卷 6："（张浚）会诸路兵四十万，约日会于耀州大战"。按：《大金国志》系金人宇文懋昭所纂之书。既然金国方面记载与宋朝方面大多数记载相同，当以 40 万数字为可信。

右五路之兵,就已超过了陕西以外的全国军队数字,同时陕西地区除了自身兵多将广之外,还是南宋政府募兵的主要地区之一。南宋初年,国家的财政收入,主要靠从东南沿海人民身上榨取,而军队的主要来源,则仰仗于陕西、河北等广大的西北地区,即所谓"取财于东南,而募兵于西北"①。如建炎三年(1128年),高宗命"三省"派人到陕西、河北募兵"各三万人"②,两地一次便募兵六万。因为时常在陕西募兵,故当时高宗殿前所统禁卫军,其"将士多陕西人"③。此外,由于西北兵多将广,又是募兵的重要来源地,致使南宋统治者,无形中形成对这一地区兵将的依赖性。绍兴三年(1133年),右迪功郎吴绅向高宗上奏书说:"今国家所赖,只知有西北之兵,不知有东南之士……"④可见南宋政府对于这一地区的兵将,的确有某种程度的依赖性。第二,陕西秦陇地区,可以给南宋政府提供大量的军用马匹。军用马匹,尤其是用以冲锋陷阵的高大战马,在宋金战争中有着特殊的重要作用。综观宋金战争中的各次重要战役,在战争一开始,金人用以冲锋陷阵的,固然是精锐的骑兵,就是当战争处于决战阶段的关键时刻,金人所赖以迅速制胜的王牌,也莫不是能够进行两翼包抄作战的强大骑兵(如金人与刘锜在顺昌作战,以及与岳飞在郾城大战时所使用的拐子马军)。在"金人专以铁骑制胜"(李纲语)的情况下,南宋政府要想改变对金作战的恶劣处境,阻止住敌人的疯狂进攻,并逐步由战略的防御转变为战略的进攻,没有大量高大的战马,组成一支强大的骑兵,以与金人相抗衡,没有足够的一般军需马匹,以供军队运输驮载

---

①《皇宋中兴两朝圣政》卷1,《李纲上募兵买马献纳三》。
②《皇宋中兴两朝圣政》卷2。
③《建炎以来系年要录》卷23。
④《建炎以来系年要录》卷71。

之用,那是不堪设想的。

　　有宋一代,国家军队所需的军用马匹,主要来源于西北和西南周边各少数民族,即所谓"凡国之战马,悉仰川秦广二边焉"[①]。至于内地官私所产之马,其数甚微。南宋著名的产马地区有三:一为川秦地区,二为广西岭南地区。川秦地区少数民族所产之马,品种用途不一。秦地所产之马,为"强壮阔大,可备战阵"之大马,名曰"战马",主要产于宕昌(今甘肃岷县南)峰贴峡等少数民族居住的地区。川地所产之马,为"格尺短小,不堪行阵"的小马,名曰"羁縻马"(按:宋时曾于四川少数民族居住地区设羁縻州[②],故其地所产之马曰羁縻马),主要产于黎州(今四川汉源北)、叙州(今四川宜宾)、文州、长宁、甫平等五个州军[③],宋时,分别于川秦产马地区置"茶马司"机构,以茶换马,与少数民族进行以茶马交换为主的贸易。北宋及南宋初,每年从川秦地区所市马额,为两万匹,孝宗乾道年间曾一度大减,岁额只有一万九千余匹,其中川司占六千,秦司为五千九百(宕昌五千一百,峰贴峡八百),稍后,至宁宗嘉泰末年,岁额又略有增加,川秦两司所易马匹,总共为一万二千九百九十四匹[④]。川秦茶马司每年所市马匹,绝大部分通过专门拨运马匹的机构——"马务",运往东南,供"江上诸军"及

---

　　①《建炎以来朝野杂记》甲集卷 18,《孳生监牧》。

　　②《宋史》卷 89《地理五》记载:黎州"领羁縻州五十四",雅州"州城内一茶场(熙宁九年置),领羁縻州四十四";茂州"贡麝香……领羁縻州十";威州"贡当归、羌活……领羁縻州二";叙州领"羁縻州三十";沪州"领羁縻州十八";绍庆府(属利州路)"贡朱砂,……领羁縻州四十九。南渡后,羁縻州五十六";重庆府领"羁縻州一"。按:从上述羁縻州的设置,可以看出四川少数民族和产马地区的分布情形,以及宋朝与这些地区少数民族进行以茶易马为主要贸易的"羁縻"作用。

　　③《建炎以来朝野杂记》甲集卷 18,《川秦买马》。

　　④《建炎以来朝野杂记》甲集卷 18,《川秦买马》。

"三衙"军队之用。如四川成都府马务,每年载运给"江上诸军"之马,为五十八纲。陕西兴元府马务每年运给"三衙"军队的马匹,为一百十二纲①。如果每纲以五十匹(按:此为当时规定之每纲额数)计算,那么,成都府马务每年拨运的数字为两千匹,兴元府的数字较大为五千六百匹,两马务每年合共拨运了八千五百匹,约占川秦二司所易之马的总数65.4%以上。

广西岭南地区所产之马,简称广马,其主要产地为邕州(今广西南宁市)及岭南。邕州本地并不产马,其马来源于邻近罗殿、自杞、大理"诸蛮",而罗殿本身同样并不产马,其马是从南诏市来,即所谓"自杞诸蕃,本自无马,盖又市之南诏"②(按:南诏即今之云南,也叫大理,是宋时西南面的国家)。不仅如此,南诏本身虽然产马,然因其"地连西戎",其马有许多是从接近四川地区的"西戎"交易而来。故邕州所市之马,因为是从广南互市得来,在名义上叫作广马,"其实犹西马也"③。绍兴三年(1133年),宋曾在邕州"置司市马于横山砦"④,以帅臣总领其事,专门负责对罗殿、自杞、大理诸国的市马事宜(设而不久即废)。岭南所产之马,小而价贱,与四川的"羁縻马"大体类似,与江淮所产之马,则完全相同,其马价格每匹仅值"十余千"(与战马比较,其值甚微)。南宋每年从广南所起运的军用战马,与川秦比较,为数甚

<hr />

① 《建炎以来朝野杂记》甲集卷18,《川秦买马》。

② 《建炎以来朝野杂记》甲集卷18,《广马》。

③ 《建炎以来朝野杂记》甲集卷18,《广马》。

④ 《宋史》卷90《地理六》:"邕州下都督府永宁郡建武军节度。开宝五年,废郎宁、封陵、思龙三县。大观元年升为望郡。绍兴三年,置司市马于横山砦,以本路经略安抚总州事同提点买马,专任武臣"。

少。当时"广马例以五十匹为一纲,每年过三十纲"①,其具体数字仅有一千五百匹,而川秦每年东运之马的总数为八千五百匹,两相比较,是广马仅及川秦马数 17.6%。

淮水地区所产之马,简称"淮马"。"淮马"与"川马"及"广马"比较,其价格约便宜二分之一(川广战马每匹不下三四千,淮马每匹不满二千),加上川广所产之马,每年用水陆纲运,"道远多毙",故南宋初年,曾经一度于淮上大量市马,但因"淮马矮小,实不堪用"②,加上所产数量很少(其中有很多马是马贩越淮盗买而来转卖的),不能满足军需,到孝宗时终于停市。

综观以上所述,可知南宋产马之地虽然有三,然以川秦地区为其主要产地,川秦所产之马,不唯数量特多,而且质量最好,而在川秦之中,尤以秦陇地区为当时全国产马之冠。由此可见,川陕秦陇地区,不但是南宋兵将的主要来源地之一,而且更是南宋全国军用马匹的主要出产地。由此可见,宋金双方之所以极端重视和大力争取这一地区,除了它在军事上有相当的战略意义之外,更主要的是因为它在经济上具有极为重要的战略意义(简明地说,双方争夺川陕的目的,主要是为了争夺与少数民族进行以茶马交易为主的贸易权)。

由于川陕秦陇地区,在军事、经济等方面有着极为重要的战略意义,故自宋金战争爆发不久,一开始便引起南宋统治者的高度重视与金国侵略者的虎视眈眈。在南宋统治者方面,由于看到"自古中兴之主,起于西北,则足以据中原而有东南,起于东南则不足以复中原而

---

① 《建炎以来朝野杂记》甲集卷 18,《川秦买马》。
② 《建炎以来朝野杂记》甲集卷 18,《淮马》。

有西北"①,以及看到"秦兵可以强国,蜀货可以富国"②,"秦地形胜,精卒良马之所出,实为军国之根本"③,故当北宋沦亡,高宗与其将相文武大臣计议向何处迁都之际,有不少人主张并奉劝高宗巡幸关陕,号令天下,把中兴希望寄托在川陕地方。如知京兆府及兼京兆府路经略使唐重,早在高宗尚未即位,还在做"天下兵马大元帅"的时候,即三次上疏于大元帅府,"乞早临关中,以符众望",他曾在奏疏中为高宗划三策,明确指出"镇抚关中,以固根本,然后营屯于汉中,开国于西蜀,此为策之上",反之,如果放弃关中,"引兵南渡,则国势微弱,人心离散,此最为无策"④。在高宗即位之后,主张和奉劝高宗巡幸川陕的文武大臣更多。其比较有名的,如江南经制使转承事郎汪若海认为"将图恢复,必在川陕"⑤。著名的五马山寨首领、右武大夫、和州防御使马扩曾上疏建议高宗"幸巴蜀之地,用陕右之兵","西据蜀险,就六路形势力治兵战,以图恢复"⑥,至于当时做"同知枢密院事",不久即被派往川陕担任"川陕宣抚处置使"之职的张浚,更是不止一次地在高宗面前陈说"中兴当自关陕始"⑦。他在一次上高宗的奏疏中,甚至带着苦苦哀求的心情奉劝说"陛下果有意于中兴,非幸关陕不可"⑧,究竟张浚为什么要如此苦口婆心地屡次奉劝高宗一定要巡幸关陕不

①《宋史》卷 358,《李纲传》。
②熊克:《中兴小纪》卷 12;《建炎以来系年要录》卷 53。
③《建炎以来系年要录》卷 131。
④《宋史》卷 447,《唐重传》。
⑤《宋史》卷 404,《汪若海传》。
⑥《建炎以来系年要录》卷 21、卷 32。
⑦《宋史》卷 361,《张浚传》。
⑧《建炎以来系年要录》卷 21、卷 32。

可呢,因为在张浚看来,假如高宗能够巡幸川陕,那么,南宋小朝廷可以"前控六路之师,后据两川之粟,左通荆襄之财,右出秦陇之马,天下大计,斯可定矣"①,十分显然,力主高宗巡幸关陕的张浚,早已把川陕地区当作南宋唯一可以中兴的地方了。

为高宗献谋划策的文武大臣,在迁都问题上所发表的一系列的议论,究竟是否妥当正确呢? 我的回答是:就迁都具体地点而论,根据当时全国政治经济发展的具体情况,如果将迁都东南,同迁都西北,两相比较,那么,在当时经济重心已经南移的情况下,迁都东南,例如迁都"龙蟠虎踞"的建康②或者迁都于长江中上游在历史上曾为"三国必争之地"(赵鼎语)的荆、襄③一带,较诸迁都"居建瓴之势"的关中,似乎对南宋更为有利。但假如就迁都与中兴的关系而论,则南宋迁都的具体地点是否合适,并不能决定南宋的能否中兴,因为南宋中兴的

---

①《建炎以来系年要录》卷28。

②中书舍人胡安国在迁都问题上,主张迁都建康。《建炎以来系年要录》卷53记载他的主张说:"臣谓宜必都建康,且不以湖北为分镇,则全据上流,出秦甲,下蜀货,而血气周流矣"。又张溥编《历代名臣奏议卷》47记载胡安国在《时政论》里具体论及他主张建都建康的理由有五:"其建都略曰:陛下昨自应天,初登宝位,维扬驻跸,仓卒渡江,考十相攸,莫如钟阜,矧以旧邸,号称建康,已降诏书,传播天下,为受命之符,此可都者一也。自刘先主、吴孙氏,诸葛武侯,一代英雄,周游吴楚,皆称建康龙蟠虎踞,王者之居,此可都者二也。北据大江之险,外有长淮之卫,隔绝奔冲,难于超越,此可都者三也。有三吴以为东门,有荆蜀以为西户,有七闽二广风帆海航之饶以为南府,此可都者四也。诸路朝觐,郡县贡输,水舟陆车,道里适等,此可都者五也"。

③赵鼎在迁都问题上主张迁都荆襄。《建炎以来系年要录》卷32:"御史中丞赵鼎言,吴越介在一隅,非进取中原之势,荆襄左顾川陕,右视湖湘,而下瞰京洛,在三国必争之地也。宜以公安为行阙,而屯重兵于襄阳,以为屏翰,运江浙之粟,资川陕之兵,经营大业,计无出此"。

关键,在于以宋高宗为首的统治集团,能否放弃对内残酷镇压,对外实行"掷地与敌"的妥协投降的反动政策,即在于能否依靠人民义军及广大爱国官兵的力量,一致对外,抗击金人,反之,如果像后来高宗那样一味逃跑和妥协投降,一贯千方百计抑制和破坏抗金力量,即使迁都川陕,也丝毫无济于南宋的中兴。

在金国侵略者方面,对于争取川陕的战略意义,似乎认识更为深远。如金国元帅宗翰(粘罕),早在攻下汴京,尚未进取陕西的时候,就曾派遣使者,"假道夏国,以攻川陕"[①],结果为夏人拒绝。又如建炎二年(1128年)七月,当金太宗下令大举南伐,领兵诸将商议如何攻取南宋的策略时,河北诸将曾经主张"罢陕西兵,并力南伐",但这种意见,立即遭到河东诸将的反对,其反对的理由是,"陕西与西夏为邻,事体重大,兵不可罢"。曾经假道夏国以攻川陕的元帅宗翰,这次不仅完全同意河东诸将攻略陕西的意见,而且还进一步提出兼并西夏的主张。他对诸将说:"河北不足虑,宜先事陕西,略定五路,既戡西夏,然后取宋"[②]。可见,宗翰在金国统治者当中是最有远见和最富有侵略性的代表者。

宋金双方对于争取川陕秦陇地区的战略意义,既然都有相当深刻的认识和重视,那么,双方一场争夺陕西的大战便成为不可避免了。

三、富平之战前后陕西地区的抗金形势

金人的入侵陕西,几乎从南宋王朝建立的第一天起,即已开始。早在建炎元年(1127年)十二月,金人乘高宗南迁扬州,中原人心动摇

---

① 《大金国志》卷九,《纪年·熙宗孝成皇帝》。
② 《宋史》卷74,《宗翰传》。

之机,发动对南宋第一次大规模侵略的时候,便已分兵攻略陕西。当时金人负责全面作战的元帅是宗翰,而专主攻略陕西的大将为娄室(一作洛索)和撒离喝(完颜杲)。他们利用"关陕无备"①,及陕西五路诸将各据一方、无统一领导的良机,迅速由河南深入陕西,在攻下陕西长安之后,"即鼓行而西,进攻凤翔府",连下陇秦诸州,秦凤经略使李复生投降,一时"陇右大震"②。在娄室孤军深入陕右的同时,与官军望风迎降、各自为战的情况相反,两河(河南、河北)及陇右人民纷纷自发组织起来,"共起义兵击敌"③。由于"义兵大起",到处给侵略者以沉重的打击,金人被迫东还,于是"泾原统制官曲端,乘敌退,复下秦州,而凤翔长安皆为义兵收复"④。这样,金人第一次分兵攻取陕西的尝试终于宣告破产了。

然而,金国侵略者在未达到攻取川陕目的之前,是不会轻易放弃自己蓄谋已久的侵略意图的。他们在失败东归之后,相隔不到半年,紧接着配合第二次对南宋的全面进攻,再次开辟了陕西战场。这次负责全面指挥的元帅,仍然是宗翰,担任陕西战场的司令官依然是娄室。这时陕西的抗金形势,与金人第一次入侵的情况大体相同。在陕文武官吏并未吸取金人第一次入侵的教训,及时做好战守准备。南宋政府虽然命鄜延经略使王庶节制六路军马,然而各路将领往往以"先进望高,不欲受其节制"⑤,金人见有机可乘,首先选择了王庶所管辖的、当时人号称为"五路襟喉"(曲端语)的延安府,作为主要的攻击目

---

①毕沅:《续资治通鉴》卷101,高宗建炎二年正月。
②《续资治通鉴》卷101,高宗建炎二年正月—二月。
③《续资治通鉴》卷101,高宗建炎二年正月—二月。
④《续资治通鉴》卷101,高宗建炎二年五月。
⑤《续资治通鉴》卷101,高宗建炎二年五月。

标。金人集中优势兵力,猛攻延安府,延安危在旦夕,王庶接连发送文书,命令"尽统泾原精兵"驻扎在邠州(今陕西邠县)淳化的曲端前去营救,曲端借口自己兵不满万,倘若战败,敌骑长驱直入,有失掉整个陕西的危险,拒绝出兵相助。为了实行自己特殊的抗金见解,在不如"荡贼巢穴,攻其必救"①的口号下,与兵马都监吴玠分兵攻下了两座并无金兵驻防的空城。王庶见曲端见死不救,只好收集散亡,亲自去救,但走到半路延安已经被金兵攻破。王庶在丧师失地的情况下,被迫前去投奔曲端,曲端见了王庶,不但不承认自己见死不救、"动违节制"的错误,反而罪责王庶不能守住延安,并将他的节制使印夺去。王庶与曲端的"大不协",给敌人进攻延安钻了很大的空子,同时也埋下了后来王庶在张浚面前谗害曲端的仇恨种子。

金兵在攻下作为"五路襟喉"的重要军事要塞——延安之后,接着选择了另一重要军事据点——晋陵军(今陕西葭县)。"晋凌号天下险",位于陕北的黄河边上,这是一座塞上孤城。"当是时,环河东皆已陷,独晋陵屹然孤墉,横当强敌"②,坚决以死来保卫这座孤城的守将,是兼通文武的知军事徐徽言。徽言,西安人,他从太原沦陷后,一直守卫在晋陵军。在河东诸城镇全部被金人攻下之后,晋陵军很快成了敌人侵略陕西前进道路上的眼中钉,敌人决心要拔除这颗钉子。建炎二年(1128 年)十一月,金人对晋陵军开始围攻。起初,徽言率众"浮筏西渡,与金人鏖战河上,大小数十战,所俘杀过当"③,后因众寡不敌,退到城里坚守。敌人派遣他的亲戚折可求前去招降,被徽言严词拒绝,

---

①《宋史》卷 369,《曲端传》。
②《宋史》卷 447,《徐徽言传》。
③《宋史》卷 447,《徐徽言传》。

最后用断绝城中水源的办法,于建炎三年(1129 年)二月,攻破了这座城市,徽言被俘,不屈而死。这时高宗已经渡过长江,向临安逃窜,敌人为了一鼓灭亡南宋,"分西师合于东军"①,组成主力,跟踪追击,最后一直把高宗追下了大海。在陕西战场的敌人,因感兵力单薄,同时在进行两次大规模进攻之后,也需要短暂的休整,没有继续发动更大规模的进攻,于是敌人第二次入侵陕西,也就无形中暂时告一段落。

金兵接二连三对陕西的进攻,以及陕西诸将彼此不相统属,各自为战,以致被敌人集中优势兵力各个击破的事实,引起南宋小朝廷的密切关注。南宋统治者为了减轻金人对东南的军事压力,为了使作为"军国之根本"的陕西,以及作为"陕右之根本"(胡世将语)②的巴蜀,不致被金人所蚕食,为了使陕西不再处于无统一领导和统一指挥的境地,及时防止六路将帅"各自为谋,不听节制"③的现象继续发生,他们深深感到有立即派一专人前往陕西总揽军政事宜的必要。但经理川陕系独当一面,不仅需要有相当的行政能力,而且需要有相当的军事素养来指挥军事,究竟有谁能够担当这种"半天下之责"(赵鼎语)④呢? 高宗要想物色这样一个文武兼备的大材,真有急切难得之感。恰好就在这时,一贯主张"中兴当自关陕始",并能"勇于自任"的张浚(时张浚为"同知枢密院事"),自告奋勇地向高宗"请身任陕蜀之事,置司秦州"⑤,高宗正求之不得,立即答应他的请求,颁发诏书,任命他

---

①《续资治通鉴》卷 108,建炎四年七月。

②《建炎以来系年要录》卷 131。

③《宋史》卷 447,《唐重传》。

④《皇宋中兴两朝圣政》卷 5,《张浚赴川陕》。

⑤《皇宋中兴两朝圣政》卷 5,《张浚请西幸》。

担任"川陕宣抚处置使"之职，并特别允许他到川陕之后，"黜陟之典，得以便宜施行"①。

建炎三年（1129年）五月，高宗颁发任命张浚前往关陕的诏书，命他即日起程，并叫王彦统八字军从行②。同年十月，张浚到达兴元（今陕西汉中）并匆忙转赴关中，十一月抵达秦州（今甘肃天水），并于秦州"置司节制五路诸帅"③，开始着手布置一系列的抗金军政事宜。首先，张浚到达秦州后，仅休息了几天，便"即出行关陕，访问风俗，罢斥奸赃"④，通过出行，了解陕西军政实际情况。其次，在军事上，当张浚到达兴元暂时留驻在那里的时候，即已开始治兵。在治军过程中，为了使各路帅臣真正能够训练管理好自己的人马，规定各路帅臣，各专一职，互不兼领。如命徽猷阁直学士、知成都府卢法原专为成都帅臣，专管成都军政事务，"去利州路兵马铃辖，不兼利路置帅"，对于那些"雅不欲属"的文人帅臣立即撤换，而以名副其实的武将代领其众，如命"赵哲帅庆，刘锜帅渭，孙渥帅秦"等，陕西各路帅臣经过张浚这番

---

①《皇宋中兴两朝圣政》卷5，《张浚赴川陕》。

②王彦领导的八字军是河北人民自发组成的军队。因其面刺"誓竭心力，不负赵王"（《宋史》卷368《王彦传》作"尽忠报国，誓杀金贼"）八个字，故名曰"八字军"。这支人马长期在太行山阻击敌人。建炎二年（1128年）10月，高宗命御营统制官范琼往山东抗金，请王彦同行，王彦欣然同往，不久，王彦生病，留在山东，"琼遂将其兵而去"。建炎三年（1129年）七月，琼因犯罪被诛，高宗将八字军给了王彦，并以王彦为御营统制，不久，张浚宣抚川陕，高宗命王彦将八字军随之。这支军队随张浚到汉中后，长期驻扎在金（今陕西安康）、均（今湖北均县）、房（今湖北房县）等州，即在中原与川陕相接的地区长期抗击金人。（参考《建炎以来朝野杂记》甲集卷18八字军）。

③周密：《齐东野语》卷2，《张魏公三战本末略》。

④《宋史》卷361，《张浚传》。

撤换之后,"于是诸路帅臣,悉用武人矣"①。在"易置陕右诸帅"的同时,张浚还"以搜揽豪杰为先务"②,留心搜罗各方面的人才,并且重用他们。如以刘子羽为"参军"(参议军事),以王彦为前军统制,因为"(曲)端在陕西屡与敌角,欲仗其威声,承制拜端为威武大将军,充本司都统制"③,至于"以良家子隶泾原军"长期为曲端部将、并"素负材略"的吴玠吴璘,经过"参军"刘子羽的介绍,也一一加以擢用,擢吴玠为统制,进其弟璘为武副尉,命"掌帐前亲兵"④。再次,在理财方面,张浚因素知赵开善于理财,即"承制以开兼宣抚处置使司随军转运使,专一总领四川财富"⑤。赵开到四川后,见沉重的赋税及名目繁多的杂税,把四川人民压得喘不过气来,其剥削之重,已经到了"锱铢不可加"的地步。于是赵开决定"不恤怨骂",用变更茶盐酒及于兴州鼓铸、官办银绢等办法,来增加财政收入(具体办法详见《宋史·赵开传》)。赵开在张浚"委任不疑"⑥、寄予充分信赖的情况下,大胆变更了四川传统征收的茶盐酒税办法。这种办法推行的结果,虽然加重了人民的负担,引起四川人民尤其是经营茶盐酒商的"怨言四起"⑦,但从解决军需储备的角度来看,的确达到了预期的目的,收到了较好的效果。《宋史·赵开传》在记载赵开理财的效果与作用时说:

---

①《建炎以来系年要录》卷28。

②《宋史》卷361,《张浚传》。

③《皇宋中兴两朝圣政》卷6《张波用曲端》。

④《建炎以来系年要录》卷29。

⑤《建炎以来系年要录》卷28。

⑥《宋史》卷374,《赵开传》。

⑦《建炎以来系年要录》卷32。

时浚荷重寄,治兵秦川,经营两河,旬犒月赏,期得死士力,费用不赀,尽取办于开,开悉知虑于食货,算无遗策,虽支费不可计,而赢赀若有余。①

可见,张浚委任赵开理财,虽然招致了"蜀中士民流怨,人情不喜"②,成为后来朝臣交章攻击的理由之一,但我们对于他在理财方面所起的较好方面的作用——解决了川陕数十万大军迫切需要解决的军需储备问题,还是不能不有所肯定的。

当张浚实行上述抗金部署,初步改变了"关陕无备"及"陕西诸帅,皆不相下,动辄喧争"③的局面,深得高宗的满意及在朝大臣赞许④的时候,正是金人在经过几个月的休整和准备之后,又复大举南侵的关键时刻。建炎三年(1129年)十月,当张浚刚抵兴元(今陕西汉中),

―――――――――――

①《宋史》卷374,《赵开传》。

②《建炎以来系年要录》卷58。

③《建炎以来系年要录》卷139。

④《皇宋中兴两朝圣政》卷7记载,张浚经理川陕取得一定成效,深得高宗满意及在朝文武大臣赞许的情形时写道:"上曰:'张浚措置陕西,极有条理,荐人用士,持心向公'。张俊、辛永宗皆言陕西将帅,往在伏浚谋略,吕颐浩曰:'陛下虽失之杜充,复得之张浚'。王绹曰:'张守尝谓臣,浚好谋有大志,尝招诸将至台,讲论用兵筹策,今果能行所言,真不易得!'"。按:高宗及文武臣僚们对张浚经理川陕所取得的初步成效,可以说做了极高的估价,对于他为人和用兵做了异口同声的推崇备至的赞扬。其实,这种估价和赞扬,未免与张浚本人的实际情况不相符合。因为我们从张浚一生的所作所为来看,张浚并非像高宗及文武臣僚们所推崇的那样,是一位了不起的深有谋略的将才,恰恰相反,他倒是一位"暗于知兵","忠有余而智不足"(右迪功郎吴伸语,见徐梦莘《三朝北盟会编》炎兴下帙57)的平庸之材。

尚未转赴关中之时，金国即"大起燕云河朔民兵入犯"①。这是金人对南宋发动第三次大规模的进攻(按：金兵接二连三对南宋发动三次进攻，每次进攻和休整的时间，差不多均为半年。他们为了使北方士兵能够适应南方气候和水土，总是有意识地秋冬南下，春夏退兵，这几乎成了一个规律)。这次金人以完颜宗弼为统帅(对宗弼来说，还是第一次)，分东西两路南侵，东路由兀术亲自率领主力，渡江南下；西路金兵则依然由久经战阵的娄室和撒离喝率领，进攻陕西。建炎三年(1129年)九月，娄室渡过渭水，攻打长安，长安"经略使郭琰遁去"②，娄室在攻下长安后，本来可以像第一次入侵陕西那样，立即"鼓行而西"，但唯恐坚守在河南陕州(今河南陕县)的李彦仙乘其后，因此，"金人必欲下陕，然后并力西向"③，金人决心要从长安回过头来消灭李彦仙，扫除这块前进路上的绊脚石。建炎三年(1129年)十二月，娄室率领十万人马亲自围攻陕州，时"关以东皆下，唯陕独存"④，彦仙在孤立无援的情况下，顽强坚持抵抗，建炎四年正月，陕州城在粮尽援绝(张浚曾派援军，但至长安为金人阻隔)的情况下，终于被金人所攻破，李彦仙不屈投河而死⑤。

———————

①《建炎以来系年要录》卷28。
②《建炎以来系年要录》卷28。
③《建炎以来系年要录》卷30。
④《宋史》卷448，《李彦仙传》。
⑤李彦仙，字少严，宁州(今甘肃宁县)彭原人，自幼"有大志"、为人"有筹略，善应变"(《宋史》卷448《李彦仙传》)。年轻时曾为种师中部曲。靖康元年(1126年)，金人犯汴京，彦仙应募勤王。建炎元年(1127年)，金人犯河南，五月，攻下陕州，知州事种广战死，时李彦仙为石壕尉，率领义兵乘金人深入陕右，于建炎二年(1128年)三月攻复陕州，捷报闻于朝廷，高宗"即以彦仙知陕州兼安抚司事"(《皇

娄室自长安回过头来消灭陕州李彦仙之后，不再有后顾之忧，于是心满意足，乘胜"与其副撒离喝长驱入关"①，宣抚处置使司都统制曲端闻敌兵已至，急忙派遣马步军副总管吴玠等于彭原店迎击，自己则拥大兵驻扎在邠州（今陕西邠县）之宜禄，以为声援。吴玠最初与敌人交战获胜，后因敌人整军反扑，吴玠反为所败。曲端见吴玠兵败，便引军向泾州（今甘肃泾川）退却，事后追究兵败原因，完全把责任推到吴玠身上，并降了他的官职。从此吴玠对曲端不满，埋下了后来吴玠在张浚面前与王庶交相谗谮曲端的导火线。

娄室对陕西的大举进攻，完全是为了配合兀术所率领的主力渡江南下。金兵的长驱入关，固然使陕西的局势顿时吃紧，但此时的江南，因兀术的主力已经渡江，深入沿海各地而更加危急。张浚为了挽回江南岌岌可危的局势，曾经整顿兵马，东下勤王，但走到房州，闻金兵因孤军深入，遭到江南军民的沿途截击而被迫退军，于是折回汉中，重新指挥西北的军事。然而江南岌岌可危的局势，毕竟尚未消除，深入江南的金兵仍然驻扎在江北，进行休整和观望，从金人秋冬攻

宋中兴两朝圣政》卷3《李彦仙复陕州》），此后李彦仙一直守卫在陕州，积极作战守准备。建炎三年（1129）十月，娄室亲自举领十万人马围攻陕州，彦仙在敌人的重重包围之下，率领军民顽强抵抗，最后粮尽援绝，城被攻破，李彦仙率领城内军民继续与金人血战街巷。其战斗的英勇情状是："民间虽妇女亦升屋，以瓦掷之"（《大金国志》卷6），但因众寡不敌，终于失败。彦仙不屈投河而死。总计彦仙自建炎二年（1128年）三月守陕，到建炎四年（1130年）正月，陕州被娄室攻破，彦仙死节，一共坚守了一年零十一个月。在这将近两年的时间里，"彦仙以孤城扼其冲"（《宋史》卷448《李彦仙传》），与金人大小二百余战，屡次打败了金兵的猖狂进攻，不时给金人以突然的袭击，这对阻止金兵的西进和南侵，在战略上起了牵制金人有生力量和拖住金人后腿的不可忽视的作用。

①《皇宋中兴两朝圣政》卷7。

掠、春夏退兵的进兵规律来看,金兵随时都有可能渡江南犯,使被打得气息奄奄的南宋小朝廷立即完结。在这种危舟将覆的情况下,恰好"谍报金人将攻东南"①,于是对高宗一贯尽忠效职的张浚,为了减轻金人对东南的军事压力,解除东南的危局,决定立即组织一次大反攻,把金兀术的主力吸引到陕西来。

张浚要想实现自己与金人决战的主张,一定要得到部下的同意才行。于是,张浚于建炎四年(1130年)八月,在汉中召开军事会议,向诸将"问大举之策",出乎张浚意料之外的是,他的主张竟大为其部下所反对。首先不同意张浚主张的是跟随他到陕西来的著名的八字军首领王彦。王彦反对的理由是:"陕西兵将上下之情皆未相通,若少不利,则五路俱失。"因此,他从稳扎稳打保存五路实力的角度出发,主张"屯兵利(今四川广元)、阆(今四川阆中)、兴(今陕西略阳)、洋(今陕西洋县),以固根本,敌入境,则檄五路兵来援"。并认为这样做,即使打不了胜仗,也"未大失也"②。其次参军刘子羽、威武大将军曲端、统制官吴玠、秦凤路提点刑狱郭浩,均表示不赞成。威武大将军曲端在这次会议前及会议上,曾两次发表了自己的意见。他对目前双方作战的具体条件作了比较分析,认为"兵法先较彼己",娄室孤军深入,虽然对他不利,"然彼兵伎之习,战士之锐,分合之熟,无异前日",士气正在高涨,相反,宋军刚刚易置将帅,兵将未尝相识,士兵素来缺乏训练,不能作战的情况"未见大异于前";同时敌人寇掠成性,作战很少自带军粮,往往因粮于我,而宋大军云集,所需军粮器械,一时很难集中,其结果必然是"我常为客,彼常为主",在敌为主、我为客的情况

①《宋史》卷361,《张浚传》。
②《宋史》卷368,《王彦传》。

下,如果不用按兵据险,时出偏师,以破坏敌人耕获,迫使敌人"取粮于河东"的办法,来反客为主,疲困敌人,那是没有把握打败敌人的。另外,从用兵的地形来看,现在打算与敌人会战的地方,虽然"前阻苇泽",但基本上是平原旷野,假如在苇泽有水的地方与敌人交锋,"我军未尝习水战",如果在平原旷野的地方作战,则又便于敌人铁骑的往来冲突,这正好发挥了敌人"专以铁骑制胜"的特长,对宋极端不利,因此,他的最后结论是:"金人新造之势,难与争锋,宜训兵秣马,保疆而已,俟十年乃可议战。"①即认为目前与金人决战的时机尚未成熟,如果张浚一定要与金人会战,也只宜"五路分击"②。(按:曲端的这种见解,虽然没有从全局出发,考虑挽救东南的局势,同时给人以"长他人志气,灭自己威风"的消极悲观的感觉,但"五路分击"的建议,则完全正确,因为它被即将到来的富平之败所反证)吴玠以为,"兵以利动,今地势不利,未见其可",因此,他主张"宜各守要害,须其弊而乘之"③。(按:吴玠的议论与曲端相近似)郭浩的看法则与曲端、吴玠的看法大体雷同。他认为:"敌锋方锐,且当分守其地,犄角相援,俟衅而动。"④参军刘子羽也不同意张浚的主张,但他没有直截了当地提出异议,只是对张浚委婉地说:"相公不记临行天语乎。"⑤原来张浚在赴川陕之前,与高宗分手的时候,曾经有过准备三年(一作五年)之后,才与金人决战的约定,现在张浚正在自食这种约言,刘子羽想用此来劝止他。不想张浚对刘子羽的话回答很干脆:"事有不可拘者,假如万一

---

①《建炎以来系年要录》卷36。
②《三朝北盟会编》炎兴下帙47。
③《宋史》卷366,《吴玠传》。
④《宋史》卷367,《郭浩传》。
⑤《建炎以来系年要录》卷36。

有前日海道之行,变生不测,吾侪虽欲复归陕西,号令诸将,其可得乎。"①诸将一系列的议论,对于一心只考虑挽救东南局势的张浚来说,都是"忠言逆耳",其他尚未表白自己意见的幕客将士,虽然"心知其非,而口不敢言,唯诺相应和"②。这样,决定陕西命运的汉中军事集议,便在极不协调的气氛中草草结束。张浚决心要一意孤行,同金国侵略者大干一场了。

然而张浚并没有马上与金人决战,他为了能够比较有把握地战胜金人,在决战前还是做了一些准备工作。这些准备工作是:在军事方面,张浚于八月十三日命吴玠进兵收复长安,发布檄文到金国问罪,命"鄜延经略使赵哲收复鄜延诸郡"③,借以壮大自己在陕西的声势,从而形成对金人钳形的作战地形。同时立即发送公文,会合五路人马,命"熙河经略使刘锡、秦凤经略使孙渥、泾原经略使刘锜,各以兵会"。总计五路人马会合后,有兵四十万人(一作二十万)、马七万(一作十一万)。张浚以刘锡(刘锜之兄)为都统制,直接负责指挥各路军马,自己则驻扎在远离前沿阵地的邠州(今陕西邠县)督战。在军需方面,张浚调动了大量人力物力来为这次战争服务,为了解决庞大军队的军饷,预先"贷民赋五年"④。(按张浚的这种做法,虽然能够解决军需,未免太不考虑人民负担过重,难怪张浚在打了富平败仗之后,时人郭奕要作诗讽刺他。详后)为了将那些搜括来的钱帛和粮食运送到前线,张浚征发了大量民夫,在通往前线的道路上,每天运送金帛

①《建炎以来系年要录》卷36。
②《建炎以来系年要录》卷37。
③《建炎以来系年要录》卷37。
④《建炎以来系年要录》卷37。

粮草的民夫络绎不绝,以致所集中起来的"金银钱帛粮食如山积"①。

张浚在做了上述军事军需方面的准备工作之后,命令刘锡立即对金人发动进攻,刘锡进兵收复永兴,"金人大恐,急调兀术由西京入援"②(按:兀术入援陕西,江浙危机减轻,张浚挽救东南的目的已经达到)。当刘锡由永兴进军到富平(今陕西富平县)的时候,与金兵两相遭遇。这样,作为建炎三大战③之一的富平之战正式爆发了。

建炎四年(1130年)九月二十四日,金都统娄室亲自带了三千人马,用土壤填平了沼泽,改变了对自己作战的不利地势,铺平了前进的道路,接着向宋营先发制人地发动了进攻。首先遭到金兵攻击的是泾原经略使刘锜的军队,刘锜见金兵攻入,身先士卒,率众抵御,与金人差不多进行了一天的激战,胜负未分。金兵见与刘锜作战不能取胜,立即改攻环庆军,环庆军在"他路无与援"的情况下,经略使赵哲,胆怯畏战,临阵逃脱,其部下见主将已走,跟着一哄而散。环庆军一路溃散,顿时牵动整个大局,于是四十万大军,在将士们高叫"环庆赵经略先走"④声中像潮水一样溃退下来。(证明曲端"宜五路分击"的建议完全正确)。他们一直退到张浚间接指挥作战的地方——邠州,才算没有继续溃退下去。金人因忙于掠取宋军的军用物资,没有乘胜追击。这样,富平之战以宋军的大败而告结束。

富平之战,论人力,宋军超过敌人数倍,论物力,宋军金帛粮食堆

<hr />

① 《三朝北盟会编》炎兴下帙42。
② 《宋史》卷361,张浚传。
③ 建炎三大战指的是白(一作彭)原店之战(建炎四年正月,曲端与娄室战)、建康之战(建炎三年十二月,杜充与兀术战)、富平之战(建炎四年九月,刘锡与娄室战)。参见《建炎以来朝野杂记》卷19。
④ 《建炎以来系年要录》卷37。

积如山,但终不免于失败,其原因究竟在哪里呢? 历来对于这个问题,大体上有以下四种看法。

第一种看法,认为这次战争宋军之所以失败,在于张浚不谙军事,刚愎自用,不能接受部下的正确意见。如明万历年间刑部员外郎马贯在《义革张浚祀祠》的奏疏中说:

> 张浚受宋重任,三命为将,三至败绩(按:指富平、淮西、符离三战),盖以量狭,果于自用,而不能听谏智黯,暗于兵机而不善用故也①。

第二种看法,把这次战争失败的原因归结为:张浚过于持重,未能亲自临阵督战,以激励将士,故而惨败。如清人昭梿在其所著《啸亭杂录》一书中写道:

> 世之病魏公者,均谓其不度德,不量力,专主用兵,以至误国,不知其过不在于穷兵黩武,而在于过于持重。夫金之与宋,强弱不侔,人人知之。魏公虽勉力疆场,亲执桴鼓,因尚未知胜负如何。今考其出师本末,符离之溃,公时方在邠州,淮西之失,公时方在行在,富平之败,公时方在邠州,皆去行间,千百余里,安能使士卒奋勇不败哉②。

第三种看法,认为这次"战争的失败,是由于各路部队未能密切配合,而赵哲的临阵逃脱是战败的主要原因"③。

第四种看法,认为"将领缺乏信心,部队容易溃散,这是失败的主

---

①沈德符:《野获编补遗》卷2。
②爱新觉罗·昭梿:《啸亭杂录》卷2,《张魏公》。
③华山:《南宋初年的宋金陕西之战》,《历史教学》1995年第6期。

要原因"①。

上述四种看法,都是这次战争在宋军方面所暴露的致命弱点,可以看作富平之战宋军失败的重要原因(该问题后面结合争夺蜀口的三次战争还要分析)。

富平之战,使南宋在西北战场的抗金形势急转直下,它所带来的后果是相当严重的。其影响是十分不良的。这从以下四个方面可以看出:

首先,"金人得胜不追,所获军资不可计"②,宋朝在这次战争中丢失了大量军用物资,而张浚本人则扮演了一名给敌人运送这些军需品的大队长。时人郭奕专门就这件事作诗,讽刺张浚说:"娄室大王传语张老,谢得送到粮草,斗秤不留一件,怎生见得多少!"③可见,人民对于张浚把搜括来的民脂民膏,"拱手奉上"给敌人,感到多么沉痛。

其次,这次战争,使宋朝在陕西方面的军队几乎完全丧失。战争开始时,张浚会合五路之师约四十万,马七万,但当张浚由秦州退到兴州时,手下"止有亲兵千人"④。可见五路人马已经散亡殆尽。

再次,"关陕之陷自此始,至今言败绩之大者必曰富平之役"⑤。由于宋军在这次战争中大败亏输,便宋朝不仅丧失五路人马,而且将陕西五路地盘几乎全部丧失。《建炎以来系年要录》记载说:"自富平(败)后,五路之地,悉属伪齐,经略使虚名而已"⑥。可见这次战争导致

①沈起炜:《宋金战争史略》,湖北人民出版社 1658 年出版。
②《建炎以来系年要录》卷 37。
③《三朝北盟会编》炎兴下帙 42。
④周密:《齐东野语》卷 2。
⑤《齐东野语》卷 2,《张魏公三战本略》,引朱胜非《秀水闲居录》。
⑥《建炎以来系年要录》卷 81。

丧师失地的严重性。

最后，由于富平之战，导致五路陷没，使"川陕马纲不通"，"马极难得"，此后，军队所需之马，不能不靠"取马岭表以资兵用"①。（这一后果，证明宋金双方争夺川陕秦陇地区在经济方面的战略意义）。由此可见，富平之战所带来的恶果是多方面的。它所产生的不良影响是深远的。

富平之战的后果虽然严重，但我们决不能像历代某些封建官僚和文人学士那样，因为张浚打了富平败仗而完全抹杀他经理川陕所起的较好方面的历史作用②，因为张浚自从到达川陕之后，毕竟做了一些旨在改变"关陕无备"的有利于陕西抗金形势，并且取得了一定的成效。同时，就富平之战所导致的后果本身而论，除了应该看到它导致了有如上述四方面的恶果之外，还应该看到它起了挽救东南方面的较好的作用。《宋史·张浚传》在总结经理川陕所起的较好方面的历史作用时说：

> 浚在关陕三年，训新集之兵，当方张之敌，以刘子羽为

———————

① 熊克：《中兴小纪》卷 12。

② 因为张浚打了富平败仗，导致"全陕尽失"，结合着他在富平败后杀死赵哲（赵哲被杀之事，见《建炎以来系年要录》卷 38）和曲端（曲端被杀的详细情形，见《建炎以来系年要录》卷 43、《鹤林玉露》卷 1 和《齐东野语》卷 15）一事，引起当时及后来舆论对他的种种责难，甚至因为这件事将他的为人全盘否定。如当时在朝的侍御史辛炳上疏弹劾张浚说："浚以肆意作威，如曲端、赵哲之良将，皆不得其死，轻失五路，坐困四川，无分毫之功，有邱山之过，虽膏斧钺，未足以谢宗庙在天之灵"。（《三朝北盟会编》炎兴下帙 57）。清人王鸣盛在其所著《蛾术编》一书中说："张浚一生，无功足述，而罪不胜书。富平之败，关陕全失，符离之败，淮西日蹙，皆浚之暗愎歧刻，措置乖张，有以致之……至杀曲端，其罪大矣"。（见《蛾术编》卷 6）。

上宾,任赵开为都转运使,擢吴玠为大将,守凤翔。子羽慷慨
有才略,开善理财,而玠每战辄胜,西北遗民归服日众,故关
陕虽失而全蜀安堵,且以形势牵制东南,江淮亦赖以安。

由此可见,张浚在川陕的所作所为,的确可以归结为"志大于才,
功浮于过"①。

金兵于富平一仗击溃了张浚的四十万大军,在饱掠张浚所丢的
全部军用物资不久,为了彻底消灭五路残存兵力,夺取整个陕西,继
续对张浚发动进攻,张浚因富平新败,抵挡不住,节节后撤。起初,由
张浚指挥富平之战的地方——邠州,退到秦州(今甘肃天水),不久又
由秦州退到兴州(今陕西略阳境)。当张浚退到兴州时,其幕僚主张继
续向四川逃跑,但参军刘子羽坚决反对,他对打算继续逃跑的人说:
"议者可斩也,宣抚司岂可过兴州一步。"②他劝张浚留在兴州,以便
"外系关中之望,内安全蜀之心"③。张浚采纳他的建议,决定留驻兴
州,并一面"命吴玠聚兵扼险于凤翔之和尚原、大散关,以断敌来路,
关师古等聚熙(今甘肃狄道)、河(今甘肃临夏市)兵于岷(今甘肃岷
县)、大潭(故治在今甘肃礼县南八十里,今为大潭镇),孙渥、贾世方
等聚泾原、凤翔兵于阶(今甘肃武都)、成(今甘肃成县)、凤(今甘肃凤
县)三州,以固蜀口"④,一面则派遣刘子羽单骑至秦州(今甘肃天水),
"访诸将所在",召集在战争中的散亡将士。子羽到达秦州,那些因"敌
骑四出,道阻不通",正发愁"无所归"的将士,听说张浚留在蜀口,子
羽在召集他们,大家"各引所部来会",很快集中了十多万人,张浚慰

---

①《宋史纪事本末》卷 68,《张溥论正》。
②《建炎以来系年要录》卷 39。
③《宋史》卷 370,《刘子羽传》。
④《宋史》卷 361,《张浚传》。

问伤病,记录他们过去的功劳,检讨自己的过失,于是"军势复振,人心粗安"①。但金国侵略者并没有给张浚以喘息的机会,他们配合叛军,由陇东打到陇西,由陇西打到陇南,这样,张浚在兴州也无法继续立足,被迫将宣抚司由兴州撤退到四川的阆州(今四川阆中西北)。金人在熙、河、阶、成等地大肆骚扰掠夺(主要掠夺熙河等地一带的马匹)一阵之后,也回到关中,并将关中之地交给伪齐刘豫去管理。这时,关陕五路完全陷没,宋朝在陕西地区,"但余阶、成、岷、凤、洮五郡,及凤翔之和尚原、陇州之方山原而已"②。从此陕西大部分地区的人民,置身于金人的统治之下,而四川则由抗金的后方,变成了抗金的前沿阵地。时人郭奕以沉痛的心情,作诗讽刺张浚轻举无功,丢失全陕,致使陕西人民沦于不幸:"秦山未尽蜀山来,日照关门两扇开,刺史莫嫌迎候远,相公新送陕西回。"③

金国侵略者在攻下陕西之后,虽然暂时退兵,然而金人侵略陕西,并不是他们的最后目的,他们终究要"得陇望蜀"。于是一场争夺陕西残存地区及打开通往四川大门的新的大战在酝酿着。吴玠吴璘就是在这种抗金形势急转直下和极端危困的情况下,重整旗鼓,屹立于四川的大门,以后起之秀担当起保卫秦陇地区及四川的任务。

四、吴玠吴璘保卫川陕秦陇的主要战绩

富平之战以后,一支经过多次战争洗礼的重新组织训练的精锐新军,在秦陇地区迅速成长起来。这就是吴玠吴璘的军队。

---

①《建炎以来系年要录》卷39。
②《建炎以来系年要录》卷43。
③《三朝北盟会编》炎兴下帙45。

吴玠吴璘在富平战后,奉张浚之命,收拾了几千散兵,扼守在大散关东面的和尚原。从此吴氏兄弟及璘子挺与金人长期周旋于辽阔的秦陇地区。他们守卫在秦陇地区,前后(包括吴挺的抗金)约计六十二年(1131—1193),在这半个多世纪的时间里,与金人大小数百战,虽然取得了不少的辉煌战果,但他们的主要战绩,则是坚决保卫了由陕入川的蜀口——和尚原、饶风关、仙人关等三座军事要塞,屡次打退了金兵的猖狂进攻,粉碎了金兵由陕入川的阴险企图。

争夺蜀口三要塞的大规模的战争是在富平战后,宋金双方出现新形势下发生的。宋金两国在富平战后的形势和对策,有着显著的变化。在南宋方面,临安政府由于金人没有发动大规模的进攻,可以暂时喘一口气,矛盾相对缓和,阶级矛盾显著上升(两种矛盾始终是在交织地发展着。引起阶级矛盾尖锐化的原因主要有二:一是由于地主大量兼并土地,农民失去土地所引起,二是由于政府对人民的压榨和剥削过重所造成。当时南宋疆域虽然大大缩小,只及北宋版图的三分之二,但国家财政收入,却与北宋熙宁、丰年间几乎相等。这种情况除了反映南宋生产比北宋有所发展之外,同时也反映南宋政府加紧搜括,人民负担过重的情形)。如江南湖南长沙一带,不仅"群盗大起",而且在环绕洞庭湖数百里地区,已经发生了钟相、杨么较大规模的农民起义(按:钟相、杨么起义发生的原因,除了上述两种原因外,还由于军阀孔彦舟窜入鼎州一带,大肆屠杀劫掠所引起)。他们到处"焚官府城市寺观及豪右之家",杀戮统治阶级利益的代表者,"凡官吏儒生,僧道巫医卜祝之流,皆为所杀"[1],一贯奉行对内残酷镇压,对外屈膝投降的南宋小朝廷,利用这一喘息时机,到处攻打"群盗",镇压农

---

[1]《建炎以来系年要录》卷31。

民起义,他们把农民起义看作比强敌侵凌要可怕得多。至于金国侵略者,鉴于连年以主力南伐,孤军深入,无功而还,深感单凭军事力量,不能达到灭亡南宋的目的,也在"改弦更张",重新改变政治和军事方面的对策。首先,在政治对策方面,实行"荼毒中原,以中国攻中国"①(岳飞语)的策略,即于中原地区立刘豫为傀儡,作为宋金间的缓冲地带,把两河(河南、河北)及新攻下的关陕地区交给伪齐刘豫去管理,以便自己集中力量,镇压后方抗金起义,更好发动对南宋的新攻势,从来"大金用兵,惟以和议佐攻战,以潜逆诱叛党"②,金主在立刘豫为傀儡,实行"以中国攻中国"的同时,还采纳粘罕的精心策划"归秦桧于宋"③,让他从南宋内部来破坏抗金力量(敌人懂得堡垒是最容易从内部攻破的)。其次,在军事上,决定对东南暂时停止进攻,竭尽全力由陕入川,然后顺流而下,掩举吴越,以便形成对南宋的包围圈,从而用发动对南宋的钳形攻势来消灭南宋。在这种情况下,金国侵略者大约经过了半年的休整,终于又全力以赴地发动了争夺蜀口的三次战争。为了叙述方便,以及为了让大家能够更好地了解蜀口三次战争的详细情形,兹将三次战争分述于后:

(一)和尚原大捷

和尚原是从渭水流域越秦岭,而入汉中的重要关口之一,更系"川蜀紧急门户……为控扼川口必争之地"④(胡世将语)。它的位置在今陕西宝鸡"县西南四十里,大散关之东"⑤。大散关"在宝鸡县西南

---

①《宋史》卷 365,《岳飞传》。
②《大金国志》卷 7,《太宗文烈皇帝五》。
③《大金国志》卷 6,《太宗文烈皇帝四》。
④《大金国志》卷 11,《熙宗孝成皇帝三》。
⑤《万历重修凤翔府志》卷 1,《地理一》(残本,藏兰州图书馆西北文献资料室)。

五十二里……为秦蜀之襟喉,两山关控斗绝,出可以攻,入可以守,实表里之形势"。和尚原与大散关距离很近,相隔"才咫尺"①。其地形的险要与大散关不相上下。乾隆《宝鸡县志》说:"(其)形边仰中凹,广袤约有千亩"②。当时大将杨沂中曾指出它在军事上的重要性,认为:"和尚原,陇右之蔽要也,敌得之则可以睥睨汉川,我得之则可以下兵秦雍。"③《中兴四朝志》所载《蜀口形胜论》,更明确指出和尚原对仙人关来说,有如通往四川的第一道关隘,它与仙人关共分蜀之险要,认为如果"弃和尚原,而退守仙人关,则蜀之险要所失过半",敌得和尚原后,或从陕西之梁县、洋县经米仓山,进入四川的巴州(今四川巴中)、阆州(今四川阆中西北),或者自湖北的均县、房县,经过达州(今四川达县),进入四川的夔州(今四川奉节县东)和峡川(今四川峡川县),或"由和尚原直攻仙人关",这样,敌人可以肆无忌惮的分两路进入四川,而蜀口形胜则"势分形散,所备皆急,一处破坏,则处处震动矣"④。

由于和尚原在军事上极为重要,故当富平败后,五路陷没,张浚在重新部署残存的军事力量进行守御的时候,即打算派富有军事经验的吴玠镇守于此。当时张浚部下有人对此提出异议,认为"吴玠宜屯汉中以保巴蜀"。但吴玠主张一定要坚守这座军事要塞。他对诸将说:"敌不破我,讵敢轻进,吾坚壁重兵,下瞰雍、鄜,敌惧吾乘虚袭其后,此保蜀良策也"。结果因为吴玠说出了和尚原在军事上的重要性,

①毛凤枝:《南山谷口考》。
②《民国宝鸡县志》卷1。
③《宋史》卷367,《杨存中传》。
④《嘉庆徽县志》卷8,《文艺上》。

终于使"诸将乃服"①,张浚也就派他留守在和尚原。吴玠在和尚原,收集在战争中溃散的军队,"积粟缮兵,列栅为死守计"②,积极在做战守准备。当吴氏兄弟正在做战守准备的时候,金人为了打通通往汉中的门户,接二连三地发动了对和尚原的猖狂进攻。绍兴元年(1131年)三月,金将没立(一作摩哩)率领了部分军队,第一次做了攻取和尚原的尝试,结果为吴玠所击败。③但敌人不甘心失败,紧接着于同年五月发动了第二次较大规模的进攻。这次敌人分两路包抄和尚原,一路由没立率领,自凤翔向南进攻,另一路则由乌鲁折合率军,绕道阶(今甘肃武都)、成(今甘肃成县),出散关,由西向东进攻,双方率领数万人马"约日会和尚原"。当时和尚原只有"散卒数千",而且"朝问隔绝,军储匮乏,人无固志",甚至有的将士有阴谋劫吴玠兄弟去投降金人。情况对吴玠极端不利,吴玠在这种困难情况下,不但毫不气馁,相反地,及时召集诸将,"厉以忠义,歃血而誓",结果使诸将大为感动,精诚团结,"为备益力",严阵等待敌人。乌鲁折合先期到达,列阵于和尚原的北山,并向吴玠挑战,玠出兵与乌鲁折合战,"四战皆捷",敌人因山谷中道路狭窄多石,马不能行,于是弃马步战,但结果仍然为吴玠所战败。后三日,没立自凤翔到达箭舌关,并亲自率军攻打,同样被吴玠的部将杨政所击退。这样,没立与乌鲁折合"二将卒不能合"④。敌人分两

---

① 《建炎以来系年要录》卷39。
② 《宋史》卷366,《吴玠传》。
③ 《三朝北盟会编》炎兴下帙,卷45:"绍兴元年(1131年)三月十日,金人没立攻和尚原,吴玠击败之"。按:因这次战争规模较小,除《三朝北盟会编》提到外,《建炎以来系年要录》及诸史均未见记载。
④ 《皇宋中兴两朝圣政》卷9,《和尚原之战》。参照《宋史》卷366《吴玠传》,《宋史》卷367《杨政传》,及《大金国志》卷7。

路夹攻和尚原的计划宣告破产了。吴玠接二连三地打退了敌人的进攻，大大鼓舞了自己军队的士气，同时也引起了敌人的恼羞成怒，招致了敌人第三次更大的进攻。绍兴元年（1131 年）十月，金人因两次都打了败仗，"愤甚，谋必取玠"①，当时金陕西都统洛索已死，由兀术新任统帅，他会合诸道及女真兵计十余万（一作数万），由宝鸡架起浮桥，渡过渭水，猛攻和尚原。吴玠一面命诸将，选择强弓硬弩，轮流射击，号"驻矢队"，一面派兵断绝敌人粮道，在敌人撤退的必经路上设置伏兵。双方激战三昼夜，到第三天夜里，敌人支撑不住，大败而逃。宋军在这次战争中所获得的辉煌战果是："俘馘首领及甲兵以万计，宗弼中流矢二，仅以身免，得其麾盖"②。这次战争在宋金战争史上，对南宋来说，它是十三处战功③中的一大战功，对金国侵略者来说，是"金人自入中原，其败衄未尝如此也"④。对兀术来说，由于南侵的多次失败，特别是这次战争的惨败，其军队损失的情形是："其徒销折，十存三四……兀术之众，自是不振"⑤。这次战争的作用与意义，可以看

---

①《宋史》卷 366，《吴玠传》。

②《建炎以来系年要录》卷 48。

③《建炎以来朝野杂记》甲集卷 19，《边防一》《十三处战功》。

④《建炎以来朝野杂记》卷 19。

⑤《大金国志》卷 7 总结兀术自建炎二年（1128 年）率众南侵，到绍兴元年（1131 年）十月和尚原之战接连惨败的情形说："兀术自天会七年秋离燕山，率众南征，既而厄攻陕右，以侵剑外（按：指和尚原大战），至是岁冬，由河东归燕山。是行也，宋陈思恭战于姑苏，韩世忠战于大江，刘锡战于富平，吴玠战于剑外，凡四战皆败，虽世忠与锡失利，然南军亦大战久之，军无不损，加之往返万里，首尾二年，其徒销折，十存三四，往往扶舁呻吟而归，至于兀术，尚以箭疮帛攀其臂，兀术始行，有从马数百，至是宿六马而还，平阳守萧庆以三马奉之，兀术之众，自是不振。"

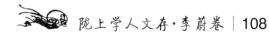
作与富平之战同等重要。富平之战,由于宋军的大败,其结果导致了"全陕尽失",同样,这次战争,假使"金若不败,则无四川矣"①。

(二)饶风关之战

饶风关是由陕入川的重要关口之一。它位于陕西石泉县和西乡县交界的饶风岭上。《大清一统志》记载:"饶风岭,任石泉县西五十里,南枕汉江,与汉中府西乡县接界,险峻依天,石径盘纡,为秦楚蜀往来必由之路。"②清严如煜所修《汉中府志》更明确记载:"饶风岭,(在西乡)县东北一百八十里,宋吴玠镇守于此……今名十二锋岭。东南相连百余里,寂无人迹,山路崎岖,险于栈道。"③可见,饶风关是位于陕西石泉县和西乡县东北交界之处的一个险要关隘。

饶风关之战,距离和尚原之战相隔为一年零两个月。兀术自和尚原大败,回到燕山去养箭伤,新任统帅撒离喝屯兵凤翔,与吴玠兄弟相对峙,暂时停止进攻。当时宋朝负责川陕抗金总责的,仍然是张浚,张浚为了防止敌人的再次进攻,在敌人败退之后,立即重新进行了一番军事部署。部署的大概情况是:张浚驻阆州(今四川阆中西北),刘

按:这条材料说明:(一)宋金双方力量的对比在起着显著的变化。金由强逐渐变弱,我则由弱逐渐变强,而和尚原大捷正是在这种双方力量对比起了很大变化的情况下获胜的。它是兀术连吃败仗的连锁反应,是宋金强弱形势变化发展的必然结果。(二)将兀术与"刘锡战于富平",看作"四战皆败"中的一大战役,说明富平之战,宋军固然损失惨重,金人也付出了很大的牺牲,以致《大金国志》不能不把这次战争看作名为胜利,而实同失败了。(三)对于兀术来说,由于多次战争的失败,尤其是和尚原战役的惨败实力损失殆尽,"其徒销折,十存三四","兀术之众,自是不振"。

①《建炎以来系年要录》卷48,引王之望《西事记》。
②《大清一统志》卷24,《兴元府一》。
③严如煜:《嘉庆汉中府志》卷5,《山川下》。

子羽驻兴元(今陕西汉中),吴玠驻河池(今甘肃徽县),王彦驻金州(今陕西安康)。吴玠、王彦、刘子羽号称三帅。张浚预先在兴元召开军事会议,"约金人以大兵犯蜀,即三帅相为应援"①。一年零两个月的时间很快过去,金国侵略者认为发动新攻势的时机已经成熟,于是于绍兴三年(1133年)春,再次"大举图蜀"。这次金国元帅撒离喝,鉴于"和尚原天险,吴玠备御严密,屡攻不胜"②,决定避开和尚原正面作战,而把主力进攻的目标,首先放在通往汉中的重要门户——金州,计拟由金州(今陕西安康)而入兴元(今陕西汉中),由兴元而入四川,从而达到"欲以奇取蜀"③的目的。在发动攻势之前,事先做了与宋朝相应的军事部署,以宋叛将李彦琪驻秦州(甘肃天水),专门牵制吴玠兵力,用少量游骑出熙河,"以缀关师古",而撒离喝自己则"尽发五路叛卒自商州侵入"④经洵阳而入金州。金州守将王彦率众仓促迎敌,为敌所败。于是敌人由金州进迫兴元(即汉中)。守卫在兴元府的刘子羽,听到金州陷落,一面立即命统制官田晟扼守由金州通入兴元的关口——饶风关,以"拒敌来路",一面飞书向吴玠告急。吴玠亲自率众赴援,"自河池一日夜驰三百里",很快到达了前沿阵地。在到达饶风关前,"先以黄柑(酒)遗撒离喝曰:'大军远来,聊奉止渴。'"吴玠出乎敌人意料之外的突然出现,使撒离喝大为吃惊,情不自禁地以杖击地曰:"吴玠,尔来何速耶⑤,"这次吴玠仅仅带来一千人马,加上洋州

①《三朝北盟会编》炎兴下帙55。
②《大金国志》卷8,《太宗文烈皇帝六》。
③《建炎以来系年要录》卷61。
④《三朝北盟会编》炎兴下帙55。
⑤《皇宋中兴两朝圣政》卷13,《吴玠黄柑款敌》。

(今陕西洋县)义兵一万三千,及王彦从金州带来的八字军,总共不到两万人马。绍兴三年(1133年)二月,金人以数倍于宋军的兵力,猛攻饶风关,"金人被重铠,登山仰攻,一人先登,则二人拥后,先者既死,后者代攻",吴玠居高临下,命将士用强弓硬弩,向下射击,用大石滚压敌人。双方连续激战"六昼夜"。金兵虽然"死者如山积"①,但仍然不能攻下饶风关。正当"金兵积尸而焚,将有退意"②的时候,不料宋军营中有个因犯罪受到吴玠责罚的"小校"投降敌人,带领敌人由小路绕到饶风关背面高地,居高临下,两面夹攻,一时宋军混乱,纷纷溃退,这样,激战了六昼夜的饶风关,终于因为汉奸的出卖而落入敌人之手。金人攻下饶风关后,立即进兵兴元,准备由兴元进入四川。时吴玠已退守仙人关,兴元守将刘子羽因饶风关刚刚败阵,"从兵不满三百",被迫从兴元退到三泉,并利用三泉"潭毒山形斗拔,其上宽平有水"③的有利地形,筑垒死守,阻止敌人进入四川。撒离喝见潭毒山形峻险,一时无法攻下,加之"馈饷不继"④,决定引兵东还。当金兵退到武休关时,突然遭到吴玠伏兵的掩击,"金人堕涧死者,以千计"⑤,于是尽弃辎重而去。不久,王彦于同年五月,大败金兵于洵阳,并乘胜收复金州⑥,迫使金兵完全从汉中撤走,这样,第二次争夺蜀口之战暂时告一段落。

①《宋史》卷366,《吴玠传》。
②《大金国志》卷8,《太宗文烈皇帝六》。
③《宋史纪事本末》卷69,《吴玠兄弟保蜀》。
④《宋史纪事本末》卷69,《吴玠兄弟保蜀》。
⑤《宋史》卷366,《吴玠传》。
⑥《建炎以来系年要录》卷65:"(绍兴三年五月)金、房镇抚司遣兵复金州。……又败金兵于洵阳,乃弃金、房而去"。

这次战争,敌人早有充分准备,而且野心很大。"金人重兵,悉趋陕西,志在吞蜀"①,结果,由于内奸的出卖,敌人总算侥幸攻下了饶风关,深入兴元等地,但"金人虽入三州,而得不偿失"②,并且最后在刘子羽、王彦、吴玠的伺机进击下,狼狈退出兴元(汉中),因此,这次战争,在名义上好像是金人得胜,而实际上等于失败了。

这里应该说明的是:吴玠作为一个伟大的历史人物,也像历代反压迫的战争中所涌现出来的忠贞不屈的爱国将领一样,在这次战争中,经受了金兵千方百计诱降的考验,表现了高尚的民族气节。乾隆《续修静宁州志》记载撒离喝在这次战争中诱降吴玠,遭到吴玠严词拒绝的情形说:

> 撒离喝深服王(按:吴玠于孝宗淳熙年间被追封涪王,故这里称他为王)善用兵,势不能破,则密遗通书,百端间诱,言金国威德之盛,公宜相时而动。王复书略曰:"夫华彝异域,君臣异分,此天下大义,古今常理,顺之则治,逆之则乱,披观传记数千百年,彝狄之乱中华,与夫叛臣贼子称兵犯上,卒不旋踵,夷灭无遗类者,以其悖大义,反常理,神人愤疾,天地不容也。某世为宋臣,食赵氏之禄,孕子育孙于中原之地,倘有二心,天地鬼神实诛之,乃辱诏诒说,使相时而动,足下度某岂苟得忘耻见利忘义者?"③。

按:《宋史》吴玠本传记载吴玠"读书能通大义"④。吴玠墓碑记载:

---

①《建炎以来系年要录》卷61。
②《宋史纪事本末》卷69,《吴玠兄弟保蜀》。
③《乾隆续修静宁州志》卷8,《杂集·吴刘遗事》。
④《宋史》卷366,《吴玠传》。

"公能乐善,每观史前事可师者,必书而识之左右"①,以供自己学习和模仿。吴玠在这次战争中之所以能够表现出高尚的气节,与吴玠平日能够用道德规范来严格要求自己,"学以致用"不无关系。吴玠这种高尚的气节和"学以致用"的精神,在与他同时的文武臣僚中的确难能可贵,即使在今天看来,也是值得提出来加以肯定的。

(三)仙人关大捷

仙人关也是由陕入川的重要蜀口之一。自古为军家必争之地。与吴璘同时的胡世将所纂的《忠烈吴公祠记》说:"仙人关,古用武之城,北控吐蕃,东连岐雍,西通蜀沔。"②它的具体位置在今陕西凤县和略阳县交界之处。光绪《凤县志》说:"仙人关在县西南一百二十里,接徽界。"③光绪《略阳县志》载仙人关外的"杀金岭,旧志在西北十里,与保福山相近,其傍地名杀金坪"④。因为仙人关上"石峯高阔,若列群仙"⑤,因以为名。仙人关外有两条重要交通要道,一条向西"直抵秦州",一条向东直"至和尚原"⑥,将和尚原与仙人关联在一起。

---

①张维鸿:《陇右金石录》卷 4。

②《光绪凤县志》卷 1,《地理山川》。

③《光绪凤县志》卷 1,《地理山川》。

④《光绪略阳县志》卷 1,《舆地部关隘》。

⑤《光绪略阳县志》卷 1,《舆地部关隘》。

⑥《大清一统志卷》238《汉中府二》引《明统志》云:"仙人关外分左右道,自成州经天水,出皂郊堡,直抵秦州,其地皆平衍,此左出之路,自两当趋凤州,直出凤翔大散关,至和尚原,此右出之路"。又,《郑忠肃奏议遗集》卷 4《请沿关设备状》说:"自南北讲好,中分关中之界,如大散、仙人、饶风、武休,皆我朝之界也。……大散关距和尚原才咫尺耳,尝凭原下视如蚁蛭,故其势难守,所恃缓急,仅有仙人关可以设备"。

饶风关战后,相隔不到一年,敌人再度西来,发动了第三次争夺蜀口的战争。这时张浚、刘子羽已被召回朝,暂时代替张浚负责川陕抗金事宜的是川陕宣抚处置使王似和卢法原。王、卢二人接受上次张浚布防分地不够具体、责任不够明确的教训,"乃分陕蜀之地,责守于诸将",大体上,将陕蜀之地分为四处,从天水到洋县一带,由吴玠负责,驻仙人关;自陕西安康,湖北房县,到四川的巴州(今四川巴中)和达州(今四川达县),归王彦负责,驻扎在达州;四川西部的文州(今甘肃文县)、龙州(今四川平武东)到威州(今四川汶川)、茂州(今四川茂县),由刘锜负责,屯驻在巴西;甘肃南部自洮州(今甘肃临潭)、岷州(今甘肃岷县)到阶州(今甘肃武都)、成州(今甘肃成县)一带,归关师古负责,驻扎在武都。①四处之中,以吴玠一线责任最为重大,上两次金兵争夺和尚原饶风关是在这一线,这次金兵争夺的重要的军事要塞——仙人关,仍然是在这一线。绍兴三年(1133 年)十二月,兀术率领军队,首先攻下了和尚原②(按:关于兀术再度攻和尚原,诸史说法

①《建炎以来系年要录》卷 71,《齐东野语》卷 2。

②关于第二次和尚原战役,大体上有两种说法。其一,和尚原的失守是宋军馈饷不继而自动放弃。《宋史》卷 366《吴玠传》:"(绍兴)四年二月,敌复大入攻仙入关,先是璘在和尚原,馈饷不继,玠又谓其地去蜀远,命璘弃之"。《建炎以来系年要录》卷 139 载绍兴十一年川陕宣抚使胡世将奏:"绍兴三年冬,吴玠失和尚原,遂致金人长驱,直犯杀金坪,深入川口,当时非兵力不足,止缘粮尽,遂致不能坚守"。《建炎以来系年要录》卷 71:"是岁,金元帅府右都察宗弼军攻和尚原,拔之……先是敌决意入蜀,遂犯和尚原,统制以无粮不能守,拔寨弃去"。其二,和尚原是被金兵攻克的。《金史》卷 27《彀英传》:"宗弼再取和尚原,彀英以本部破宋五万人,遂夺新叉口,宗弼留兵守之。是夜大雪,道路皆冰,和尚原守兵势重,不可轻取。宗弼用彀英策,入自傍近高山丛薄翳荟间,出其不意,遂取和尚原"。《皇宋中兴两朝圣政》卷 14:"是岁,宗弼引兵攻和尚原,拔之"。又《大金国志》卷 8:"天会

不一。有的记载为吴玠因"馈饷不继",自动放弃,有的记载被兀术攻下)。吴玠"度敌必深入",及早做好了周密的战守准备。如他见"仙人关外,地势平衍,引水纵横,名地网,以遏敌冲"①。另在仙人关侧预筑一垒,叫作"杀金坪"。因"杀金坪"距离和尚原较远,"前阵散漫",根据吴璘的建议,新修了第二道防线。绍兴四年(1134 年)二月,兀术、撤离喝和伪齐的刘麂,率领十万大军,进攻仙人关,二月七日,双方大战于仙人关下。敌人"自铁山(即青泥岭,在略阳县北一百五十里)②凿崖开道,循岭东下",吴玠以万人扼其要冲,吴璘率领精兵从七方关倍道而来,与金兵转战七昼夜,才得与吴玠会合。金兵集中优势兵力,首先进攻吴玠营盘,被吴玠所击退,以云梯进攻关上堡垒,又被部将杨政以撞竿撞碎其云梯,敌人见集中优势兵力不能攻取,乃分军为二,"兀术阵于东,韩常阵于西",两面夹攻仙人关,宋军忙于两面应战,被迫撤到第二道防线。敌人见宋军后撤,进攻更猛,兀术让新增援的军队,"人被重铠,铁钩相连,鱼贯而上"③,吴玠先命吴璘以"驻队矢"如雨点般的向下射击,打击敌人疯狂进攻的气焰,然后命部将田晟、杨政率

十一年,兀术攻仙人关,与吴玠战于杀金坪,为玠所败。先是大金得和尚原,玠度金必深入"。按:宋军因粮饷不继而自动放弃和尚原的说法,仅见于宋朝方面的记载。被兀术攻拔的说法,似乎宋金双方都有。至于《大金国志》的记载则含混其词。两种可能性都存在。既然第二种说法见于宋金两方记载,应该认为这种说法比较可靠。

①《郑忠肃奏议遗集》卷上,《请沿关设备状》。
②《光绪略阳县志》卷 1《舆地部关隘》:"青泥岭在北一百五十里……上多云,行者屡逢泥淖,故名青泥……绍兴三年,金人率步骑十万,破和尚原,进攻仙人关,自铁山崖开道,吴玠以万人守杀金坪,以当其冲"。
③《宋史》卷 366,《吴玠传》。

领精兵用大刀阔斧冲入敌阵,左右砍杀,双方激战到晚上,在四山点起火把,继续夜战到天明。第二天,吴玠命王喜等率领精锐士卒,分紫白旗闯入金营,一时金营混乱,将军韩常被射伤左眼,大败而逃。这样,金人第三次争夺蜀口大规模的战争以宋胜金败宣告结束。

这次金人进攻仙人关,其入蜀的决心,比上两次(和尚原和饶风关)那一次都大。《大金国志》记载说:"是举也,大金决意入蜀,自撒离喝以下,尽室而来,既不得志,遂还凤翔,授甲士田,为久留计,自是不复轻动矣"①。

综观宋金双方争夺蜀口的三次大战,其中和尚原和仙人关两次战役,都是宋军大胜而金人惨败。而饶风关之战,金人名为胜利,实同失败,因此,争夺蜀口三次战争,都是以宋军胜利而告结束。三次蜀口之战,论兵力,金每次都数倍于宋,论物力,宋军经常"饷馈不继"②,这种情况与富平之战,恰恰成为一相反的鲜明对比,但富平之战,结果是宋败而金胜,而蜀口三次战争,则全是宋胜而金败,其原因究竟在哪里呢?仔细推敲,觉得应该从以下两方面去寻找原因。

首先,从宋金战争变化发展的历史进程来看,当时宋金强弱形势有了显著变化。《建炎以来系年要录》记载宋金双方强弱形势变化的转折点和具体情况时写道:

> 始金人犯中原,有掳掠,无战斗,计其从军之费及回日,所获数倍。自立刘豫之后,南犯淮,西犯蜀,生还者少,而得不偿费,人始患之。③

---

①《大金国志》卷8,《太宗文烈皇帝6》。
②《宋史》卷366,《吴玠传》。
③《建炎以来系年要录》卷43。

同书在另一处记载左迪功郎张行成于绍兴九年(1139年)追述宋金强弱形势转变之原因说:

> 天下形势,不过乎三,日强日弱,日强弱之中……然昔之败,本由人不知兵,故望风奔溃,遂成孺子之名。顷年以来,人材日经事,兵将日练习,天下之心稍怒,忠义之气渐振,咸思效死于敌,故金人三败于蜀,再败于吴,一败于楚。[①]

按:这两条材料说明宋金强弱形势的变化,大体上以金人立刘豫(时间为建炎四年七月)作为转折点,在这以前的抗金形势是敌强我弱,当时,由于宋朝承平既久,"人不知兵,故望风奔溃",金人铁骑横冲直撞,如入无人之境,敌人往往以少量的伤亡,即能换取大片的土地,掳掠大量的财富,在这之后,由于南宋军民在反民族压迫的战争中,经过多次战争的洗礼,逐步激发了爱国热情,积累了一定的战争经验,并在战斗中涌现了大批优秀的将领和士兵,出现了"人材日经事,兵将日练习,天下之心稍怒,忠义之气渐振,咸思效死于敌"的大好形势。这样,金人因对宋战争旷日持久(按:宋金战争系持久战,而持久战总是小国拖不过大国的。宋地大物博,人口众多,生产力远远超出女真人的水平,金地人少物少,生产力较宋十分落后,这是宋金强弱形势变化发展的物质基础和客观前提),人力物力消耗过多,加上战争的非正义性,"失道寡助"(按:女真贵族发动的掠夺性的战争,不仅遭遇到南宋军民的顽强反抗,而且也得不到其人民的同情和支持,这一点很重要,因为它是宋金强弱形势变化发展的动力)而逐渐由强者变成了弱者,宋则因战争反民族压迫的正义性"得道多助"(即得到全国以汉族人民为主体的各族人民的支持)。他们为了摆脱战争

---

①《建炎以来系年要录》卷128。

的灾难,与女真贵族的残暴统治,"共起义兵击敌",纷纷自发组织起来保家卫国)而逐渐由弱者变成了强者。①由此可见,争夺蜀口的三次战争,结果之所以宋胜而金败,并非偶然,而是宋金强弱形势运动变化发展的必然结果。而这种变化和发展,完全符合辩证法有关对立面斗争的规律,因为作为宋金强弱的两个对立面,在一定的条件下是可以各自向对方的地位转化的。

其次,从三次战争本身的情况来看,大体上可以找出以下三点更为具体的原因:

第一,人民对吴氏兄弟的积极支援,是三次蜀口战争胜利的根本原因。例如和尚原战役,凤翔一带的人民不顾金人"保伍连坐"的禁令,及金人伏兵截击的危险,冒死支援吴玠军粮,就是一个很好的例子。《建炎以来系年要录》记载说:

> 时玠在原,军食不继,凤翔之民,感其遗惠,相与夜负刍粟输之。玠亦怜其远意,厚赏以银帛,民又益喜,敌怒,遣兵伏渭南,邀而杀之,又令保伍相坐,犯者皆死,而民益冒禁输之,数年然后止。②

按:《宋史卷》366《吴玠传》记载与此大体相同。这段记载说明:(一)人民是抗金力量的源泉。人民群众在抗金斗争中,与以宋高宗为

---

① 《大金国志》卷27《韩常传》:"常为濬州守",一日与其叛官茴论南北兵战之事。茴曰:"此非南之所能敌,盖谀之也'。常曰:'不然,今昔事异,昔我强彼弱,今我弱彼强,所幸者,南人未知北间事耳!'至顺昌之败,其言果验"。

按:金人与刘锜大战顺昌之事发生于绍兴十年六月,距离吴氏兄弟只有七至八年。这段记载说明,金人立刘豫前后,宋金强弱形势已经发展到了均衡状态,至顺昌之战前,则完全变化发展到了敌弱我强的形势。

② 《建炎以来系年要录》卷39。

首的地主阶级上层统治者的暧昧态度相反,其所抱的支持态度是相当明朗的。(二)当民族间冲突上升到第一位的时候,只要统治者愿意和以实际行动抗金,人民在保大宋即是保家乡的情况下,是会给予大力支援的。(三)任何有所作为的人物,只有当他能够接近人民,爱护人民,得到人民群众的热烈拥护和支援的时候,才能真正有所作为的。

这里有一个问题,即当时人民对于作为统治阶级中的杰出人物——吴氏兄弟——所领导的抗金斗争,究竟为什么要抱着热烈拥护和积极支援的态度呢?我的回答是:一方面,这固然决定于吴氏兄弟在具体领导抗金斗争中,能够比较接近人民,使"凤翔之民,感其遗惠",爱护士兵,能够做到"视卒之休戚如己,而同其甘苦"[1],另一方面(也是最主要的方面),还决定于他俩所领导的抗金斗争的反掠夺和压迫的正义性。因为吴氏兄弟当时所生活的时代,是金人接连不断的南侵,宋金战争处于紧张的关键年代,生活在这种到处都笼罩着战争气氛里的各族人民,他们所蒙受的战争灾难和民族压迫,是空前深重的。《三朝北盟会编》引赵子崧《家传》云:

> 兼闻虏骑所至,惟务杀戮生灵,劫掠财物,驱掳妇人,焚毁屋舍产业,意欲尽使中国之人,父子兄弟夫妇不能相保,狼狈冻馁,归于死地,以逞其无厌之心,远近之民,所共愤疾。[2]

又,《建炎以来系年要录》记载建炎元年四月(1127年)金人攻入汴京大肆进行洗劫该城的情形说:

> 是日,敌营始空,其行甚遽,以勤王兵大集故也。华人男

---

①《陇右金石录》卷4,《吴玠墓碑》。
②《三朝北盟会编》炎兴下帙6。

女,驱而北者,无虑十余万,营中遗物甚众,秘阁图书,狼籍
泥土中,金帛尤多,践之如粪壤,二百年积蓄,一日扫地,凡
人间所须之物,无不毕取以去。①

又,同书记载北方广大人民普遍蒙受战争灾难的情况时写道:

(建炎元年四月)初敌纵兵四掠,东及沂、密,西至曹、
濮、衮、郓,南至陈、蔡、汝、颍,北至河、朔,皆被其害,杀人如
刈麻,臭闻数百里,淮泗之间,亦荡然矣②。

以上是北方广大人民在女真统治者发动罪恶的掠夺战争期间,
所蒙受的空前的战争灾难。下面我们再看一下金人占领这些地区、建
立政权之后,如何压迫着以汉族为主体的各族人民。《建炎以来系年
要录》记载金人在北方进行残暴的统治说:

是秋,金左付元帅宗维尽迁祁州居民,以其城为元帅
府,凡民之当迁者,止许携笼篚,其钱谷器用皆留之。……时
盗贼愈多,宗维用大同尹高庆裔计,令窃盗赃一钱以上皆
死,云中有一人拾遗钱于市,庆裔立斩之。萧庆知平阳府,有
行人拔葱于蔬圃,亦斩之。民知均死,由是窃盗少衰,而劫盗
日盛。庆裔又请诸路州郡置地牢,深三丈,分三隔,死囚居其
下,徒流居其中,笞杖居其上,外起夹城,围以重堑,宗维从
而行之。宗维患百姓南归,及四方奸细入境,庆裔请禁诸路
百姓,不得擅离本贯,欲出行则具人数行李,以告五保邻人,
次百人长、巷长,次所司保明以申州府,方给番汉公据以行,
市肆验之以鬻饮食,客舍验之以安止,至则缴之于官,回则

①《建炎以来系年要录》卷4。
②《建炎以来系年要录》卷4。

易之以还,在路日限一舍,违限若不告而出者,决沙袋二百,仍不许全家出,及告出而转至他处,于是人行不以缓急,动弥旬日,始得就道,且又甚有所费,小商细民,坐困闾里,莫能出入,道路寂然,几无人迹矣①。

又,《大金国志》记载金人大量掠夺汉族人为奴,贩卖于回鹘、蒙古等处时说:

> (天会八年),粘罕密谕诸路,令同日大索两河之民,一日,北境州县皆闭门,及拘行旅于道,凡三日而罢,应客户并藉入官,刺其耳为官字,锁之云中,及散养民间,立价鬻之,或驱之回鹘诸国以易马,及有卖于萌骨子、迪烈子、室韦、高丽之域者。盖既立刘豫以旧河为界,恐在北者逃归故耳。②

以上所引,是一些有关女真统治者在宋金战争中所犯下的残暴罪行录。这幅蓝图表明:第一,它直接说明生活在女真入侵和统治下的北方广大人民,其生命财产毫无保障,他们随时都有可能在战争中被惨遭杀害,或者被女真统治者掠卖为奴,从而使自己的身份地位显著降低。他们要想摆脱这场战争和压迫的灾难,使自己不至沦为奴隶的悲惨境地,摆在他们面前只有两条:一条是消极离开金人统治地区,由北而南,大量向江南迁徙;另一条(也是最主要的)是积极起来与女真统治者进行你死我活的斗争,或者自发团结组织起来,直接揭起反抗女真统治者的旗帜(像两河忠义民兵那样),或者对南宋爱国将领(如吴氏兄弟、岳飞等)所领导的抗金斗争,积极予以热情的关怀和支持,从而达到最终驱逐女真统治者的目的。由此可见,吴氏兄弟

---

①《建炎以来系年要录》卷47
②《大金国志》卷6,《太宗文烈皇帝四》。

所领导的抗金斗争之所以能够得到川陕人民的热烈拥护和积极支持,是有它深刻的时代背景和反压迫的内容的。第二,它间接说明这场战争在实质上是一种阶级斗争。毛主席指出:"民族斗争,说到底,是一个阶级斗争的问题。"①宋金战争之所以在实质上是"一个阶级斗争的问题",这是因为"迄今存在过的一切社会的历史,都是阶级斗争的历史"②,"战争是剥削制度的必然产物"③,历史上"所有一切战争都是一定阶级政策的继续"④。这就是说,战争是阶级社会里的产物,它是随着私有制、阶级、国家的产生而产生,并最终也必将随着它的消灭而彻底消灭。在存在着阶级对抗的社会里,民族战争往往是由国家强盛的奴隶制国家(尤其是处于由原始社会末期向奴隶制过渡时期的国家)或封建制国家里的占统治地位的压迫阶级(奴隶主或封建主),为了巩固和扩大他们的统治,满足他们日益增长的掠夺财富的贪欲(对奴隶制国家里的奴隶主来说,尤其需要掠夺奴隶)不惜牺牲本民族被压迫阶级的利益而冒险挑起的一场以民族与民族间的武装冲突的形式而出现的战争(按:这种不义战争,对其本族的被压迫阶级来说,不但没有给他们带来任何利益,相反,往往增加他们各方面的负担,他们在战争中要付出很大的牺牲,因此,他们对这种战争的态度,总是像被掠夺和被压迫民族国家里的人民一样,持着反对的态度的)。这种战争,从形式上看,好像单纯是民族与民族间的武装冲突,但当我们揭开了它的民族的外壳,便会看到,由于它是由"一定的

---

①《人民日报》1963 年 8 月 9 日第 1 版。

②《马克思恩格斯文选》两卷集,第 1 卷第 8 页,外国文书籍出版局 1952 年出版。

③红旗杂志编辑部:《列宁主义万岁》,人民出版社 1960 年出版,第 27—28 页。

④红旗杂志编辑部:《列宁主义万岁》,人民出版社 1960 年出版,第 27—28 页。

阶级"发动并且为发动这种战争的阶级(具体指剥削和压迫阶级)的利益服务,是"一定阶级政策的继续"的结果。(按:剥削阶级总是利用它作为巩固扩大他们的统治和发财致富的手段),因而它便不可避免地要富有阶级斗争的色彩,充满着阶级斗争的内容,从而在实质上是一种阶级的斗争。即以本文所涉及的女真族为例:由于女真族在发动战争时,其社会发展阶段刚由原始社会进入奴隶制社会不久,其奴隶主为了发展奴隶制经济,满足他们掠夺财富、奴隶和扩大领土的贪欲,终于不惜牺牲本族被压迫人民的利益,发动了罪恶的宋金战争,从而犯下了种种的滔天罪行,在宋金战争史上,留下了残酷的阶级掠夺和阶级压迫的烙印。这似乎从上引的具体历史材料可以得到证明。由此可见,岳飞及吴氏兄弟等爱国将,在领导抗金斗争中所建立的丰功伟绩之所以永垂不朽,其真正的历史意义,在于他们能够与被压迫人民一道,进行着一场反掠夺和压迫的正义斗争。

第二,吴玠吴磷个人的主观努力,及其将士的精诚团结,顽强战斗,是三次蜀口战争胜利的决定性的原因。毛主席在《论持久战》中指出:"战争的胜负固然决定于双方的军事、政治、经济、地理、战争性质……诸条件,然而不仅仅决定于这些,仅有这些,还只是有了胜负的可能性,它本身没有胜负。要分胜负,还须加上主观的努力,这就是指导战争和实行战争,这就是战争中的自觉的能动性。"又说:"战争是力量的竞争,但力量在战争过程中变化其原来的形态。在这里,主观的努力,多打胜仗,少犯错误,是决定的因素。客观因素具备着这种变化的可能性,但实现这种可能性,就需要正确的方针和主观的努力,这时候,主观作用是决定的了。"①

①《毛泽东选集》第二卷,1953年,第440,449页。

　　由此可知,决定战争胜负的因素有二:一为政治、经济、军事等诸客观条件,一是战争指挥者的主观努力,前者本身并不能决定战争的胜负,后者虽然在起作用时,需要受前者"制约",但它在一定的条件下往往是"决定的因素"。这种主观努力,甚至可以使双方"力量在战争中变化其原来的形态"。我们分析张浚所领导的富平之战,及吴玠所领导的三次蜀口战争,便不难看出:富平之战,虽然客观条件(如军队超过敌人数倍,军用物资,"所在山积")对宋十分有利,但由于张浚及其部下没有好好进行主观努力(如张浚自己"暗于知兵",不能倾听部下意见,战争发生时又未能亲临阵地督战以激励将士,各将领不能团结一致,貌合神离,严重缺乏胜利信心,甚至胆怯畏战,如赵哲临阵脱逃等),故终不免于失败,而蜀口三次战争,尽管客观条件对吴玠极端不利(如兵少缺乏训练,"军皆乌合"①;粮乏,靠凤翔之民"冒禁输之","朝问隔绝","人无固志","上下内外不相信公为统领"②,甚至有阴谋劫吴玠去投降金人等等),但经过吴玠的主观努力(如当他发现人无固志,大家不相信他为统领,甚至有阴谋劫他去投降金人的时候,立即召集将士"励以忠义",使将士逐渐精诚团结,奋勇抗金,改变了"人无固志"的情况,每次战争不仅亲临阵地督战(与张浚相反),而且事先早已做了充分的准备,严阵以待等等,终于化不利因素为有利因素,从而使自己的力量,"在战争过程中变化其原来的形态",打败了比自己强大数倍的敌人。宋人胡世将所撰的吴玠墓碑,记载吴玠生平比较能够进行主观努力的情形说:

　　　　公能乐善,每观史前事可师者,必书而识之左右,用兵

---

①《陇右金石录》第4,《忠烈吴公祠记》。
②《陇右金石录》第4,《忠烈吴公祠记》。

本孙吴,而能知其变,务远大,不求近效,故能保其必胜。御下严而有恩,视卒之休戚如己,而同其甘苦,故人乐为之用。既贵而自奉之约,不逾平时,至推以予士,不少吝,故家无赀,而至无宅而居,呜呼,虽古名将何加焉。①

按:《宋史·吴玠传》记载与此大体相同。这段话除了"故家无赀而至无宅而居"等语不真实之外(实际上,吴玠后来成为秦陇地区最大地主之一),其余谈到吴玠个人一贯能够进行主观努力,比较能够爱护人民和士兵的情况,大体可以征信。

又,李心传《建炎以来系年要录》记载吴玠与士兵接近交谈,务使下情上达的情形说:

玠素不为威仪,既除宣抚付使,简易如故,常负手步出与军士立语,幕客请曰:"今大敌不远,安知无刺客,万一或有意外,则岂不上负朝廷委任之意,下孤军民之望哉",玠谢曰:"诚如君言,然玠意不在此,国家不知玠之不肖,使为宣抚,玠欲不出,恐军民之间冤抑而无告者,为门吏所隔,无由自达,玠所以屡出者,防有此耳",幕客乃服。②

按:这条材料充分说明吴氏兄弟的确能够比较接近人民和爱护士兵,可以作为上引吴玠墓碑文"御下严而有恩,视卒之休戚如己,而同其甘苦,故人乐为之用"等语之旁证。

第三,充分利用西北地区多山的对自己有利的险境地形,"每战必先占高原必胜之地"③,是三次蜀口战争胜利的辅助原因。

①《陇右金石录》卷4,《吴玠墓碑》。
②《建炎以来系年要录》卷75。
③《乾隆续修静宁州志》卷8,《杂集·吴刘遗事》。

自古"西北以山河为险,东南以长江为险"①(吕祉语),在"步兵利险阻,骑兵利平旷"②(岳飞语),"金人专以铁骑取胜"(李纲语)的情况下,这样的多山地区,显然对金人骑兵处处不利,而对宋朝步兵处处有利。只要宋军能够按兵据险,时出奇兵以袭击敌人,则可以束缚住敌人的手脚,使敌人"专以铁骑制胜"的特长技无所施,处处陷于被动挨打的境地。富平之战,张浚未能听曲端、吴玠、郭浩诸人之言,充分利用这一地区的险要地形,与敌人决战于峰峦关隘之间,相反,与敌人大战于富平平衍之地,结果使敌人骑兵大大发挥威力,一举而打垮了宋军。这次吴玠接受了富平之战的严重教训,充分利用这一地区的险要地形,选择了几座军事要塞,按兵据险,居高临下,终于多次击败了敌人的猖狂进攻,打破了敌人由陕入川的如意算盘。宋胡世将所撰的《忠烈吴公祠记》,夸赞吴玠善于利用蜀口险要的有利地形来打败敌人时写道:

> 自古守蜀或守汉中,或守涪城,皆弃险处内,弃险则易攻,处内则众摇,所以中原之兵,一涉其境而国以丧,未有忠烈守蜀咽喉之地而安之危也。"③

可见,吴玠在充分利用西北多山的险要地形,以取胜敌人方面,在历代守卫于西北的将领中树立了良好的范例。

以上是宋金双方争夺蜀口三次战争的大概情况。除了这三次战争之外,大体上在吴玠生前,没有发生过类似上述那样大规模的战争

---

①《建炎以来系年要录》卷68。
②《宋史》卷365,《岳飞传》。
③《陇右金石录》卷4,《忠烈吴公祠记》。

（小的战争,也只有两次,一次是陇州方山原之战①,另一次是再复秦州之战②。）

绍兴九年（1139年）六月,吴玠因积劳成疾,经多方医治无效,逝世于仙人关治所,享年四十七岁。朝廷见吴玠保蜀功大,"赠少师,赐钱三十万",以示抚恤。为了表彰他的保蜀大功,又"谥武安,作庙于仙人关,号思烈,淳熙中追封涪王"③。

吴玠去世之后,保卫川陕秦陇地区的神圣任务,很自然的落到了吴璘的肩上。在吴璘继续领导川陕抗金事宜期间,从整个全国的抗金形势来看,本来是在蒸蒸日上,日益好转（主要表现在绍兴十年前后,大将韩世忠、岳飞、刘锜等打了很多的胜仗④）,但这种好转的抗金形势,很快被宋高宗、秦桧等投降派所破坏。绍兴十一年（1141年）,由秦桧主持的"绍兴和议",不仅严重破坏了全国大好的抗金形势,而且因为该和约割"陕西商（今陕西商县）、秦（今甘肃天水）之半以畀金,……弃和尚、方山二原,以（大）散关为界"⑤,给吴璘继续领导的抗金斗争,制造了许多困难。这些困难主要是:第一,将这些地方割让给金,使此后川陕抗金的前沿阵地大大缩小;第二,绍兴和议所割让的陕西这些地区,差不多都是吴玠生前力争的"险要之地"。将这些地区

---

①陇州方山原之战,发生在绍兴二年（1132）三月,其史迹见熊克《中兴小纪》卷12,《建炎以来系年要录》卷52。

②再复秦州之战,发生在绍兴五年（1136）二月,其史迹见《建炎以来系年要录》卷85。

③《宋史》卷366,《吴玠传》。

④《建炎以来系年要录》卷139:"（绍兴十一年）乙未,赐刘光世、韩世忠、张浚、岳飞、杨沂中、刘锜诏书,以捷书累至,军声大张,盖自军兴以来未有今日之盛,仍戒以尚思困兽之斗,务保全功"。

⑤《宋史纪事本末》卷72,《秦桧主和》。

交给金兵,等于有意识地与金兵共分陕蜀之险要,从而让金兵反过来束缚住自己的手脚。即以和尚原为例,和尚原在绍兴三年(1133 年)冬,曾为敌人一度所攻占,致使敌人军马长驱直入,动辄"深入川口",现在放弃和尚原,退保仙人关,等于"自弃地三百余里,又顿失险要",结果对于此后吴璘所领导的抗金斗争,无形中"为害甚大"①。尽管陕西地区大好的抗金形势,被秦桧等主和派所破坏,但吴璘并未因此而灰心丧气,相反,依然积极"代兄为将,守蜀二十余年,隐然为方面之重"②,与金国侵略者进行了不屈不挠的斗争。

吴璘在吴玠去世之后,代替其兄继续领导过很多有名的战役,但其中以刘家圈、郏家湾、腾家城之战、德顺军之战最为重要,兹将这两次重要的战役,略述于后,以显吴璘单独抗金保蜀之功。

(一)刘家圈、郏家湾、腾家城之战

这次战役是吴璘在吴玠去世之后,所领导的许多次战役中最激烈和战果最为辉煌的一次。发生的时间是绍兴十一年(1141 年)八月至九月。当时金将罕扎、希卜苏(一作习不祝)率领五万人马,驻扎在刘家圈、郏家湾一带。右护军都统制吴璘为了"破此两寇,收复秦陇",请求川陕宣抚使胡世将给他精兵三万人,世将给他二万八千,于是吴璘于八月间阅兵河池,亲授士兵以新战阵之法(即吴璘新创造的叠阵法,详下),单等时机成熟,立即进攻。但吴璘这次所遭遇的敌人,并非寻常对手,"罕扎善战,希卜苏善谋,二人皆老于兵",而且二人"据险自固,前临峻岭,后控腾家城"③,进可以攻,退可以守,地形对金极

①《建炎以来系年要录》卷 139。

②《宋史》卷 366,《吴璘传》。

③《建炎以来系年要录》卷 141。

为有利。吴璘为了比较有把握地打垮这一劲敌,在进攻的前一天,召集诸将,讨论进攻方略。部将姚仲认为"战于山上则胜,山下则败"①,吴璘完全同意他的意见,并制订了两点具体攻战方略,一面派王彦、姚仲率军于夜半"寂无人声"之时,衔枚疾走,"渡河陟峻岭截坡上",直冲敌营,一面则派张士廉等,"取间道以兵控臁家城",以切断金兵的归路。姚仲、王彦至岭上,放火延烧敌棚,金兵大惊,仓促应战,吴璘亲临阵前,"麾军亟战,宋军皆殊死斗",金兵不能支,遂大败遁去,璘以骑兵掩袭其后,结果"俘馘人马数千,伪兵降者万余人"②,罕扎退保臁家城(按:张士廉擅违节制,未能按期入城以拒敌,等于纵敌入城)。吴璘率军围攻,眼看就要攻破,就在这时,恰巧朝廷在秦桧的主持下,达成绍兴和议,以驿书诏璘班师,璘被迫解围而去。这次战争,虽然由于遭遇到朝廷的破坏,不了了之,未能捉住困守在臁家城里的瓮中之鳖——罕扎、希卜苏二将,取得更大的辉煌战果,但当时舆论对这次战争所取得的辉煌胜利,评价极高,认为这次战争可以"比和尚原、杀金坪",是"川陕用兵以来,未有如此之胜"③的一次战役。

这里需要特别介绍的是,吴璘在这次战争中运用了自己新创造发明的"叠阵法"。《建炎以来系年要录》(《宋史·吴璘传》记载相同)记载说:

> 每战以长枪居前,坐不得起,次最强弓,次强弓,跪膝以俟,次神臂弓,约贼相搏至百步内,则神臂先发,七十步,强弓并发,次阵如之。凡阵以拒马为限,铁钩相连,俟其伤更替

---

①《宋史》卷 366,《吴璘传》。
②《建炎以来系年要录》卷 141。
③《建炎以来系年要录》卷 142。

之,遇更替,则鼓为之节,骑出两翼,以蔽于阵前,阵成而骑兵退,谓之垒阵①。

按:吴璘在长期同金兵的作战中,充分了解敌我双方的长处和短处。他在临死前所著的《兵法二篇》中指出:"金人有四长,我有四短。"金人的四长是骑兵、坚忍、重甲和弓矢,四长之中,尤以骑兵、坚忍为宋所不及,至于重甲,尤其是弓矢,宋比起金实有过之而无不及。这种情形,用吴璘的话来描述是:"盖金人弓矢,不若中国(按:指宋——笔者注)之劲利,中国土卒,不如金人之坚耐。"②(前者是由宋的生产水平比金人高所决定,后者则是因金人刚刚脱离游牧生活,原来游牧生活所养成的勇猛蛮干的劲头,被保留下来)究竟应该用什么办法来"反我之短,制彼之长"呢?吴璘的具体办法是"集番汉之所长,兼收而并用之,以分队制其骑兵,番休迭战制其坚忍,制其重甲,以劲弓强弩制其弓矢"③。"番休迭战"(一作"更战迭休")之法,是吴璘在此以前与其兄共同创造的并一贯使用的一种制胜敌人的"战法"(如仙人关之战即用此法),而"垒阵法",则是吴璘在吴玠去世之后,新研究创造出来的一种"阵法",不论"番休迭战"或"垒阵法",都是吴氏兄弟精心选择有利于自己的地形,充分利用强弓硬弩等锐利兵器,来发挥步兵特长的一种抗击敌人的战术。所不同的是,前者采用了"更战迭休"的作战形式,来"反我之短,制彼之长",并在具体运用时,偏重于注意以逸待劳、以动制动的特点,后者是吴璘"得车战余意",将"番汉之所长"用于具体的战阵,并在运用时偏重于以逸待劳、以静

---

①《建炎以来系年要录》卷 141。
②《宋史》卷 366,《吴璘传》。
③《宋史》卷 366,《吴璘传》。

制动的特点而已。吴氏兄弟因能在对敌作战的过程中，随时总结作战的经验，终于经过自己精心研究，创造了新的战法——"番休迭战"，与阵法——"垒阵法"。这种发明和创造丰富了我国军事科学的内容，直到今天，我们仍然不能不认为这是吴氏兄弟在军事方面所作的一项重要贡献。

(二)德顺军之战

德顺军是吴玠吴璘的家乡。自富平败后，金兵深入秦陇地区，该地时失时复。绍兴三十二年(1162年)二月，吴璘亲自率领人马围攻德顺军，但攻了四十天不能攻下。吴璘为了能够攻克这座城市，事先做了一番周密的军事部署和准备工作。如撤换败军之将姚仲，以知夔州李师颜代领其众。鉴于金都统完颜合喜等自凤翔调来了大量军队，急命左都监自熙河等地引兵来援。因见诸军害怕敌军声势浩大，不敢进兵与敌人交锋，唯恐"士有怠志"，决定亲临督战，率军亲抵德顺军城下。既到城下之后，又"自将数十骑绕城"，观察敌军守备情况，同时在自己军队驻扎的地方，"案行诸屯，预治夹河战地"。为了严肃军纪，激励将士，在正式决战前一天，"当阵斩一将，数其罪以肃军"，由于吴璘在事前做了上述周密的准备工作，结果使士气大为高涨，在与敌人的苦战中，"无不一当十"，将领"皆殊死斗"，这样，经过数次激战，终于迫使金人在一阵大败之后，乘天大风雪，"引众夜遁"[1]，狼狈逃出了德顺军。这次吴璘围攻德顺军，始终是带病督战[2]，当他由仙人关亲诣德

---

[1]《建炎以来系年要录》卷198。

[2]《建炎以来系年要录》卷194。"吴璘天资忠义，自闻警报，即上杀金坪、仙人原，与贼相持。……其人平时多病，日饵丹砂数十百粒，此暴露之久，时复发作，前欲遣姚仲出秦州，而身攻关，最苦脏腑，脏腑稍安，又苦肾肠之疾，每疾剧时，亦颇危殆，几至死"。

顺军城下的时候，不仅宋营官军大为振奋，就是守卫在德顺军城上的叛军，也"闻呼相公来，观望咨嗟，矢不忍发"，及至最后攻入城市，整队入城，城内居民更是"市不改肆，父老拥马迎拜不绝"①。这里可以看出吴璘晚年在西北军民中享有怎样崇高的威望，其家乡人民为这位带病的老将军，解放了自己的乡土如何欢喜若狂了。

除了上述两次重要战役之外，还有其他许多比较有名的战役。这些战役的名称是扶风之战、凤翔百通坊之战、②凤州黄牛堡之战、③原州之战、④大散关之战⑤等等。因为篇幅有限，恕不一一详述了。

由于吴璘在领导抗金斗争中，长期劳碌奔波，经常带病督战，到了晚年疾病更多，以致不能继续实际领导对金斗争，被孝宗安插在汉中，他到汉中之后，"专留意民事，问民所疾苦"⑥，又学习其兄"治褒城

---

①《宋史》卷 366，《吴璘传》。

②扶风之战、凤翔百通坊之战，发生在绍兴十年（1140 年）六月，其史迹见《宋史》卷 366《吴璘传》，《建炎以来系年要录》卷 136。

③凤州黄牛堡之战，发生在绍兴三十一年（1161 年）九月，其史迹见《建炎以来系年要录》卷 129。

④原州之战，发生于绍兴三十二年（1162 年）四月，其史迹见《建炎以来系年要录》卷 199。

⑤大散关之战，发生在绍兴三十二年（1162 年）闰二月，其史迹见《建炎以来系年要录》卷 198。总计吴璘自凤州黄牛堡之战到大散关之战，中间获得了一连串的辉煌胜利。《大金国志》总结金兵在这期间丧师失地的情形说："是时，金师攻虢州者，败于王彦，攻汝州者败于吴拱，关陕一路，丧秦、陇、环、原、熙、河、兰、会、洮州、积石、镇戎、德顺军十二郡，金州一路，丧商、虢、陕、华州凡四郡，独恃重兵坚守大散关，可以扼宋师，吴璘遣杨从仪等攻下大散关，遂分兵据和尚原"。见《大金国志》卷 16《世宗圣明皇帝上》。

⑥《乾隆续修静宁州志》卷 8，《杂集·吴刘遗事》。

堰"①,"修复襄城古堰",溉田数千顷,民甚便之"②。

孝宗乾道三年(1167年),吴璘在汉中逝世,享年六十六岁。汉中人民闻吴璘去世,"军民号哭失声,至于罢市"③。孝宗为了表彰他的功劳,"赠太师,追封信王"④。吴璘去世后,其子挺,因"少起勋阀,弗居其贵",又能礼贤下士,"待将士人人有恩"⑤,继续得到孝宗、光宗的重用,守卫在西北边防地带,达二十余年之久。最后因军功,累官至"太尉"。光宗绍熙四年(1193年)(按:《宋史吴挺传》"熙"作"兴",误)春,吴挺因病去世,享年56岁⑥(1137—1193年)。吴氏兄弟父子以毕生的精力所从事的抗金斗争,就这样光辉地结束了。

五、结 语

通过以上叙述,我们对于吴玠吴璘这一甘肃地区的历史人物所处的时代背景及其保卫川陕秦陇地区的抗金史迹,大体上有一粗略的轮廓。这些轮廓的要点是:

(一)吴玠吴璘长期生活的时代,是北宋末年和南宋初年。在他们生活的这段时间里,正是由原始社会刚刚进入奴隶社会的女真贵族,为了发展奴隶制经济,扩大他们的统治地区,满足他们掠夺邻人社会

①《宋史》卷366《吴玠传》:"玠与敌对垒且十年,常苦远馈劳民,屡汰冗员,节浮费,并治屯田,岁收至十万斛,又调戍兵,命梁洋守将废治城废堰,民知灌溉可恃,愿归业者数万家"。

②《宋史》卷366,《吴璘传》。

③《乾隆续修静宁州志》卷8,《杂集·吴刘遗事》。

④《宋史》卷366,《吴璘传》。

⑤《宋史》卷366,《吴挺传》。

⑥《宋史》卷366,《吴挺传》。

财富和奴隶的"贪欲",乘赵宋封建统治阶级极端腐朽、举国无备的良机,接二连三发动了对赵宋王朝的大规模的进攻,使以汉族为主体的各族人民蒙受空前战争和压迫灾难的年代。民族战争是阶级矛盾与阶级斗争的一种特殊形式,因此,民族压迫的实质是阶级压迫,以汉族为主体的各族人民,为了摆脱这种女真贵族所挑起的战争和压迫的灾难,蜂起云涌,奋起抗金。而吴氏兄弟正是在这种反民族压迫的战争处于最紧张的关键年代,由于"时势造英雄"的结果而出现和活跃于西北地区的历史舞台的。

(二)吴玠吴璘出身于陕西中下级军官。由于他们自幼即能接近人民,爱护人民,故他俩在陕西军民中素来享有极高的威望。

(三)吴氏兄弟父子以毕生精力所保卫的川陕秦陇地区,无论在军事、经济(这方面是主要的)等方面,对于宋金双方都具有极为重要的战略意义。因此,我们对于这一地区在宋金战争史上所处的历史地位,是应该予以充分的估计。

(四)金人的入侵陕西,早在南宋建立之初即已开始。金人为了配合对南宋的全面进攻,曾经多次派兵深入陕右,一再开辟了陕西战场。陕西地区的抗金斗争,在张浚经理川陕之前,始终处于"关陕无备",以及无统一领导,各自为战的境地,张浚经理川陕,虽然取得了一定的成效,初步改变了"关陕无备",以及各路将领互不节制的状况,但由于张浚不谙军事,刚愎自用,在与金人决战的时机尚未成熟的情况下,匆忙与金人决战,终于招致了富平的惨败,导致了关陕的全失,从而使陕西地区的抗金形势,由一度好转而复趋恶化(但我们不能因他打了富平败仗而抹杀他经理川陕的历史作用)。而吴玠吴璘,继张浚之后所领导的秦陇地区人民所进行的抗金斗争,正是在富平新败,五路尽失,官军散亡略尽,人无固志,和金人以重兵聚结关陕,眼看就要打入四川的极端困难的情况下,奋起支撑危局,不屈不挠地完成保卫四川和秦陇地区的任务。

（五）吴玠吴璘保卫川陕秦陇地区的主要战绩，是当金人"一意睨蜀"的时候，领导秦陇地区的军民坚决保卫了蜀口三座军事要塞，屡次打败了敌人的猖狂进攻，粉碎了敌人由陕入川的企图。除了争夺蜀口的三次战争之外，在吴玠去世之后，吴璘代兄为将，坚持抗金，继续领导了不少抗金战役，获得了辉煌的战果。吴氏兄弟之所以能够在抗金形势极端不利的情况下，打败金人，并能获得辉煌的战果。除了与吴玠吴璘个人的主观努力分不开之外，最主要和最根本的原因，则是由于秦陇地区的广大人民（包括这一地区的少数民族）和士兵，为了摆脱这场战争和民族压迫的灾难，对他进行热烈拥护和支持的结果。对于这点，我们必须特别提出来加以强调，因为人民群众是历史的创造者，任何杰出人物，对于历史所起的积极作用，固然"决定于该人物的思想和行动反映时势，反映人民的要求，反映社会物质生活发展需要的正确程度"，同时"还决定于他的思想和行动在人民群众中影响的深度和广度，和他从人民中所得到的支持的多少程度"①。

（六）吴氏兄弟领导秦陇地区的广大军民，所取得对敌斗争的辉煌胜利，是有着极为重要的历史作用和历史意义的。因为这些对敌斗争的辉煌胜利，充分显示了以汉族为主体的各族人民，反对民族压迫的伟大力量，它不仅使四川和秦陇部分地区的人民，直接免受女真统治者的蹂躏，保障了他们生命财产的安全，而且间接保障了东南地区人民生命财产和南宋小朝廷的安全。《宋史·吴玠传》在评价吴玠抗金对于保卫四川地区的历史作用说：

> 方富平之败，秦凤皆陷，金人一意睨蜀，东南之势亦棘，

---

① 艾思奇：《社会历史首先是生产者的历史》，三联书店1956年出版，第93页。

微玠身当其冲,无蜀久矣。①

明崇祯时张溥在《宋史纪事本末》中总结吴氏兄弟共同立下了保蜀大功时说:

> (富平败后),玠璘收合散亡,一捷于和尚原,再捷于仙人关,蜀中无恙,数年以来,屯田养兵,西人再造,厥功伟矣。玠亡之后,虏复决逞,璘大败之扶风,自是蜀不被兵者二十余年。迨金亮入寇,黄牛告警,璘奋义出师,商、虢、河、源、德、顺、环州,次第收复,而班师命下,三军十三州复为敌有,盖绍兴十年之战,主割和尚原者秦桧也。三十二年之战,主弃三路者史浩也。即璘一身额于权臣者数矣。②

清嘉庆时张宗泰在其所著《鲁严所学集》一书中,论证韩世忠抗金之功,和吴氏兄弟在川陕秦陇地区领导这一地区的军民,在极端困难的情况下坚持抗金斗争,间接对于保卫东南地区人民和南宋小朝廷的安全所起的历史作用说:

> 建炎二年(1128年),金兀术之大起燕云河朔之师南侵也,兵戈所指,守土之臣有先事迎降者,有潜身远遁者,间或与之抗拒,即无不立遭屠戮,由江北而江南,则更如入无人之境……金人饱掠而归,泊舟长江,而韩世忠者,乃屹然起而堵截于其际,以八千之众,遏十万之师,沿江上下,百计求济,哀祈之声,不啻穷猿,而世忠终不为开一线之路也。……金人不敢再窥江浙,而宋人之国基始定。然金人之谋,以兵力既绌于江浙,又转而窥伺乎巴蜀,蜀道既通,则将由夔峡

---

① 《宋史》卷366,《吴玠传》。
② 《宋史纪事本末》卷69,《吴玠兄弟保蜀》。

以摇撼乎江浙，而值吴玠兄弟起而与之垒壁相当，天生神勇，为国长城，始则搆兵于和尚原，继而饶风关，继而杀金坪，金兵尽攻击之术，宋人极抗御之能，虽亦略展疆土，而士马之凋丧，军实之堕败，不知纪极，金人于是知南国之大有人，而未可以卒图也，始息心回意，不复逞志于兵戈之间矣。金人敛兵，而宋人始得以立国，向非韩世忠抗衡于前，吴玠兄弟力持于后，则宋人终无栖身之所矣。[1]

由此可见，吴玠吴璘以毕生的精力领导秦陇地区人民，在保卫大西北地区的抗金斗争中所建立的丰功伟绩，不仅得到了当时西北军民的崇高敬仰，及其子孙的不时怀念，而且赢得了封建史学家们一致的歌颂和赞扬。这些歌颂和赞扬，除开它在某种程度上夸大了吴氏兄弟个人在历史上的作用，忽视了人民群众和广大士兵对他热烈支持所起的作用外，上述那些议论，即使在今天看来，也仍然不失为平允和中肯之论。

（原载《兰州大学学报》1963年第2期，收入本书时有所修改）

---

① 张宗泰：《鲁严所学集》卷5，《谕宋臣韩世忠吴玠吴璘》。

略论曲端

曲端是我国南宋初年,陕西地区"威名远播,为敌人所震慑"①的著名的抗金将领。他同陕西另一抗金将领吴玠,"皆有重名,陕西人为之语曰,有文有武是曲大,有谋有勇是吴大"②。对于这样一个文武双全影响颇大的历史人物,《宋史》虽然给他立传,但却简略,而且在叙述曲端的历史事迹时,却主要叙述了他的过错,认为他过大于功。但这是不符合该历史人物的本来面目的。我认为曲端虽然有功有过,但总的来说是功大于过。为了略补正史本传的缺失,给曲端应有的历史地位,还该历史人物以本来面目,本文运用一分为二的分析方法,从功过两个方面对曲端进行全面剖析。

一

曲端字正甫(一作师尹),镇戎军(今甘肃镇原)人。其父名曲涣,曾任左班殿直。曲端早孤,三岁丧父,曾袭受三班之职。曲端年轻时"本王子尚部曲,"③由于他为人聪明机警,"通书史,善属文,精骑射,"④加上他在同西夏和金入侵者的斗争中,屡立战功,逐步由一名

---

① 张宗泰:《鲁严所学集》卷3,《论张魏公》。
② 周密:《齐东野语》卷15,《曲壮闵本末》。
③ 李心传:《建炎以来朝野杂记》卷19,《建炎三大战》。
④ 徐梦莘:《三朝北盟会编》,炎兴下秩47。

普通"部曲",提升为一位遐迩闻名、声威很高的将领。他在南宋的爱国将领中,可以称得上是一位仅次于岳飞的文武全才的将军。

曲端的才华表现在文学方面,他常常以抗金斗争作为诗歌题材,来抒发自己的爱国激情。如他在四川时曾作诗以见志。诗曰:"破碎山河不足论,几时重到渭南村;一声长啸东风里,多少人归未断魂。"①这首诗虽然没有岳飞《满江红》词那种磅礴的气势,但我们仍能看到曲端忧国忧民的豪情壮志。

曲端的才华表现在军事方面,突出的有如下两点:首先,他善于训练军队。他曾训练一支战斗力很强的精兵。他所训练的军队"其纪律极严,"②深得陕西人民的爱戴和拥护。如 1127 年(建炎元年)—1128 年(建炎二年)正月,金国分兵攻略陕西,连下长安、凤翔,宋军望风奔溃,一时"关陇大震"③。当时,曲端"治兵泾原,招流民溃卒,所过人供粮秸,道不拾遗"④。如果他的军纪不严,是不会出现"所过人供粮秸,道不拾遗"的情景的。曲端的军队在陕蜀诸军中之所以纪律比较严明,这与他十分重视以法治军是分不开的。曲端为泾原都统制,他的叔父在他的麾下当一名偏将。一次,其叔父奉命出征,不知是何原因,吃了败仗,曲端按军法将他斩首,然后发丧致祭。他亲自作祭文道:"呜呼!斩付将者,泾原统制也,祭叔者,姪曲端也。尚享!"因为做到了军法不分亲疏,结果,"一军畏服"。

这支军队能够招之即来,其行动的迅速和整齐,在当时爱国将领所统师的官军中可以说是数一数二的。如宰相张浚"宣抚川陕",为了

---

①周密:《齐东野语》卷 15,《曲壮闵本末》。
②周密:《齐东野语》卷 15,《曲壮闵本末》。
③《宋史》卷 369,《曲端传》。
④《宋史》卷 369,《曲端传》。

了解陕西军队训练的情况,曾到曲端军营视察,亲自检阅他的军队。曲端呈上其所属五军军籍,张浚浏览之后,决定先点视其中的一军,要求该军立即集合于"廷间",曲端以鸽子传达命令。他打开笼子,放出一鸽,所点之军迅速到达,其行动之迅速和整齐,使张浚暗暗吃惊。接着,张浚命令点视全军,"曲端尽放笼中五鸽",结果,不但五军顷刻而至,而且"戈甲焕灿,旗帜精明"①。张浚因此赞不绝口。

他所训练的军队来之能战,其战斗力可以说在当时陕西五路大军中是最强的。他的军队在同金兵的斗争中曾经打过不少胜仗。其中比较有名的战役如1128八年(建炎二年)的清溪岭之战。1130年(建炎四年)的两次邠州之战和彭原店之战。其中彭原店之战还是建炎以来三大著名战役之一。金将撒离喝因为打不过曲端,"惧而号泣,虏人目之为啼哭郎君"②。

曲端训练的军队,即使打了败仗,也能迅速主动归队。如在1130年(建炎四年)九月的"富平之战"中,"泾原军马出力最多,既却退之后,先自聚集",其所以能够做到这点,"皆缘前帅曲端,训练有方"③。总之,曲端及其所领导的军队,在陕西地区曾经是一面抗金的旗帜。他给人民所留下的印象是良好的。"曲端屡与金人角,更胜迭负,西人以为能。"④

第二,曲端"长于兵略"。尤其善于根据宋金双方的具体情况,凭借着自己丰富的军事知识和实战的经验去分析一些具体战役,并能预料这些战役的胜败前景。这从曲端对富平之战战前的军事态势及

---

① 周密:《齐东野语》卷15,《曲壮闵本末》。
② 周密:《齐东野语》卷15,《曲壮闵本末》。
③《宋史》卷339,《曲端传》。
④《建炎以来系年要录》卷36。

其前景的分析和预测可以看出。1130年(建炎四年)九月,宰相张浚"经理川陕"。他为了减轻金兵对南宋小朝廷的军事压力,把兀术的主力从江北吸引到陕西方面来,打算会合五路人马,同金兵决一雌雄。为了能够打好这一仗,张浚一方面,鉴于曲端在陕西军民中威望很高,"欲仗其威声,承制筑坛拜端为威武大将军、宣州观察使、宣抚处置使司都统制"①,另一方面,曾三次征求曲端的意见。第一次他派张彬到曲端的所在地——渭州(今甘肃平凉),去征求意见。张彬问道:"公常患诸路兵不合,及财用不足以供军,今张公之来,兵已合,用以足,洛索(一作娄宿)孤军,深入吾境,我合诸路攻之不难,失今不击,若尼玛哈(即粘罕)并兵而来,何以待之?"曲端答道:"不然,兵法先较彼己,必先计吾不可胜与敌之可胜,今敌可胜只洛索孤军一事,然彼兵技之习,战士之锐,分合之熟,无异于前日,我不可胜,亦只合五路之兵一事,然将帅移易,士卒素练,兵将未尝相识,所以待敌者亦未见大异于前日,万一轻举,脱不如意,虽有智者,无以善其后。又自敌入犯,因粮于我,彼去来自如,而我自救不暇,是以我常为客,彼常为主。今当反之,精练士卒,案兵据险,使我有不可乘之势,然后徐出偏师,俾出必有所获,彼所谓关中陆海者,春不得耕,秋不得获,则必取粮于河东,是我为主,彼为客,不一二年,必自困毙,因而乘之,可一举灭矣。"②这是曲端对富平之战以前宋金军事态势的精辟分析。他用综合对比的方法,分析出金的有利因素有四:士兵作战技能较好;士气高涨;分合熟练;因粮于我,来去自如,因此,"彼常为主"。其不利因素,只有孤军深入一项。宋的情况相反,有利因素只有五路军马能够随时

①《宋史》卷369,《曲端传》。
②《建炎以来系年要录》卷36。

会合,在数量上占了压倒的优势,而不利因素却有三点:即将帅刚刚更换;士兵缺乏训练;兵将互不相识,因此,"我常为客。"但宋金的主客态势,通过人的主观努力是可以互相转化的。宋方如果能够通过训练军队,案兵据险,常常派出一支军队,扰乱敌人等主观努力去反客为主,等待战机,那么,是可以一举消灭金兵的。

第二次是在张浚召开的一次军事会议上。这次张浚亲自问曲端是否可以会合五路人马同金兵决一雌雄。曲端回答道:"平原旷野,敌便于冲突,而我军未尝习战,且金人新造之势,难与争锋,宜训兵秣马,保疆而已,俟十年乃可议战。"①曲端在这次对答中,并未重复上次所陈述的理由,仅仅对宋金的军事态势作了两点新的补充:即平原旷野有利于敌人的骑兵,不利于宋朝的步兵;金人刚刚打了胜仗,士兵锐气十足,不可与之争锋。经过这次对答之后,曲端因为与张浚意见不合,被罢除兵权,撤销了威武大将军之职,贬为海州团练使。

第三次是在张浚下达了会合"五路"人马的命令之后。当时张浚自认为五路人马一旦会合,不但可以在陕西打败金兵,而且可以乘胜"径入幽燕",收复中原失地。因此,他带着极为高兴的心情"问曲端以为如何?"这次曲端不再陈述任何理由,只直截了当地回答说:"必败。浚曰:"若不败如何?"端曰:"若宣抚之兵不败,端伏剑而死。"浚曰:"可责状否?"曲端即索取纸笔写道:"如不败,甘伏军法。"浚曰:"浚若不胜,复当以头与将军。"②这哪里是征求意见,而是进行一场军事赌博。但这场赌博,以曲端的胜利而告终。富平之战,宋军惨败,证明了张浚"暗于知兵",曲端"长于兵略",老谋深算。

---

①《建炎以来系年要录》卷36。
②《三朝北盟会编》炎兴下秩42。

二

曲端的才能是为当时和后世人所公认的。如有人认为曲端的才能可以同岳飞相比。"以曲端之将,才足以辅岳飞而恢复中原者,乃不听其谋。"①有的则把曲端比作西北的"万里长城"。②这些看法,虽然未免有些夸大,但他在南宋的爱国将领中属于第一流的将领,则是没有疑问的。这样的才能,如果能够让他尽量发挥,其前途本来是很难估量的。正如宋史曲端本传所说:"端有将略,使展尽其才,要未可量。"③但他的才能,却被他本身的致命缺点和弱点所束缚和断送了。曲端的致命弱点是什么呢?概括地说是:"刚愎自用,轻视其上……动违节制","恃才凌物"④。他的这一缺点突出表现在下面两件事情之上。其一,1128 年(建炎二年)六月,赵构以集英殿修撰和延安知府王庶为龙图阁待制,"节制陕西六路军马",并任命曲端为吉州团练使和节制司都统制。但"端雅不欲属"⑤,即不愿服从王庶的领导。其二,同年十一月,金兵进攻陕西鄜延一带,延安告急,王庶命令曲端向延安进兵,曲端屯兵泾原,坐视不救,结果使号称"五路襟喉"的延安失守。王庶在延安失守之后,往见曲端,曲端不但拒不承认错误,反而责怪王庶只知爱身,不知爱天子之城,甚至想借陕西抚谕使谢亮之手杀掉王庶,虽然因为谢亮不从,没有达到目的,但他却"拘縻其官属,夺其

---

①《野获编补遗》卷 2,《议革张浚祀》。

②王文濡:《清诗评注》卷 6:"北客朝来辄问安,隐然敌国胆先寒,十年作相迟秦桧,万里长城坏曲端"。

③《宋史》卷 369,《曲端传》。

④《宋史》卷 369,《曲端传》。

⑤《宋史》卷 369,《曲端传》。

节制使印"①。从此两人结下了不解之仇。

曲端不但不能同他的顶头上司真诚合作,而且也不能以身作则,"严于律己,宽以待人",团结其部将。如1130年(建炎四年)正月,金将娄宿,在攻下陕州之后,长驱直入潼关,曲端命部将吴玠迎击于彭原店,自己屯兵宜禄,以为声援。战争开始,吴玠击败金兵,后来,金兵经过整顿,发起反攻,因为曲端未发援兵,吴玠转胜为败。事后,吴玠"怨端不为援",曲端不但不承担责任,反而"劾玠违节制"②。吴玠因此同他离心离德,"由是二人有隙"③。由于曲端上述缺点和错误恶性发展,树敌过多,终于招致了杀身之祸。

1141年(绍兴元年)正月,张浚经历了富平之战的惨败之后,将"宣抚处置使司"迁到阆州(今四川阆中)。他鉴于富平之战前夕同曲端进行军事赌博,曲胜己败,深深感到他是一位难得的人才,打算再用曲端为将,但却遭到了王庶和吴玠的反对。他们在张浚面前挑拨离间。王庶挑唆道:"富平之战,宣抚与曲端有胜负之约,今日宣抚以何面目见曲端? 若曲端得志,虽宣抚亦敢斩之,不可用也。"吴玠害怕曲端严明,恐其复用,于是在手掌心上写上"曲端谋反"四字,等待浚至,举手示之。经过二人的轮番挑唆离间,张浚已经产生了处死曲端的念头,但却苦无罪证。于是王庶进一步挑唆道:"曲端尝作诗题柱,有指斥乘舆之意。曰:不向关中兴事业,却来江上泛渔舟! 此其罪也。"④这样,张浚决定将曲端送到恭州(今四川巴县)狱中,让一

①《宋史》卷369,《曲端传》。
②《宋史》卷369,《曲端传》。
③《宋史纪事本末》卷68,《张浚经略关陕》。
④《三朝北盟会编》炎兴下秩47。

个曾受曲端鞭笞过的因而对他怀有刻骨仇恨的康随为提点刑狱公事,负责处死曲端。曲端得到这一消息,声泪俱下,仰天叹道:"吾其死也!"[①]呼天者数声。接着,对着他的心爱的战马铁象,呼可惜者又数声,然后前往恭州。到达恭州之后,康随命令狱吏,将他五花大绑,用纸糊其口,然后放入铁笼之中,在四周架起大火。时当盛夏,曲端干渴难熬,请求给他水喝,康随将酒给他,饮后,九窍流血而死。死时年仅四十一岁。

由于"陕西军民,皆恃端为命"[②],加上张浚处死曲端的理由根本站不住脚,因此,在曲端被处死之前,"蜀人多上书,为端讼冤"[③],处死之后,"远近士民,无不怅快,有数日食不能下者"[④]。至于曲端部下和一部分陕西人民,听说曲端被处死,立即哗变叛去,他们日夜攻打川口,公开发布檄文,声讨张浚,要张浚偿还曲端性命。这说明曲端尽管有这样那样的严重缺点,犯过这样那样的错误,有的过错甚至是严重的,但总的来看还是功大于过。因此,人民才能如此拥护他,同情他,为他的含冤而死鸣不平。

由于曲端之死,是南宋初年仅次于岳飞的最大冤案,朝野上下舆论都要求给曲端平反。"言者数论张浚杀(曲)端、(赵)哲为非是"[⑤],因此,到1134年(绍兴四年)七月,高宗赵构决定给曲端平反。其平反诏书说:"属委任之非人,致刑诛之横被,申还旧秩,加贲美名。"[⑥]所谓

①《三朝北盟会编》炎兴下秩47。

②《齐东野语》卷十五《曲壮闵本末》。

③《建炎以来系年要录》卷42。

④《三朝北盟会编》炎兴下秩47。

⑤《建炎以来系年要录》卷78。

⑥《建炎以来系年要录》卷78。

"加则美名",即给曲端一个空的谥号,名曰"壮愍"。

曲端虽然早已成为古人,但他给我们所留下的历史教训却是深刻的。

(原载《兰州大学学报》1981 年第 1 期)

宋夏横山之争述论

在研究北宋王朝经制西夏的历史时,人们往往只注意神宗的"熙河开边",及其继承者对青海东部的青唐(今西宁市)、邈川(今乐都县)、廓州(今尖扎北)、溪哥(今贵德县境)等地的攻取,往往忽视仁宗以来的赵宋统治者不断夺取横山,切断西夏右臂的图谋和军事行动,其实,对这两者的研究不应偏废。因为:第一,神宗时两者曾构成了北宋统治者经制西夏的总战略和总方针;第二,从其战略意义和历史作用看,后者实际上大于前者。本文不打算全面探讨这两个问题,仅对宋夏横山之争谈点看法。

一

宋夏争夺的横山,在陕西省北部(今陕西省的横山县,即以此山而命名)。横山"即古桥山,为横山主峰,高出地面一千二百尺,与宁条梁之草梁山相连,直接宁夏诸山,横亘千余里"①。桥山形势险要,境内分布着很多州军,宋人经常提到的横山,并非指整个桥山地区,而仅指桥山的北部地带。清人顾祖禹云:"桥山南连耀州,北抵盐州,东接延州,绵亘八百余里。盖邠、宁、环、延、绥、鄜、坊诸郡县,皆在桥山之麓。宋人所称横山之险,亦即桥山北垂矣。"②位于西夏境内的横山,其

---

①《民国横山县志》卷1,地理志。
②《读史方舆纪要》卷52,陕西一。

范围用宋将种谔的话去概括,大体上包括在银(今陕西米脂县西北八十里)、宥(今陕西靖边县境)、夏(今内蒙古自治区和陕西省交界处,俗称白城子,原属陕西横山县,现改属靖边县)三州之内。"今之兴功当自银州始。其次迁宥州,又其次修夏州。三郡鼎峙,则横山之地已囊括其中。"①宋夏以横山为界,称为"山界"。大体上"横山以北,尽为西夏所有"②,以南则为宋有。

横山之地对西夏极端重要,夏人赖以为生,宋人称其为西夏右臂。其所以极端重要,因为:第一,横山宜农宜牧,不仅出产良马,还是西夏重要粮食产地之一。元昊时西夏农业最发达的地区,当为兴州(今宁夏回族自治区银川市)、灵州(今宁夏灵武县西南)、凉州(今甘肃武威市)和肃州(今甘肃酒泉);其次为横山、绥德、葭芦、米脂一带。尤其是横山,境内山岳绵亘,河流错综,其著名的河流有无定河、大理河、吐延水、白马川等。沿河一些州县多受其利。"绥、银以大理、无定两河为灌溉。"③因为境内水利比较发达,粮食产量颇多,故西夏入侵宋朝的军队多就粮于此。"缘边与贼山界相接,人民繁庶,每来入寇,则科率粮糗,多出其间。"④第二,出产盐铁。横山东部地区的茶山,既产盐,又出铁,"乾顺恃茶山盐铁之利"⑤。其境内的葭芦山则出产铁矿。第三,横山羌兵,勇悍善战,为西夏诸军之冠。"(西夏)御边善战,尤倚山讹,山讹者横山羌也,平夏兵不及也。"⑥元昊曾靠这支劲旅,屡

①《宋史》卷 335,《种谔传》。
②马端临:《文献通考》卷 322,《舆地考》。
③《西夏书事》卷 9。
④《续资治通鉴长编》卷 132,庆历元年 5 月甲戌条。
⑤《西夏书事》卷 32。
⑥《西夏书事》卷 12。

败宋军。"夏国恃横山诸族以抗中国(宋朝)。"①第四,地形险要,易守难攻。西夏统治者利用这一带的险要地形,修筑了许多堡寨。如元昊时就曾于"汉界缘边山险之地三百余处修筑堡寨"②。此后,仍不断兴修。这些堡寨的修筑,其作用有二:一是大大巩固了西夏的边防,使横山蕃部"各有堡子守隘,"③以逸待劳,出邀宋军,使深入夏境的宋军往往无功而还。如康定元年(公元1040年)十月,宋将葛怀敏率军深入夏州,当宋军抵达洪州(今陕西靖边县南)时,由于据堡守险的横山蕃部,"出要官军后,怀敏等战不胜,再宿而退。"④一是阻塞了宋朝自天水至山西大同一带的通路。"夏人据横山,并河为寨,秦晋之路皆塞。"⑤宋将种谔在概述横山对西夏的重要性时写道:"横山延袤千里,多马宜稼,人物劲悍善战,且有盐铁之利,夏人恃以为生,其城垒皆控险,足以守御。"⑥

从战略的角度看,横山之地对于宋夏双方显得都很重要。对西夏来说,它直接关系到西夏能否立国,并日趋强大。西夏据有横山当自德明始。在这之前,西夏仅据有银、夏、绥、宥等州,因为没有占据横山,远居漠北,与宋以沙漠为界,在同宋对垒时,往往地处不利,自得横山之后,如虎添翼,凭险据守,聚兵就粮,从而化劣势为优势,变被动为主动。这种情况,正如宋将刘平所指出:"其后灵武失守,而赵德

---

①《太平宝训政事纪年》卷4,《仁宗皇帝》。宋不著人抄本,文海出版社有限公司印行。

②《续资治通鉴长编》卷132,庆历元年五月甲戌条。

③尹洙:《河南先生文集》卷20,《奏为已发赴环庆路计置行年次第乞朝廷特降指挥》。

④《西夏书事》卷14。

⑤《宋史》卷244,《孙觉传》。

⑥《宋史》卷335,《种谔传》。

明惧王师问罪,愿为藩臣,于时若止弃灵、夏、绥、银,与之限山为界,则无今日之患矣。而以灵、夏两州及山界蕃户并授德明,故蓄甲治兵,渐窥边隙,鄜、延、环、庆、泾、原、秦、陇所以不能弛备也。"①

对宋来说,失去横山,西夏人"居高以临我"②,使宋沿边一些州县诸如鄜、延、环、庆等均暴露在西夏人的眼皮底下,为了守住这些地方,不得不动用大量人力物力,去加强其前沿阵地。同时,宋军主动出击,也因失去横山,刚出宋界,便入水草、人烟俱无的荒凉沙漠之区,一旦兵饷粮运接济不上,只好不战自退了。哲宗元符年间,曾布在同章惇探讨横山的得失对宋夏双方在军事上的战略意义时指出:"若得横山、天都,亦非常不世之功也。朝廷出师常为西人所困者,以出界便入沙漠之地,七、八程乃至灵州,既无水草,又无人烟,未及见敌,我师已困矣。西人之来,虽已涉沙碛,乃在其境内,每于横山聚兵就粮,因以犯塞,稍入吾境,必有所获,此西人所以常获利。今天都、横山尽为我有,则遂以沙漠为界,彼无聚兵就粮之地,其欲犯塞难矣!"③曾布的这番议论,一语道破了横山为谁所有直接关系到宋夏边防的安危及其战争成败。

二

宋朝政府为了巩固西北边防,在军事上挫败西夏,早在宋神宗时便制定了完整的方略。这个方略的基本构想是,在一个较长的时期里用武力逐步夺取西夏的横山地区,切断其右臂,在夺取横山的同时,再用武力打败青海东部及甘南的吐蕃势力,夺取熙河湟鄯地区,砍断

①《宋史》卷 325,《刘平传》。
②《文献通考》卷 322,《舆地考》。
③《续资治通鉴长编》卷 500,哲宗元符元年七月甲子条。

西夏的左臂。即所谓"渐夺横山之地,又傍取熙河湟鄯以制之"①。这个战略方案规定了夺取横山为主,经制熙河湟鄯为辅。神宗以后的宋朝统治者,对西夏所采取的种种重大军事行动,虽然其每一次战役的打法各不相同,但从其整体的战略看,基本上仍是按照上述的战略构想去行动的。

宋朝政府用武力夺取横山虽然开始于英宗治平之际,但其最早谋划则出现于仁宗庆历年间。从仁宗庆历二年(公元1042年)首议开始,到徽宗宣和元年(公元1119年)最终夺取为止,首尾77年。清人张鉴在概述这近80年的横山之争的漫长历史过程时指出:"庆历间姚嗣宗首发收横山之议,范仲淹用之,既而元昊纳款。元丰间,种谔亦以为言,故兴灵州之师。及王师失利之后,李宪始献进筑之议,神宗厌兵不克行。童贯本出宪之门,欲成宪志。政和以来,合诸路兵出塞进筑,遂得横山之地。"②据此可知,宋夏横山之争大体上经历了姚、范首议,元丰兴师,李宪献进筑之策和童贯终取四个发展阶段。现将这四个阶段分述于后。

姚、范首议:李焘《续资治通鉴长编》记载为韩、范首议。最早见于该书记载的时间为仁宗庆历二年(公元1042年)。范仲淹云:"臣与韩琦日夜计议,选练兵将,渐复横山,以断贼臂,不数年间,可期平定。"③范、韩究竟怎样选练兵将,渐复横山呢? 这从韩、范庆历四年五月同仁宗的一段对话可以观其梗概:"枢密副使韩琦、参知政事范仲淹,并对于崇政殿,上四策曰:……臣等请于鄜延、环庆、泾原路各选将佐三人,使臣一二十人,步兵一万,骑兵三千以为三军,训以新定阵法,俟

---

①李心传:《建炎以来朝野杂记》乙集卷19,《西夏扣关》。
②《西夏纪事本末》卷31,《横山进筑》。
③《续资治通鉴长编》卷138,庆历二年十一月辛巳条。

其精勇,然后观贼之隙,使三军互掠于横山,降者纳质厚赏,各令安
土,拒者并兵急击,必破其族。假若鄜延一军先出,贼必大举来应,我
则退守边寨,或据险要,勿与之战,不越旬日,彼自困敝,势将溃归,则
我复出环庆之军,彼必再点兵而来,即又有泾原之师乘间而入,使贼
奔命不暇,部落携怨,我则兵势自振。如宥、绥二州,金汤、白豹、析章
等寨,皆可就而城之,其山界蕃部去元昊且远,救援不及,又我以坚城
守之,以精兵临之,彼既乐其土,复逼以威,必须归附,以图自安,三、
二年间,山界可以尽取,此春秋时吴用三师破楚之策。元昊若失横山
之势,可谓断其右臂矣!"①这是一个根据当时宋夏双方的军事态势,
总结历史上的作战经验而制定的夺取横山的比较完整的作战方案。
这个方案的特点有三:其一,选将练兵,观隙而动。即鄜延、环庆、泾原
三路精选将佐、步兵和骑兵,分别组成三支训练有素专门攻掠横山的
精兵,然后使三军互相配合,伺机出击;其二,剿抚兼施,就降其众。即
在向横山进兵的过程中,对于那些投降者,只要愿意纳质就给以优厚
的赏赐,仍令其于原处安居乐业,对于那些拒不投降者,就以武力征
服,毫不手软;其三,据险修寨,蚕食其地。即令三军出击时,伺机在敌
境修筑堡寨,一步步侵夺其要害之处,使其疆土日蹙,最后必然纳款
求和。

韩、范的这一谋取横山的方案,虽然因为元昊的纳款而未能实
现,但给后来几次夺取横山的方针以直接的影响。如神宗时宦者李宪
所上进筑之策,其基本构想,显然是以韩、范夺取横山方案中的据险
修寨、蚕食其地的打算为蓝本的。

元丰兴师:张鉴的所谓元丰兴师指的是神宗元丰四年(公元 1081

---

① 《续资治通鉴长编》卷149,庆历四年五月壬戌条。

年)所发生的著名的灵武之战。其实,元丰兴师确切地说应为熙、丰兴师,因为灵武之战以前的熙宁年间,就曾发生过一些旨在夺取横山的战斗。

绥州之役:英宗治平四年(公元 1067 年)冬,青涧城守将种谔派兵夜袭"欲以横山之众,取谅祚以降"①的西夏将领嵬名山的族帐,名山被迫投降,遂取绥州(今陕西绥德县)。②种谔用武力夺取绥州,不仅使宋朝政府耗费了大量的钱财,而且拉开了宋夏争夺横山的战幕。"(种谔)取绥州,费六十万,西方用兵,盖自此始矣。"③

啰兀之役:种谔取绥州,发生在西夏毅宗谅祚之时。谅祚死,子秉常立,派遣使者请以安远、塞门两砦易绥州,神宗不但不许,反而进一步派兵城绥州,改名绥德。神宗的这一举动,加重了宋夏之间的怨恨,啰兀之战就是在这样的历史背景下爆发的。

神宗熙宁四年(公元 1071 年)正月,宋以知青涧城种谔为鄜延钤辖,命诸将皆受种谔节制。种谔为了进一步夺取横山,率领军队深入横山要冲——啰兀地区,并在啰兀之北大败夏兵,并派兵两万筑啰兀城(位于无定河边,抚定故县北之滴水崖),"自是夏人日聚兵为报复计"④。夏人因此日思报复,反映了西夏统治者深感失去啰兀这个军事要塞的严重性。

种谔筑啰兀城的同时,又派兵进筑永川、尝逋岭二砦,另分遣都监赵璞、燕达等"筑抚宁故城,及分荒堆三泉、吐浑川、开光岭、葭芦川

---

①《宋史》卷 336,《司马光传》。
②《宋史》卷 485,《夏国传上》云:"冬,种谔取绥州,因发兵夜掩袭嵬名山帐,胁降之。"
③《宋史》卷 336,《司马光传》。
④《宋史》卷 15,《神宗本纪》。

四砦。"①同年二月,西夏发起反攻,攻顺宁砦,围抚宁,连败宋军,"于是新筑诸堡悉陷,将士千余人皆没"②,神宗下诏班师,弃啰兀城。

灵武之役:发生在元丰四年(公元 1081 年)的八月至十月间。啰兀之战后,知庆州俞充和鄜延总管种谔,鉴于夏国主秉常为其母梁氏所幽禁,"国人怨嗟"③"夏国无人"④的大好时机,分别上疏,请求兴师伐夏。

神宗早就想用兵灵武,于是以熙河经制李宪为统帅,命五路出师,分进合击。对五路将领及兵力作了如下的部署:由宦官李宪总领熙秦七军及吐蕃首领董毡领兵三万出熙河;宦官王中正率领河东兵六万出麟州(今陕西神木县北);种谔率领鄜延及畿内兵九万三千出绥德;外戚高遵裕率领步骑八万七千出环庆。

宋伐夏大军出发后,神宗下令"五路之师皆会灵州(今宁夏回族自治区灵武县西南)"⑤。但进军的结果,除刘昌祚与高遵裕两军先后到达灵州城下外,其余三路不是失期,就是误期。这样,在西夏实行"坚壁清野,……聚劲兵于灵、夏,而遣轻骑抄绝其馈运"⑥的情况下,宋军被迫狼狈溃退,无功而还。

灵武之役,宋朝之所以失败,其原因有三:一是由于神宗命将非人(统帅是宦官,率领环庆兵马的是外戚,率领河东兵马的仍是宦官),缺乏卓越的富有军事才能的统帅,进行统一的指挥;二是宋军未

①《宋史》卷 486,《夏国传下》。
②《宋史》卷 486,《夏国传下》。
③《宋史》卷 333,《俞充传》。
④《宋史》卷 335,《种谔传》。
⑤《宋史》卷 486,《夏国传下》。
⑥《宋史》卷 467,《李宪传》。

能协同作战，甚至互相猜忌（如外戚高遵裕嫉妒刘昌祚）；三是西夏采取了正确的防御战略，如纵敌深入，坚壁清野，断绝宋军粮道等等。

李宪献进筑之策及其影响：灵武之战结束后，李宪不甘心失败，继续上再举之策，并阐明深入夏境，进筑堡砦，其利有五。李宪的进筑之策，虽然因为当时"师老民困"①，"神宗厌兵，不克行"②，但对当时以及哲宗绍圣年间的对夏战争，无疑起了推波助澜以及指导战争的作用。

首先，在李宪再举进筑之策的影响下，继灵武之战以后，紧接着出现了永乐之役。

永乐之役：发生于元丰五年（公元 1082 年）五月，当时知延州沈括为了包围横山，使西夏不得绝沙漠为寇，建议筑乌古延城，种谔派遣其子种朴向神宗上疏，神宗表示赞同，派给事中徐禧、内侍押班李舜举往相其事，由李稷负责兵饷粮运，又令沈括率兵同往经办。徐禧至鄜延与沈括商议，改变主意，上疏请先城永乐。永乐接宥州（今陕西靖边县西），附横山，距故银州城二十五里，北倚山，南临无定河，三面皆绝崖而无水泉，种谔对此曾提出异议，认为城永乐非计，但徐禧不听，于八月间用了十四天的时间，率兵筑城，赐名"银川砦"。永乐城筑好之后，徐禧命曲珍率军八百人守之。徐禧、沈括、李舜举等皆还米脂。因为永乐地处险要，西夏发兵以死争之，"夏兵二十万屯泾原北，闻城永乐即来争"③。徐禧闻报，留沈括守米脂，自己同李舜举、李稷赴援，及至永乐，西夏倾国而来，徐禧以兵万人，列阵永乐城下，部将高永能请乘夏兵未阵之时出击，徐禧不听，夏人以铁骑渡无定河，有人

①《宋史》卷 467，《李宪传》。
②《太平宝训政事纪年》卷 4，《神宗皇帝》。
③《宋史》卷 334，《徐禧传》。

建议乘其"半济击之",①禧又不听。夏兵渡无定河,大败宋将曲珍,将永乐城重重包围,时天下大雨,夏人环城猛攻,永乐城被攻陷。

永乐之役,由于徐禧的妄谋轻敌和坐失战机而最后失败。这次战争,宋方损失惨重。"是役也,死者将校数百人,士卒、役夫二十余万",连统兵主帅徐禧也不能幸免。"(徐)禧、(李)舜举、运使李稷皆死于乱兵。"②

其次,哲宗即位之后,在李宪"进筑政策"的影响下,为了蚕食西夏领土,进一步夺取横山等地,自绍圣开始派兵出击西夏,每得一地必建州军关城和砦堡,并取得了一定的成效。"绍圣遂罢前议,督诸军乘势进讨,自(绍圣)三年秋,迄元符二年冬,凡陕西、河东建州一、军二、关三、城九、砦二十八、堡十。"③这说明自韩、范首议,至李宪进一步完善了的步步据险进筑、蚕食其地之策,实践证明它是削弱西夏、进一步夺取横山的良策。但宋在推行进筑之策的过程中并非一帆风顺,而是每前进一步都遭遇到西夏方面的顽强抗争。"乾顺每于进筑之始,必遣兵力争,至于三、四不能得方已。"④宋夏这种进筑与反进筑的斗争,贯穿于横山之争的整个历史过程。

童贯终取:徽宗即位之后,继续对西夏主动出击。他任命宦官童贯总统永兴、鄜延、环庆、秦凤、泾原、熙河六路边事,整个宋代西北边防大权掌握在童贯手中。童贯"少出李宪之门"⑤,自掌握西北边防大权之后,继续推行李宪进筑之策,上疏进筑横山,合诸路兵出塞进筑,

①《宋史》卷 486,《夏国传下》。
②《宋史》卷 486,《夏国传下》。
③《西夏书事》卷 33。
④《西夏书事》卷 32。
⑤《宋史》卷 468,《童贯传》。

一步步向横山推进,至宣和元年(公元1119年)四月,童贯以种师道、刘仲武等为将,率领鄜延、环庆之兵出肖关(今宁夏同心县城南),"取永和砦、割沓城、鸣沙会,大败夏人而还"①。由于这次战争宋军的大获全胜,最终夺取了横山地区,从而意味着宋夏横山之争的彻底结束。

三

宋夏横山之争虽然是我国古代多民族大家庭里两个兄弟民族建立的政权,各自为了自身边防的安危而展开的一场你死我活的搏斗,但就其性质而言,尚有正义与非正义之分。如果我们将它放在当时的历史范畴,用历史唯物主义的观点方法去进行考察,就会得出西夏是正义的,而宋是非正义的结论。

第一,横山之地虽原为宋有,但并不是西夏用武力从宋手中夺取的,而是宋真宗之时,连同灵、夏二州"并授德明"的(详前引)。因此,对宋来说,不存在用武力恢复失地的问题。

第二,从横山之争发展的历史进程去看,除了韩、范首议,制定夺取横山的方案(并未付诸行动),发生在仁宗时期之外,其余元丰兴师、李宪献进筑之策和童贯终取等三个阶段的所有重大军事举动,都发生在神宗至徽宗时期。"战争是政策的另一种手段的继续。"②仁宗时,由于元昊在西夏军事上占优势的情况下,悍然发动了一场旨在对宋进行掠夺的战争,宋朝军民被迫自卫还击,因此,这一时期的宋夏战争,宋是正义的,而西夏是非正义的。但宋夏战争发展到神宗、徽宗

---

①王称:《东都事略》卷128,《附录6 西夏二》。

②列宁:《战争与革命》,《列宁全集》第24卷,第369页,人民出版社1957年版。

之际,由于宋朝统治者执行了一条穷兵黩武、"杀人争地"①的错误政策,在西夏已经失去军事优势的情况下,经常主动挑起战争,因此,这一时期的宋夏战争的性质明显发生了转化,即由仁宗时期的自卫防御的正义战争,变为富有进攻性、掠夺性的非正义的战争。北宋的史学家苏辙在论述神宗以后宋夏战争性质发生重大转化时指出:"昔仁祖之世,元昊叛命,连年入寇,边臣失律,败亡相继;然而四方士民,裹粮奔命,惟恐在后,虽捐躯中野,不以为怨,兵民竞劝,边守卒固,而中国(宋朝)徐亦自定,无土崩之势。何者? 知曲在元昊,而用兵之祸,朝廷之所不得已也。顷自出师西讨,虽一胜一负,而计其所亡失,未若康定、宝元之多也,然而边人愤怒,天下咨嗟,土崩之忧,企足可待,何者?知曲在朝廷,非不得已之兵也。"②有比较才能有鉴别,苏辙的细致对比和综合分析,有力地揭示了神宗以后宋夏战争性质的根本变化及其原因。

第三,从宋夏人民对这场战争的态度看,其性质也很清楚。西夏人民鉴于宋朝统治者在进兵横山进筑堡砦的过程中执行了一条错误的民族歧视和民族屠杀的政策,"非尽我族类不止",因此,他们表现出顽强抗争,至死不屈,"是以并力致死,莫有服者"③;同时,北宋军民对这场战争也采取了不支持和不合作的态度。如元丰四年发生了著名的灵武之战,负责这场战争转运粮草的李稷,驱迫民伕运粮,"民苦折运,多散走,不能禁"④。即以逃亡拒运的方式表示他们对这场战争的抗议。同时, 那些亲身参加这场战争并从灵州前线溃退下来的士

---

①《续资治通鉴长编》卷405,元祐二年九月丙子条。

②《栾城集》卷38,《论兰州等地状》。

③《续资治通鉴长编》卷405,元祐二年九月丙子条。

④《续资治通鉴长编》卷319,元丰四年十一月甲申条。

兵，不仅怒不可遏地活埋了平时在他们头上作威作福的军官，"士卒乃敢攘夺公私之物，至剥取军官衣服，生埋揜之"，而且"自去巾帻辫发诈为蕃兵，追夺财物，军器什物，弃毁满野"①。即用实际行动表示强烈反对这场不义的战争。

第四，一些看问题比较客观的赵宋臣僚，并不否认宋朝出兵横山的非正义性。如司马光从为："灵夏之役，本由我起，新开数寨，皆是彼田。"②苏辙也认为神宗熙宁以来的对夏战争，"曲在朝廷"（详前引）等等。

四

宋夏横山之争的后果与影响，概括地说，有以下三点：其一，在一定程度上削弱了西夏，迫使夏崇宗乾顺求和罢兵。西夏在失去横山之前，因为其有所恃，往往凭借横山的有利地形及其精兵良马而"叛服不常"③，失去横山之后，因夏人失所恃，在"疆地日蹙，兵势亦衰"④的情况下，崇宗乾顺被迫遣使求和，"以辽国书致鄜延帅刘韐请纳款谢罪"⑤，徽宗也因"关陕困矣"，⑥以及拟与金人约夹攻辽，答应其求和。宣和元年（公元 1119 年）六月，夏人正式遣使纳款，徽宗下令六路罢兵。此后，宋夏之间，除了宣和三年发生过夏取宋西安州、怀德军的战争之外，在一个相当长的时间里保持着和平与友好关系。

---

① 《续资治通鉴长编》卷 321，元丰四年十二月癸亥条。
② 《温国文正司马公文集》卷 53，《论西人请地乞不拒绝札子》。
③ 《建炎以来朝野杂记》乙集卷 19，《西夏扣关》。
④ 《西夏书事》卷 12。
⑤ 《西夏书事》卷 12。
⑥ 《建炎以来朝野杂记》乙集卷 19，西夏扣关。

第二，进一步巩固了宋朝西北的边防。宋朝的西北边防，经过韩琦、范仲淹的苦心经营，早已得到了加强，至此，由于拿下横山，斩断了西夏右臂，不但减轻了来自西夏的军事压力，进一步巩固了陕西的前沿阵地，而且使河东路的岚州(今山西岚县北)、石州(今山西离石)一带，再不像过去那样经常因为西夏人的骚扰而成为边防第一线，相反，因为横山的失而复得，"由此岚、石遂为次边"①。

第三，宋夏沿边居民深受战争祸害。"自绍圣、崇宁节次进筑，夏南境地仅存五、六千里，居民皆散处沙漠山谷间，泾原又筑席苇平为靖夏城，形势更蹙，乾顺大举兵攻之，时久无雪，先使数万骑绕城，践尘涨天，潜穿濠为地道入城，城陷尽屠之，以报仁多泉之役。"②这是对蕃汉居民在宋哲宗、徽宗深入夏境进筑堡寨期间，以及夏崇宗乾顺为了报复而屠城时所受战争灾难的生动写照。至于横山一带的老百姓，因为长期受到战争的破坏，致使耕地荒芜，缺衣少食，在死亡线上挣扎，"横山一带，又为宋沿边诸将攻讨，皆弃而不敢耕，穷守沙漠，衣食并竭，老幼穷困，不能自存"③。说明横山一带老百姓所受战争祸害，尤甚于他处。

(原载《民族研究》1987 年第 6 期)

---

① 《元一统志》卷 4，《陕西等处行中书省》。
② 《西夏书事》卷 33。
③ 《西夏纪》卷 17。

试论北宋仁宗年间宋夏陕西之战的几个问题

　　所谓北宋仁宗年间的宋夏陕西之战,指的是公元1040年(宋康定元年,夏天授礼法延祚三年)一月的三川口(今陕西安塞县东,即延川、宜川、洛川三条河流汇合处)之战、1041年(宋庆历元年,夏天授礼法延祚四年)二月的好水川(今宁夏隆德县北)之战和1042年(宋庆历二年,夏天授礼法延祚五年)闰九月的定川寨(今宁夏固原县西北)之战。三次战争均以宋朝的惨败而告终。

　　关于宋夏陕西之战的经过,吴天墀先生《西夏史稿》以及有关专著,作了比较详细的论述。本文仅对这次战争的起因、夏胜宋败的原因、西夏为什么不乘胜进兵关中却热衷于纳款求和以及这次战争的后果和影响等问题加以论述。

一

　　蔡美彪先生主编的《中国通史》第六册《西夏专章》在分析宋夏陕西之战的起因时说,"新建的夏国,处在宋、辽之间,这又不能不和宋、辽发生冲突"。这种分析过于简略,我们无法从中看出这次战争的必然性。实际上,元昊之所以发动对宋战争,并非偶然,而是既有内因,又有外因。

　　从西夏方面去看,有以下四点:首先,由于党项贵族的贪欲所引起。元昊立国前后,随着党项社会经济的发展,人口的增加,新兴的农牧地主阶级为了满足他们对财富日益增长的贪欲,扩大其已经感觉不够的领土,需要发动一场旨在掠夺扩张的战争,这从元昊劝其父德明"勿事中朝"、背宋自立的一段对话中可以看出:"所得俸赐,只以自归,部落实繁;穷困颇甚,苟兹失众,何以守邦,不若习练干戈,杜绝朝贡,小则恣行讨掠,大则侵夺封疆,上下俱丰,于我何恤。"①真是一针见血地道出了他发动这场战争的经济原因。

第二,在"国中数有叛者"②的情况下,为了转移统治地域内人民的视线,消灭异己,提高国威,巩固新生的封建政权,用武力迫使宋朝承认,也需要同宋决一雌雄。至于宋仁宗对待元昊的错误做法,则直接加深了宋夏关系的紧张和恶化。公元 1038 年(宋宝元元年,夏天授礼法延祚元年)10 月,元昊正式称帝建国,第二年正月,向宋上了一道表章,请求宋仁宗"许以西郊之地,册为南面之君",以便继续保持友好关系,割据一方,称臣纳贡。"敢竭愚庸,常敦欢好。鱼来雁往,任传邻国之音;地久天长,永镇边方之患。"③但仁宗不但不予承认,相反却采取了粗暴敌视的态度,"诏削夺官爵、互市,揭榜于边,募人能擒元昊若斩首献者,即为定难军节度使"④。这种做法,不但无补于解决日益紧张的宋夏关系,反而激化了矛盾,成为元昊发动战争的借口和导火线。

第三,具备了发动战争的物质条件。一方面,西夏自德明以来,社会经济得到了较大的发展,尤其是农业,出现了"塞垣之下,逾三十年,有耕无战,禾黍云合"⑤的丰盛景象。另一方面,西夏通过同宋贸

①《续资治通鉴长编》卷 124,宝元二年九月条。
②王称:《东都事略》卷 129,《西夏一》。
③《宋史》卷 485,《夏国传上》。
④《宋史》卷 485,《夏国传上》。
⑤《续资治通鉴长编》卷 130,庆历元年正月条。

易,积累了大量财富。"从德明纳款后,来使蕃汉之人,入京师贾贩,憧憧道路,百货所归,获中国(指宋朝)之利,充于窟穴,贼因其事力,乃兴兵作乱。"①范仲淹的这段话说明了德明以来通过贸易所积聚的财物,为元昊发动战争做好了物质上的准备。

第四,张元、吴昊的图谋和策动,对于这次战争的爆发起了火上添油的作用。张元、吴昊,陕西华阴县人,举人出身,因累考进士不中,为"县令所辱",不为宋朝所重用,于是怀着满腔"积忿",投奔西夏,成为元昊对宋战争的阴谋策动者②。"(张元、吴昊)以刘元海、苻坚、元魏故事,日夜游说元昊,使其侵取汉地,而以汉族人守之。"③在张、吴的策动下,宋夏交兵连年不断。"朝廷困西兵十二年,皆二人之力"④。

从宋朝方面的情况去看,宋自真宗之后,积贫积弱之势即已形成,到了仁宗、英宗之际,更是"因循姑息"⑤,"群盗蜂起"⑥,内外交困,国防空虚。"上下安于无事,武备废而不修,庙堂无谋臣,边鄙无勇将,将愚不识干戈,兵骄不知战阵,器械腐朽,城郭隳颓。"⑦表面看去,宋朝是个庞然大物,实际上外强中干,不堪一击。

二

战争是力量的竞赛。论国力,宋地大物博,人口众多,西夏为小国

①《续资治通鉴长编》卷139,庆历三年正月条。
②李蔚:《张元、吴昊事迹考略》,《西北史地》1980年第2期。
③《续资治通鉴长编》卷149,庆历四年五月壬戌条。
④张端义:《贵耳集》卷中。
⑤《宋史》卷302,《鱼周询传》。
⑥《宋史》卷320,《余靖传》。
⑦赵汝愚:《诸臣奏议》卷135《边防门·辽夏七》,欧阳修《上英宗论河西可攻四事》。

寡民;论兵力,宋仁宗时有军队125万,而西夏仅有50余万。无论从版图、人力、物力以及军队数量看,宋朝都占有压倒的优势。但战争的结果却是夏胜宋败,这是什么原因呢?

元昊在发动这场战争时,西夏刚刚建立,处于封建社会的上升阶段,统治者充满着革新和务实精神。他们"更祖宗之成规,藐中朝之建制"①,根据西夏实情,参照宋朝及吐蕃的制度,立官制,定军制,设立蕃学,建立蕃学院和汉学院,整理和颁行西夏文字。在这些改革中,尤其是在军事上实行诸如扩大军队来源(除了由党项人组成的军队外,还增加了由汉族人组成的"撞令郎"),增加兵种(计有"擒生军""卫戍军""侍卫军""铁鹞军"等),在全国设立十二监军司,健全军队指挥机构等措施,从而加强了西夏军队的实力和素质,并集军权于中央,较好地发挥了自上而下的指挥功能,"少长服习,盖如臂之使指"②,使西夏在军事上拥有明显的优势。

宋朝则与此相反。"中夏之弱,自古未有。"③举国上下,"人情玩习而多务因循"④,"天下空虚,全无武备,……国家纲纪隳颓,政令宽弛,赏罚不立,善恶不分,体弱势危,可忧可惧"⑤。如果单纯从军事的角度去看,宋朝军队的数量虽多,但在质量上不如西夏,明显处于劣势。宋臣丁度在对比宋夏军队的质量时指出:"羌戎上下山阪,出入溪涧,中国之马不如也。隘险倾侧,且驰且射,中国之技不如也。风雨疲劳,饥

---

①吴广成:《西夏书事》卷18,《论赞》。

②《续资治通鉴长编》卷132,庆历元年五月甲戌条。

③《续资治通鉴长编》卷131,庆历元年二月丙戌条。

④《续资治通鉴长编》123,宝元二年三月壬寅条。

⑤《续资治通鉴长编》142,庆历三年七月辛亥条。

渴不困,中国之人不如也。"①这种三不如的结论,尽管很不全面,但仍不失为平允和中肯的。

战前进行充分的准备工作,是西夏赢得陕西之战胜利的有力保证。元昊在战前所做主要准备工作有以下六个方面:

彻底摧毁河西地区的割据势力,以便全力同宋对垒。当时河西的敦煌、安西、酒泉一带,为回鹘所盘踞。公元 1034 年(宋景祐元年,夏广运二年),元昊出兵击败回鹘,"遂取瓜、沙、肃三州"②,完成了河西的统一。这对于进一步同宋决一雌雄,有着极为重要的战略意义,"从此用兵中原无后顾忧矣"③。

在这同时,为了防止割据于今青海东部甘肃南部的吐蕃唃厮啰"制其后",便出兵攻打兰州诸羌,向南攻占马衔山等地,筑城留兵镇守,以便"(断)绝吐蕃与中国(按:指宋)相通之路"④。

于宋夏沿边山险之地,大修堡寨,"欲以收集老幼,并驱壮健,为入寇之谋"⑤。

派遣使者深入宋地,名义上是到山西五台山供佛,实际是"欲窥河东道路"⑥,即打探由宋河东路入侵的路线。

为了孤立宋朝,争取宋境内的党项羌背宋助己,里应外合,暗中进行策反工作。"初,元昊反,阴诱属羌为助,而环庆酋长六百余人,终

①《续资治通鉴长编》127,康定元年六月辛亥条。
②《宋史》卷 485,《夏国传上》。
③《西夏书事》卷 12。
④《续资治通鉴长编》卷 119,景祐三年十二月辛未条。
⑤《续资治通鉴长编》卷 132,庆历元年五月甲戌条。
⑥《宋史》卷 485,《夏国传上》。

为向导。"①这说明元昊的策反在一些地区获得了成功。

及时召开党项部落酋长会议,讨论入寇宋朝方略,同他们歃血盟誓,"(相)约先攻鄜延,欲自德靖、塞门寨、赤城路三道并入"②。对于那些持反对态度者严惩不贷,"诸酋有谏者辄杀之"③。

以上是元昊在陕西之战以前所做的准备工作,这同宋朝处于"我无边备"④的被动挨打状态,恰好成了鲜明的对照。

而元昊卓越的军事指挥才能和宋方的种种失误,则是西夏获得陕西之战胜利的最根本原因。正如毛泽东同志指出的,"战争的胜负,主要地决定于作战双方的军事、政治、经济、自然诸条件,这是没有问题的。然而不仅仅如此,还决定于作战双方主观指导的能力"⑤。

西夏方面指导这场战争的最高统帅是"性雄毅,多大略"⑥的景宗元昊。他自幼熟读兵书,心娴韬略,年轻时即带兵打仗,长期的战争环境将他锻炼成为西夏历史上最杰出的军事指挥者。他有一套适合西夏国情克敌制胜的用兵之法。宋人将其概括为"包藏变谲,图全择利"⑦,"先谋而后战,啬财用,爱惜人命"⑧。他的这一套完全为此后的西夏统兵者所遵循。"大抵夏人用兵,皆本元昊之法。"⑨

---

①《宋史》卷314,《范仲淹传》。
②《宋史》卷314,《范仲淹传》。
③《西夏书事》卷12。
④《续资治通鉴长编》卷132,庆历元年五月甲戌条。
⑤《毛泽东选集》第1卷,第166页。
⑥《宋史》卷485,《夏国传上》。
⑦《长编》卷132,庆历元年五月甲戌条。
⑧赵汝愚:《诸臣奏议》卷140《边防门》,张舜民《论进筑非便》。
⑨赵汝愚:《诸臣奏议》卷140《边防门》,张舜民《论进筑非便》。

元昊卓越的军事指挥才能，首先表现在同宋对垒的总的战略方针上。欧阳修云："元昊假借名号以威其众，先击寨堡之易取者一二，然后训养精锐，为长久之谋，故其来也，虽胜而不前，不败而自退，所以诱吾而劳之也。或声言击吾东而击西，或声言击吾西而击东，乍出乍入，所以使吾兵分备多而不得减息也。吾欲速战，彼则持重以养锐，坐以待战，彼则敛避而不来，直待中国已困，民力已疲，又或中有水旱之灾，调敛不胜，盗贼四起，彼乃奋其全力尽锐深入，观其始告称帝，迄上嫚书，逾年不出，一出则锋不可当，执劫蕃官，擒获将帅，多礼不杀，此其阴谋所蓄，岂伊朝夕之故哉！"① 可见，元昊对宋战争确有一套灵活多变和比较完整的方略。

其次，突出地表现在对陕西之战的正确指导上。根据宋人的记载，主要体现在以下几个方面：

一曰时出偏师，先发制人。元昊根据当时宋朝"东起麟府，西尽秦陇，地长二千余里"②的西北边防线长的特点，时出偏师以困扰之，迫使宋朝分兵处处设防，防不胜防。司马光把元昊的这种战术叫作"先发制人之术"，并认定这种战术是从周世宗那里学来的。在司马光看来，元昊所以常常获胜，就是因为他用该战术使宋由逸变劳，西夏则化劳为逸，把握了战争的主动权。"夫兵分备寡，兵家之大害也，其害常在我，以逸待劳，兵家之大利也，其利常在彼，所以往年贼常得志。"③

二曰举动有次，先易后难。如金明寨离西夏最近，其守将李士彬骄傲轻敌，故用诈降之计，里应外合以取之。接着，见丰州（今内蒙古

---

① 《西夏书事》卷14。
② 《续资治通鉴长编》卷204"治平二年正月癸酉"条。
③ 《续资治通鉴长编》卷204"治平二年正月癸酉"条。

河套东部)形势孤立,援兵难集,远水救不了近火,于是出兵攻取。后来又发觉泾原路将帅庸懦无能,于是亲率大军深入宋地,接连获胜。正如集贤校理余靖所指出的,"臣观贼昊虽曰小羌,其实黠虏。其所举动,咸有次序。必先剪我枝附,坏我藩篱,先攻易取之处,以成常胜之势……此乃贼知先后之计也"①。

三曰择有利地形以深入,据胜地以诱宋师。元昊三次亲率大兵深入宋地,一不从秦凤路,二不从环庆路,三不从鄜延路,唯独选择泾原路,这是什么原因呢?除了泾原守将比较庸懦之外,最主要的是因为这儿的地形对西夏骑兵有利。"鄜延、环庆路,其地皆险固而易以守,唯泾原自汉唐以来为冲要之地。自镇戎军至渭州沿泾河大川直抵泾邠,略无险阻,虽有城寨据平地,贼径交属,难以捍防。"②且当地要冲,一经突入,影响很大。选择这样的有利地形,其战略意义是不言而喻的。

在选择有利地形深入宋地之后,再择胜地设伏以诱宋军,则是决定陕西之战命运的关键。"延州、镇戎军、渭州山外三败之由,皆为贼先据胜地,诱致我师,将佐不能守险击归,而多倍道趋利。方其疲顿,乃与生兵合战,贼始纵铁鹞子冲突,继以步奚挽强注射,锋不可当,遂致掩覆,此主帅不思应变以惩前失之咎也。"③

四曰集中优势兵力,一举歼灭宋军。就宋在陕西布防所投入的兵力看,正规军加杂牌军最多时高达40余万,而西夏每次深入宋境的军队最多不过10万人,相形之下,宋军在数量上占了压倒的优势。但由于宋军战线太长,兵力分散,很难在短时期集中,而西夏往往并兵

---

①《续资治通鉴长编》卷138"庆历二年十一月辛巳"条。
②《宋史》卷292,《王尧臣传》。
③《续资治通鉴长编》132,庆历元年七月癸丑条。

一路而来,速战速决,相形之下,每次战役西夏军队的数量往往占有绝对的优势。如著名的好水川之战,西夏出动了10万军队,而宋只集中了不到2万人,"贼未亡只矢而诸将已复军"①。三川口之战和定川寨之战,西夏军队同样占了压倒的优势。在"彼常以十战一,我常以一战十"②的众寡悬殊、强弱势异的情况下,再加上宋军的指挥失误,夏胜宋败的结局是不言而喻的。

五曰刺探宋朝情报,作为制定对宋作战的方略和正确指导战争的依据。元昊早就重视对宋朝各种情报的搜集,尤其注重派遣间谍刺探宋朝军情。"自古用兵,未有不由间谍而能破敌者也。昊贼所用谍者,皆厚其赏赂,极其尊宠,故窥我机宜,动必得实。"③"故我道路之出入,山川之险夷,邦政之臧否,国用之虚实,莫不周知而熟察。"④它们对于元昊制定正确指导陕西之战的战略战术,无疑起了极为重要的作用。

相反,宋朝的失误和弊病较多,主要有四:

一曰命将非人。负责指挥陕西之战的宋方最高司令官如范雍、夏竦、韩琦、范仲淹等,都有一个共同的弱点,即"以儒臣委西路,不能身当行阵,为士卒先"⑤。其中尤其是范雍、夏竦,很不称职。"范雍在延州,屡使王文思辈先肆侵掠,规贪小利,贼遂激怒其众,执以为辞。"⑥范雍的贪功生事,为元昊的入侵宋朝找到了借口,真是成事不足、败

①《续资治通鉴长编》卷132,庆历元年五月乙亥条。
②《续资治通鉴长编》卷132,庆历元年五月乙亥条。
③《续资治通鉴长编》卷132,庆历元年五月甲戌条。
④《续资治通鉴长编》卷124,宝元二年九月条。
⑤《续资治通鉴长编》卷132,庆历元年五月甲戌条。
⑥《续资治通鉴长编》卷132,庆历元年五月甲戌条。

事有余的庸碌之徒。而继范雍之后的夏竦,除了庸懦寡谋之外,还加上了好色和享乐。"竦在陕西,畏懦苟且,不肯尽力,每论军事,但列众人之言,……常出巡边,置侍婢中军帐下,几至军变。"①

最高司令官庸懦如此,其下将校偏裨又怎样呢? 他们虽然多出身戎伍,但同样是一些庸碌无能、"暗懦险贪"②之辈。如参加三川口之战的宋将刘平"勇而无谋"③;负责好水川之战的宋方大将任福,"论其才力,只一卒之用"④;具体指挥定川寨之战的宋将葛怀敏,更是"以善承迎得虚誉"⑤,"猾懦不知兵"⑥。由于宋廷所任命的陕西边将大多"空疏阘茸"之徒,"故大举即大败,小战辄小奔"⑦。

二曰兵不习将,将不专兵。北宋初年,赵宋统治者为了收夺方镇兵权,曾采用种种措施,故意使兵不习将,将不专兵,士兵与将领没有固定的隶属关系。这种办法固然达到了集权中央的目的,但也带来了将军统兵打仗经常失败的严重后果,也是导致这次战争失败的重要原因。"(陕西)沿边总管钤辖下指挥使臣甚众,每御敌皆临时分领兵马,而不经训练服习,将未知士之勇怯,士未服将之威惠,以是数至败衄!"⑧

三曰兵分势弱,互不应援。由于陕西边防战线太长,需要扼守要冲的地方很多,因而兵分势弱,被动挨打。韩琦、范仲淹在论述这一弊

<hr>

①《续资治通鉴长编》卷 140,庆历三年三月乙巳条。
②《续资治通鉴长编》卷 145,庆历三年十二月戊申条。
③《续资治通鉴长编》卷 133,庆历元年八月戊午条。
④《续资治通鉴长编》卷 132,庆历元年五月甲戌条。
⑤《续资治通鉴长编》卷 138,庆历二年十一月丁酉条。
⑥《续资治通鉴长编》卷 131,庆历元年二月癸卯条。
⑦《续资治通鉴长编》卷 163,庆历八年二月甲寅条。
⑧韩琦:《安阳集》甲集,《家传》卷 2。

病导致战争失败时指出："窃计陕西四路之兵,几三十万,非不多也。然分守城寨,故每路战兵,大率不过二万余人,坐食刍粮,不敢轻动。盖不知贼人果犯何路,其备常如寇至。彼则不然,种落散居,衣食自给,或忽而点集,并攻一路,故其众动号十余万。以我分守之兵,拒彼专举之势,众寡不敌,遂及于败。"①他们的精辟分析,可谓抓住了问题症结的经验之谈。

不但如此,即使已经集中在一处的军队,大敌当前,其带兵将领也往往互不为援,从而导致战争的失败。它从一个侧面反映了宋朝军政的腐朽。

四曰不察彼己,如坠云雾。即在宋夏的间谍战中,宋朝间谍由于无厚赏,所得情报,多不真实。因此,指挥作战的将领对西夏真实情况一无所知,或者知之甚少,耳目闭塞,几乎成了盲人瞎马,如坠云雾之中。三川口、好水川、定川寨之战,宋军之所以贪功冒进,除了别的原因以外,同将领对元昊设伏以待的情况一无所知,不无关系。

以上仅就宋夏双方指导陕西之战的得失利弊去分析夏胜宋败的原因。此外,如果我们再从每一次战役去做更进一步的细致分析,就能找出更为具体的原因。如公元 1142 年闰九月的定川寨之战,从宋方去看至少有如下指挥上的失误："定川之败,其失有四:不住瓦亭,奔五谷口,一失也。离开远堡北,不入镇戎军,由西南直移养马城,二失也。自养马城越长城壕赴定川,三失也。定川见贼不能尽死,四失也。"②四失之所以产生,固然与统兵将领葛怀敏的"贪功轻进"有关,但更主要的是由于他暗于知兵所造成。

---

①《续资治通鉴长编》卷 149,庆历四年五月壬戌条。
②《续资治通鉴长编》卷 138,庆历二年十二月庚子条。

三

公元 1042 年闰九月,元昊在宋夏陕西之战中的最后一仗——定川之役,刚刚告一段落,即以胜利者的姿态,"令张元作露布,有朕今亲临渭水,直据长安之语"[1],意思是他将要乘胜进兵关中。但元昊的这番话,仅仅是虚张声势,纸上谈兵,并未付诸行动,相反,他却热衷于同宋朝谈判,求和纳款。

究竟为什么元昊要这样做呢?明末清初著名的思想家、史学家王夫之认为:"昊之不能东取环延,南收秦陇以席卷关中者,幸其无刘渊、石勒之才也。"[2]这显然是不妥当的。实际上,那是因为他的行动受到下列各种因素的制约。

从西夏方面看,首先,人民不允许元昊将这场不义的战争继续打下去。如前所述,元昊发动这场战争的目的之一,是为了大量掠夺财富,以满足西夏皇室和党项贵族的贪欲。但战争的结果,"所获不偿所费"[3],不但没有达到预期的目的,反而加重了老百姓的负担。沉重的兵役和徭役将老百姓压得喘不过气来,加上宋朝对西夏实行经济制裁,关闭边境榷场,停止和市贸易,使西夏人民"饮无茶,衣帛贵","一绢之值,为钱二千五百"[4]。老百姓深感今不如昔,"国中为'十不如'之

---

[1]《西夏书事》卷 16。
[2] 王夫之:《宋论》卷 41,《仁宗》。
[3]《续资治通鉴长编》卷 154,庆历五年正月丙子条。
[4]《续资治通鉴长编》卷 138,庆历二年十二月条。

谣以怨之"①。在"上下困乏"②，元昊"知众之疲，闻下之怨"③的情况下，他是不会一意孤行，继续贸然向关中进军的。

其次，西夏上层统治集团发生裂痕，矛盾重重，也不允许元昊继续打下去。元昊在立国之初，为了获得党项贵族的支持，在对宋战争的一些决策问题上，往往召集部落首领召开军事会议，征求他们的意见，这是对原始社会末期那种军事民主主义制度的保留，是与当时的封建中央制度相互矛盾的。随着元昊独断专行的加强，必然要破坏这种军事民主主义，从而使元昊同党项部落首领之间矛盾激化和加深。为了发展中央集权，解决这一矛盾，元昊"峻诛杀"，严厉打击反对派，"左右用事之臣有疑必诛"④。这种做法，固然可以大权独揽，集权中央，但当"诸部大人且尽"⑤，尤其是他军事上的两位得力助手——野利旺荣、野利遇乞被诛之后，元昊也就陷入了势单力孤的困境，再也无力进兵关中，只好罢兵求和了。

从宋朝方面看，陕西边防的加强，也有力地制止了元昊进一步的军事冒险。首先表现在军事实力的增加。"（元昊）所以复守巢穴者，盖鄜延路屯兵六万八千，环庆路五万，泾原路七万，秦凤路二万七千，有以牵制其势故也。"⑥四路驻扎的中央禁军就有近 20 万，再加上地方的弓箭手和蕃兵等，至少有 30 余万，其对元昊的牵制作用，略可想见。其次，从根本上改变了过去指挥战争的将领多庸懦之人的状况。

---

① 《宋史》卷 485，《夏国传上》。
② 《续资治通鉴长编》卷 154，庆历五年正月丙子条。
③ 《续资治通鉴长编》卷 136，庆历三年正月乙卯条。
④ 《西夏书事》卷 17。
⑤ 司马光：《涑水纪闻》卷 12。
⑥ 《续资治通鉴长编》卷 137，庆历二年十月癸巳条。

通过前一阶段陕西三大战役的实际锻炼，涌现出了一批新的军事指挥人才。"朝廷用韩琦、范仲淹等，付以西事，极力经营，而勇士锐将亦因战阵稍稍而出，数年之间，人谋渐得，武备渐修，似可以枝梧（抵抗）矣。"①第三，增强了陕西边防的经济力量。通过招募弓箭手、屯田养兵，且耕且战，有事出征，无事务农，闲暇操练，既增强了军队的战斗力，又部分解决了陕西驻军的兵饷粮运问题，真是一举两得。欧阳修在论述陕西屯田的作用时指出："宝元、庆历中，赵元昊反，屯兵40余万，招刺宣毅、保捷25万人，皆不得其用，卒无成功。范仲淹、刘沪、种世衡等专务整辑番汉熟户弓箭手，所以封殖其家、砥砺其人者非一道。藩篱既成，贼来无所得，故元昊服臣。"②说明宋在陕西的屯田，无形中筑起了一道人工的藩篱和屏障，对阻止元昊的进兵关中，迫使他求和纳款，起了极为重要的作用。

从西夏同其邻国——吐蕃的关系看，据有今青海省东部和甘南一带的唃厮啰政权，虽父子分裂，各据一块地盘，势力已经衰颓，但仍与宋结成联盟，对西夏采取敌视的态度。它对元昊的进兵关中起了直接的牵制作用。"自元昊梗命，终不敢深入关中者，以唃厮啰等族不附，虑为后患也。"③

从西夏的盟邦——辽国看，当时辽夏关系已经恶化，辽不再支持西夏继续对宋战争。恶化的主要原因是在宋夏战争期间，辽乘机向宋提出割让晋阳（今山西太原市）和瓦桥关（今河北雄县）以南10县之地。宋朝虽然没有割让土地，但答应每年增加银10万两，绢10万匹。辽得到这一经济利益后，反过来劝谕西夏停止对宋战争，这就激怒了

---

① 《续资治通鉴长编》卷204，治平二年正月癸酉条。
② 马端临：《文献通考》卷15，《兵考》。
③ 《宋史》卷295，《孙甫传》。

元昊,引起两国关系的恶化。在辽夏关系业已恶化,夏失去政治声援的情况下,如果一意孤行,继续对宋战争,那将要冒很大的风险的。

除此之外,还有一点应当指出:根据当时的历史条件,如果我们将统治阶级经常采用的两手——战争与和平,加以比较,看哪一手对元昊有利的话,那么十分明显,继续战争,危害很大,其后果不堪设想;同宋谈判,签订和约,"所获者大利,所屈者虚称"①。因为通过和约,西夏将能从宋朝那里获得诸如金、银、绢帛以及榷场、和市贸易等经济利益。同时,因为有一个相对的和平环境,有利于恢复战争创伤,老百姓休养生息,有利于濒临崩溃的社会经济得以复苏和发展。

四

陕西之战给宋夏两方都带来了严重的后果和影响。由于宋夏三次大战均发生在宋朝的陕西境内,在战争中西夏统治者又实行屠掠的政策,因此,相形之下,西夏所受影响较小,而宋朝所受影响最大,后果也最严重。

这次战争对宋朝究竟有哪些影响和带来了哪些后果呢?

首先,它加重了宋朝全国老百姓的负担。"及元昊背恩,国家发兵调赋以供边役……东自海岱,南逾江淮,占籍之民,无不萧然,苦于科敛。自其始叛,以至纳款,才五年耳,天下困弊,至今未复。"②其中尤以关陕和四川人民负担最重。"自关陕兵兴以来,修完城垒,馈运刍粟,科配百端,悉出州郡。"③四川人民除了层出不穷的科敛外,还有和买

---

①《续资治通鉴长编》卷149,庆历四年五月壬戌条。
②《温国文正公集》卷38,《横山疏》。
③《续资治通鉴长编》卷140,庆历三年四月壬戌条。

绢等额外负担。"两川和买绢给陕西,而蜀人苦于烦敛。"①

其次,陕西人民蒙受屠杀和焚掠等空前的战争灾难。"自元昊陷金明、承平、塞门、安远、栲栳寨,破五龙川,边民焚掠殆尽! "②沿边"熟户屡经杀掠,亡失太半"③。没有遭遇到屠杀的也往往迁徙他处,致使陕西人口锐减。

第三,宋朝国库空虚,公私匮竭。随着西夏入侵宋朝规模的扩大,陕西驻军的增多,需要大量的钱帛粮草。"宝元元年未用兵,陕西钱帛粮草入一千九百七十八万,出一千一百五十一万,用兵后入三千三百六十三万,出三千三百六十三万有奇,盖视河东北剧,以兵屯陕西特多故也。"④如此众多的钱帛粮草,除了部分由陕西本地供给外,大部分要由中央和其他地区调拨。由于数量太大,供不应求,国家所积聚的财物有限,结果必然要造成国库空虚,民穷财尽,国家元气大伤。

第四,加深了宋朝阶级矛盾的激化。阶级矛盾与民族矛盾的发展,从来互为条件,互相制约。由于宋夏陕西之战加重了老百姓的负担,使宋朝本来就很尖锐的阶级矛盾更加激化。宋臣富弼在将陕西之战前后农民起义的概况作一对比时指出:"臣伏思西贼未叛以前,诸处虽有盗贼,未尝有敢杀戮官吏者。自四五年来,贼入州城打劫者,约三四十州。向来入城,尚皆暮夜窃发,今则白昼公行,擅开府库,其势日盛。……今张海、郭邈山等数人,惊扰州县,杀伤吏民,恣凶残之威,泄愤怒之气。"⑤在张海、郭邈山等农民起义的影响下,西京诸州的农

①《宋史》卷304,《曹颖叔传》。
②《宋史》卷311,《庞籍传》
③《温国文正公集》卷38,《横山疏》。
④《文献通考》卷24,《国用考》。
⑤《续资治通鉴长编》卷143,庆历三年九月丁丑条。

民起义也相继发生,"襄、邓、唐、汝、光、随、均、房、金、商、安、郢等十余州,尽见盗贼",一时农民起义"遍满天下之渐"①,大有星星之火、即将燎原之势。

总之,宋夏陕西之战,加大了宋朝的积贫积弱之势,加深了阶级矛盾。仁宗年间的"庆历新政"(庆历三年十月至庆历四年五月)之所以产生于宋夏陕西三大战役刚刚结束,并非偶然。它与新政的主持者范仲淹、韩琦等曾经领导过陕西之战,亲睹赵宋王朝由于长期因循守旧、不思更张而形成的种种积弊和弊端,在这次战争中暴露无遗,不无关系。

宋夏陕西之战,对西夏来说,虽然达到了掠夺邻国财富,消灭异己(如山遇惟亮等因反对入侵宋朝而被元昊用乱箭射死等),迫使宋朝承认他所建立的西夏政权的目的,但总的来看,仍然是得不偿失。这场战争不但加重了西夏老百姓的负担,破坏了他们的正常生活,更重要的是严重影响了西夏社会经济的发展。"屡有点集,人多失业"②,"黄鼠食稼,干旱"③,反映了战争破坏了农业的正常生产。"用兵以来,牛羊悉已卖契丹",④反映了战争严重影响了西夏的畜牧业。榷场关闭,"互市不通"⑤,反映了战争中断了宋夏手工业产品的交换和商业贸易。这些,同德明时期社会经济的发展,成了鲜明的对照,德明加速了西夏社会经济的发展,而元昊则延缓了西夏社会经济发展的历史进程。

(原载《宁夏社会科学》1987年第4期)

---

①《续资治通鉴长编》卷143,庆历三年九月丁丑条。

②《续资治通鉴长编》卷135,庆历二年二月辛巳条。

③《续资治通鉴长编》卷138,庆历二年十二月条。

④《续资治通鉴长编》卷138,庆历二年十二月条。

⑤《续资治通鉴长编》卷138,庆历二年十二月条。

试论宋代西北屯田的几个问题

宋代为了防止辽、西夏的入侵,先后于河北、河东、陕西等三路进行屯田和营田。"本朝自淳化以来,始用何承矩措置北边屯田,开塘泺之利以限北虏,相继西北二边亦广屯田。"①这里的北边,即河北路,西北二边指河东、陕西二路。

宋朝西北地区的屯田和营田,与其他地区(诸如河北雄州、莫州、霸州一带,及湖南沅州一带)的屯田和营田相比较,显得特别重要。其所以重要,第一,持续时间长,涉及地区广。从时间看,自太宗至道元年(公元 995 年)陕西转运使郑文宝于贺兰山下屯田开始,至宁宗开禧三年(公元 1207 年)四川宣抚副使安丙"于关外广结义士,月给以粮,俾各保田庐"②,且耕且战为止,首尾 212 年。从涉及的地区看,太宗至英宗时,西北屯田还仅限于今宁夏南部,陕西北部、甘肃陇东、陇南的一些地区,诸如灵州(今宁夏灵武县西南)、镇戎军(今宁夏固原县)、笼竿川(在六盘山外)、青涧城(位于今延安东北的清涧河北岸)、渭州(今甘肃平凉市)、秦州(今甘肃天水市)等地。至神宗熙河开边后,已扩展至熙州(今甘肃临洮)、河州(今甘肃临夏西南)、宕州(今甘肃宕昌)、洮州(今甘肃临潭)、岷州(今甘肃岷县)、叠州(今甘肃迭部)等地。哲宗绍圣以后,到徽宗崇宁、大观年间,由于统治者的好大喜

---

① 《宋会要辑稿》第 121 册,《食货》二之八。
② 《宋史》卷 402,《安丙传》。

功,不断开疆扩土,西北地区的屯田和营田也就进一步扩大到今青海东部的鄯州(今青海西宁市)、湟州(今青海乐都)、廓州(今青海兴扎北)一带。北宋灭亡后,尽管金占领了西北的广大地区,但南宋政府仍在大散关之外的一些州县——阶州(今甘肃武都)、成州(今甘肃成县)、岷州(今甘肃岷县)、洋州(今陕西洋县)等地坚持屯田;第二,宋朝统治者高度重视西北屯田。在他们看来,"实边之策,惟屯田为利①"。他们确认屯田可以巩固西北边防,至少可以宽民力,部分解决那里的兵饷粮运问题。"兴营田,减冗费,为持久宽民之计,"②"赡师旅而省转输,此所以为扈边实塞之要务,富国安民之至计也"③。鉴于西北屯田事关边防安危,即使在徽宗大量出卖官田时期,也从未将这一带的屯田列在拍卖之列。"(政和元年十月)总领措置官田所言,原奏请存留屯田为河北、陕西、河东事干边防利害去处,不可出卖,若自余路……即非事干边防亦合出卖,从之"④;第三,对南宋东南一带的屯田和营田有一定的影响。这表现在陕西招募弓箭手屯田之法,曾为南宋政府所效法。"乾道四年,知楚州刘舜谟言,两淮旧有壮丁民社乞依陕西弓箭手法,并免下户苗田两顷,从之"⑤;第四,开屯田营田向官庄转化的先河。根据有关史料的记载,北宋的屯田和营田,首先采用官庄经营方式的是熙河路熙州城下的营田⑥。接着,属于熙河路的岷州、通远军等地的屯田也先后采用了"官庄"的经营方式⑦。所谓"官

---

①《文献通考》卷7,《田赋七》。
②《文献通考》卷7,《田赋七》。
③《续资治通鉴长编》卷135,庆历二年二月辛巳条。
④《宋会要辑稿》第121册,《食货》一之三二。
⑤《文献通考》卷156,《兵八》。
⑥《宋会要辑稿》第121册,《食货》二之五。
⑦《宋会要辑稿》第121册,《食货》二之五。

庄",即以庄为单位,采用一般地主庄园上普遍采用的租佃经营方式。它同带有某种徭役性的屯田、营田相比较,具有明显的历史进步意义。

有鉴于此,本文对西北屯田的组织管理机构、土地来源、直接生产者授田情况,剥削量、效果、特点、历史作用等问题作一粗略论述。

一

宋代屯田、营田的最高管理机构是中央六部之一的工部。工部设屯田郎中及员外郎等官,负责"掌屯田、营田、职田、学田、官庄之政令,及其租入,种割、兴修、结纳之事①"。

北宋初年,政府于屯田、营田各路设置"屯田务"和"营田务"。如太宗淳化年间在河北路设"屯田务",庆历元年(公元1041年)在陕西设"营田务",置营田使,由该路总管或"部署及转运使并兼营田使,转运判官兼管勾营田事②"。

宋代西北屯田曾大量招募弓箭手。北宋河东、陕西的弓箭手,因其战斗力较强,成为抵御西夏的劲旅。北宋政府为了管理好这支劲旅,于陕西、河东等路的沿边州县设提举弓箭手,并置司管理。其主要职责是"掌沿边郡县射地弓箭手之籍,及团结、训练、赏罚之事③"。

弓箭手又分为汉弓箭手和蕃弓箭手两类。两类弓箭手都归各路将领管辖。这种统属关系,大体上开始于王安石置将法推行之时。"(熙宁七年)总天下为九十二将,而鄜延五路又有汉、蕃弓箭手,亦各附诸将而统隶焉。④"

①《宋史》卷163,《职官三》。
②《资治通鉴长编纪事本末》卷43,《营田》。
③《宋史》卷167,《职官七》。
④《文献通考》卷153,《兵五》。

为了便于管理,北宋政府于元丰五年(公元1082年)二月,将"提举熙河等路弓箭手、营田、蕃部共为一司,隶泾原路制置司①"。合并后的机构名叫"提举熙河等路弓箭手营田蕃部司"。这个合并的机构,经过一段时间的管理实践,证明有所不便,至哲宗元祐元年(公元1086年)又下令"罢提举熙河等路弓箭(手)营田蕃部司②",恢复过去的"提举弓箭手司"等机构。

由于提举官的"贪赏欺蔽,务要数多,妄行招刺",徽宗靖康元年(公元1126年),又下令废"提举弓箭手司",凡弓箭手营田之事均归所在各路帅司管理。"罢提举司,复隶帅司。③"

南宋建立之初,高宗赵构根据新的历史情况,对屯田、营田的统属关系进行了调整和变动,规定:"凡屯田事营田司兼之,营田事府县兼之。④"

为了加强对川陕等地屯田的管理,绍兴五年(公元1135年),赵构"命两淮、川陕、荆襄、荆南诸帅府参谋官各一员,提点屯田⑤"。

绍兴六年(公元1136年),赵构为了使领导管理一元化,进一步规定以诸路帅臣兼领营田大使、营田使。如"诏淮南西路兼太平州宣抚使刘光世,淮南东路兼镇江府宣抚使韩世忠,江南东路宣抚使张浚并兼营田大使,荆湖路襄阳府路招讨使岳飞,川陕宣抚副使吴玠并兼营田使⑥"。

---

①《文献通考》卷153,《兵五》。
②《宋史》卷190,《兵四》。
③《文献通考》卷156,《兵八》。
④《宋史》卷176,《食货上》。
⑤《宋史》卷28,《高宗五》。
⑥《宋会要辑稿》第121册,食货二之一六。

至于西北屯田和营田的基层管理组织，北宋政府规定弓箭手营田，"每五十顷为一营①"，设指挥使、都指挥使、巡检等官，如曹玮于镇戎军屯田，"设堡戍，列部伍，补指挥使以下，据兵有功者，亦补军都指挥使，置巡检以统之②"。此外，从神宗熙宁七年（公元 1074 年）王韶于河州招募汉蕃弓箭手营田，其蕃弓箭手，"仍募汉弓箭手等为甲头"③来看，弓箭手营田可能也像陕西强人砦户、强人弓手一样，也"置押官、甲头、队长"④等官。

南宋营田，随着它向官庄转化日益普遍，自绍兴六年（公元 1136年）开始，即实行以庄为计算单位（如吴玠于陕西梁洋一带营田六十庄）。规定"五顷为一庄，募民承佃，其法五家为保，共佃一庄，以一人为长，每庄给牛五具、耒耜及种付之，别给十亩为蔬圃，贷钱七十千，分五年偿⑤"。

二

宋代西北屯田的土地来源，大体有以下几种：

其一，闲田旷土和弃土。如夏安期知渭州（今甘肃平凉市），"籍寨下闲田，募人耕种，岁得穀数万户⑥"。这是利用闲田。"麟、府间有弃地曰草城川，（郑）戬募土人为弓箭手，计口授田。⑦"这是利用弃土。

①《宋史》卷 176，《食货上》。
②《宋史》卷 190，《兵四》。
③《宋史》卷 190，《兵四》。
④《宋史》卷 190，《兵四》。
⑤《宋史》卷 176，《食货上》。
⑥《宋史》卷 283，《夏安期传》。
⑦《宋史》卷 292，《郑戬传》。

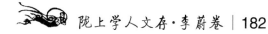

其二,括地。不仅在汉族人居住地区括,也在少数民族地区括。前者如哲宗元祐年间,刘昌祚知渭州,括陇山闲田一万零九百九十顷(宋史刘昌祚传作万顷),招募弓箭手五千二百六十二人(宋史本传为"募士五千")进行屯田,受到嘉奖,"敕书奖谕"①。后者如张守约在秦凤境内"括生羌隐土千顷,以募射手②"。甚至发生了因强行括地而引起了少数民族的反抗事件。仁宗时,范祥在秦州(今甘肃天水市)"括熟户田,诸羌靳之,相率叛"③。

其三,公田和官地。如熙河路弓箭手所耕之田,有不少就是当地的公田或官地。"(熙宁五年)十月,诏熙河路以公田募弓箭手④"。到熙宁六年(公元1073年)十月,又"诏以官地招弓箭手⑤"。

其四,包占良田。陕西、青海东部的一些地区,诸如西宁、湟州(今青海省乐都县)、廓州(今青海兴扎北)、积石军(今青海贵德县)等地的弓箭手所耕之地,就是这类土地。"(徽宗政和)五年二月,诏陕西、河东逐路,自绍圣开拓边疆以来,及西宁、湟、廓、洮州、积石等处新边,各有包占良田,并合招置弓箭手,以为边防篱落⑥"。

其五,献地。主要发生在少数民族居住之地。如神宗熙宁年间,秦凤路经略使李师中"筑熟羊等堡,募蕃部献地,置弓箭手⑦"。

其六,牧地。以牧地为营田,曾出现在陕西地区。"(陕西)假同州

①《文献通考》卷156,《兵八》。
②《宋史》卷350,《张守约传》。
③《宋史》卷330,《傅求传》。
④《宋史》卷190,《兵四》。
⑤《宋史》卷191,《兵五》。
⑥《宋史》卷191,《兵五》。
⑦《文献通考》卷156,《兵八》。

河苑牧地为营田①"。

其七,市田。即通过贸易的方式从少数民族那里购买土地,供招募弓箭手之用。如"熙、河、鄯、湟自开拓以来,疆虽广而地利悉归属羌,官兵吏禄仰给县官,不可为后计。仰本路帅臣相度以钱粮茶彩,或以羌人所嗜之物,与之贸易田土,田土既多,即招置弓箭手②"。说明市田主要盛行于今青海东部和今甘南吐蕃居住的一些地区。

此外,在秦州(今甘肃省天水市)还有购买属户土地给弓箭手的情况。"(元祐元年七月)秦凤路经略司言,秦州缘边弓箭手,虽令同社助钱买马,然贫不能自给,马多阙。乞许市属户按汉界土田以资赡,从之③"。说明所购属户土地,仅分给贫乏不能自存的弓箭手,而不是秦州一带弓箭手的全部。

其八,平叛所得之地。如英宗治平初年,李参知秦州(今甘肃天水市),"蕃酋药家族作乱,讨平之,得良田五百顷,以募弓箭手④"。

应该指出,宋代西北屯田的土地来源,最主要的和大量的是闲田、旷土,其次才是括地、公田、包占良田和市田,至于献地、牧地和平叛所得之地,在整个屯田土地中所占的比重是很小的。

三

西北屯田上的直接生产者最主要的是招募老百姓充当弓箭手耕种,其次是轮番戍守的正军(如太宗时刘综令士卒屯田于镇戎军)。再次,是厢军及马递卒。"(元丰)五年,康识言:新复土地……乞许于秦

①《宋史》卷176,《食货上》。
②《宋史》卷190,《兵四》。
③《续资治通鉴长编》卷167,皇祐元年七月癸丑条。
④《宋史》卷330,《李参传》。

凤、泾原、熙河三路选募厢军及马递铺卒愿行者,人给装钱二千,从之①"。说明厢军、马递铺卒主要用于新复土地,即熙河开边所扩大的疆土。

此外,还有犯罪发配之人,简称配卒。如哲宗元符二年(公元1099年)十月,"可下诸路,将犯罪合配人拣选少壮堪田作之人,配营田司耕作,从之②"。

西北屯田的授田情况,弓箭手一般为一顷。如"河州(今甘肃临夏西南)近城川地招汉弓箭手外,其山坡地招蕃弓箭手,人给地一顷,蕃官两顷,大蕃官三顷③"。有多至两顷的,如渭州(今甘肃平凉市)"弓箭手人授田二顷,有马者复增给之,谓之马口分地④"。有不足一顷的,如陕西"大顺城,西谷砦有强人弓手……人赋田八十亩,能自备马者赋田四十亩⑤"。还有四分之一顷的,即授田二十五亩的,如真宗时,陕西转运使刘综"于(镇戎)军城四面置一屯田务,开田五百顷,置下军二千人,牛八百头以耕种之⑥"。开田五百顷,由二千士兵去耕种,平均每个士兵正好耕种四分之一顷。造成不足一顷的原因,显然是由于缺地。当时缺地的弓箭手,除镇戎军外,还有泾原路。"元丰四年,泾原路经略司言,本路弓箭手缺地九千七百顷"。⑦

此外,一些地方如延州、保安军弓箭手的基层管理人员——押官

①《文献通考》卷七,《田赋七》。
②《宋会要辑稿》第 121 册,食货二之六。
③《宋史》卷 190,《兵四》。
④《宋史》卷 349,《刘昌祚传》。
⑤《宋史》卷 349,《刘昌祚传》。
⑥《文献通考》卷 156,《兵八》。
⑦《文献通考》卷 156,《兵八》。

以上皆给身份田。其具体办法是:"欲自十将至指挥使,量其家口数,更等第益以闲田,从之。"①

西北屯田的剥削量,一般弓箭手,每亩收三斗五升。如熙河兰湟路弓箭手,"每亩三斗五升,草二束"②。也有官私各半的。如徽宗时熙州(今甘肃省临洮县)、秦州(今甘肃天水市)一带的弓箭手迁到熙河新疆(指崇宁三年蔡京出兵从吐蕃手中夺取鄯州、廓州等地)耕种,由政府供给土地、农具、粮种,"遇成熟日,除粮种外,半入官、半给耕夫"③。

这种剥削量如果同北宋河东路的一些州(诸如代州、岢岚军北草城川等)的弓箭手相比,显然很重。仁宗至和二年(公元1055年)"诏具为条,视山坡川原均给,人二顷,其租秋一输,川地亩五升,坂原地亩三升,毋折变科徭"④。两相比较,其剥削量为七与一之比。

如果将宋代西北屯田上的剥削量同南宋东南营田、官庄相比,也明显较重。南宋营田官庄上的剥削量,见于政府明文规定的为四六分成。"(绍兴七年十月)诏诸路营田官庄收到课子,除椿留次年种子外,今后且以十分为率,官收四分,客户六分。"⑤如果按照陈规屯田法的规定,那就更轻。"凡民所营之田,水田亩赋粳米一斗,陆田豆麦夏秋各五升(也是一斗)。"⑥无论按照哪种剥削量,都比上述三斗五升和对半分成要轻。

①《续资治通鉴长编》卷172,皇祐四年三月辛亥条。
②《文献通考》卷15,6《兵八》。
③《宋史》卷190,《兵四》。
④《宋史》卷190,《兵四》。
⑤《宋会要辑稿》第121册,食货二之八。
⑥《文献通考》卷7,《田赋七》。

四

西北屯田在一些地方收到了明显的效果。如真宗时裴济在灵州（今宁夏宁武县西南）"兴屯田之利，民甚赖之"①。仁宗康定年间种世衡于青涧城（在今延安东北清涧河北岸）"开营田二千顷，募商贾，贷以本钱，使通货赢其利，城遂富实②"。庆历年间，周美屯田于葱梅官道谷（位于今延安东北永平寨一带）屯田"岁收谷六千斛"③。

至于南宋初年，吴玠、郑刚中的屯田效果尤为突出。高宗绍兴年间，川、陕宣抚副使吴玠，在同金兵对垒期间，于梁洋一带"益治屯田，岁收至十万斛④"。得到了高宗赵构的赞扬。稍后，四川宣抚使郑刚中于阶州（今甘肃武都）、成州（今甘肃成县），垦地"凡三千余顷，岁收十八万斛"⑤。说明郑刚中营田也取得了较好的效果。

应当指出，宋代西北屯田虽然在一些地区取得了较好的效果，但从总体上看，其效果仍然很不理想，远远没有达到宋政府的预期目的。有些地方的屯田和营田甚至出现了得不偿失的情况。如元丰年间，陕西木瓜原（位于今陕西佳县和吴堡之间）屯田，所得"不偿所费"。⑥南宋初年，曾经颇获成效的关外阶（今甘肃武都）、成（今甘肃成县）、岷（今甘肃岷县）、凤（今陕西凤县东北）等州屯田，到孝宗隆兴年间，也因所"得不偿所费罢之"⑦。

---

①《宋史》卷 308，《裴济传》。
②《宋史》卷 335，《种世衡传》。
③《宋史》卷 321，《周美传》。
④《宋史》卷 366，《吴玠传》。
⑤《宋史》卷 370，《郑刚中传》。
⑥《宋史》卷 176，《食货上》。
⑦《文献通考》卷 7，《田赋七》。

西北屯田为什么效果不佳,并且越往后越每况愈下了呢?

从整个土地所有制发展的形势看,地主、官僚、商人三为一体的大土地所有制,自杨炎两税法之后日益发展,到了宋代取得了绝对的支配地位,在土地私有观念日益深化,租佃关系日益盛行的情况下,带有中古军事隶农性质和徭役性颇重的宋代屯田和营田,只能成为当时大土地占有制的附庸和补充形式,并且必然要受其经营方式的影响而日益衰落。

在上述生产关系发生较大变化的情况下,不仅宋代西北屯田因为受其影响而效果不佳,而且从整个宋代屯田和营田的效果看,除少数几个地区取得了一定的成绩外,大部分地区效益都很糟。如南宋初年的屯田和营田,"除荆南解潜略措置,其余皆成虚文,无实效"①。就江淮等路营田来看,因办得很糟,"数年之间皆无成效,朝廷改置官庄,招召军民耕佃,给予牛具借贷种粮"②,一句话即采用私人地主的租佃经营方式,但仍由官府掌握而官庄化了。至于北宋河北路的屯田,虽然开始较早,但其效果还比不上陕西路。"在河北者虽有其实而岁入无几,利在蓄水,以限戎马而已。"③

具体来说,还有以下两点原因。

第一,直接生产者身份低下,处境艰难,生产关系严重束缚了生产力的发展。主要表现在以下四个方面:诸路汉蕃弓箭手"皆涅手背"④;有些地方如河州(今甘肃省临夏县西南)地区,"其蕃弓箭手并

①《宋会要辑稿》第 121 册,食货二之三。
②《宋会要辑稿》第 121 册,食货二之三。
③《文献通考》卷 7,《田赋七》。
④《宋史》卷 190,《兵四》。

刺'蕃兵'字于左耳"①;很多地区诸如陕西五路的弓箭手,"类多贫乏,或致逃走"②;一些地区的屯田和营田,发生了官府强迫老百姓耕种的现象。"陕西昨来兴置营田,本欲助边以宽民力……其近里州县官吏,不能体朝廷之意,将远年瘠薄无人请佃逃田,抑勒近邻人户分种,或令纳租课。"③

第二,屯田、营田管理制度上存在的问题以及一些管理官吏本身不称职所造成。"陕西、河东逐路汉弓箭手……提举官贪赏欺蔽,务要数多,妄行招刺,无以激劝"④,"自罢专置提举官隶属经略司,事权不专,颇失措置,根括打量,催督开垦,理断交侵等职事,尽在极边,帅臣无由亲到。……兼提举文臣玩习翰墨,多务安养,罕能冲冒寒暑"⑤。废罢行之有效的专门设置管理弓箭手营田的提举官,使之隶属经略司,造成事权不能专一,这是管理制度上存在的问题,而贪赏欺蔽、妄行招刺、玩习翰墨、多务安养,则属管理者本身存在的问题。以此问题颇多的管理制度和很不称职的官吏去经营屯田和营田,达不到预期的效果是不足为奇的。

五

宋代西北屯田有何特点呢?第一,"陕西、河东(路)弓箭手,官给良田,以备甲马,今河朔沿边弓箭社,皆是人户祖业田产,官无丝毫之损,而捐躯捍边,器甲鞍马与陕西、河东无异,苦乐相远,未尽

①《宋史》卷 191,《兵五》。
②《宋史》卷 190,《兵四》。
③《续资治通鉴长编》卷 141,庆历三年六月辛已条。
④《宋史》卷 190,《兵四》。
⑤《宋史》卷 190,《兵四》。

其用①"。说明陕西等地的西北屯田在"官给良田,以备甲马"这点上,与河东地区完全相同,与河北地区正好相反。

第二,屯堡并置,亦兵亦农。"置屯之法,百人为屯,授田于旁塞,将校领农事,休即教武技。其牛具、农器、旗鼓之属并官予;置堡之法,诸屯并力,自近及远筑为堡以备寇至,寇退则悉出掩击。"②这是熙宁三年(公元 1070 年)秦凤路经略使李师中对西北屯堡的描绘。我们从这一简明扼要的描述中看到了屯堡并置及其耕战自守的蓝图。

应当指出,在一些具有战略意义的军事重镇是否设置堡寨,或者所置堡寨能否经得住敌人的围攻,直接关系到战争的胜负和弓箭手能否在其分得的土地上耕作。"昨来(葛)怀敏之败,定川诸寨不足捍御,遂为弃地,则镇戎军西北两路更无保障,贼马可以直趋城下,弓箭手亦无依援,所给田土,难以耕作。③"这说明了堡屯互相依赖、互为存在条件的辩证关系。

第三,屯田、营田名异而实同。神宗时提点刑狱郑民宪云:"祖宗时屯、营皆置务,屯田以兵,营田以民,固有异制。然襄州营田既调夫矣,又取邻州之兵,是营田不独以民也;边州营屯,不限兵民,皆取给用,是屯田不独以兵也;至于招弓箭手不尽之地,复以募民,则兵民参错,固无异也。这就是说屯田、营田名异而实同,不仅西北屯田、营田是如此,整个宋代的屯田、营田也是如此。宋末元初史学家马端临亦云:"熙丰间营田多在边州,世居者人少,则不复更限兵民,但及给用即取之,于是屯田、营田实同名异,而官庄之名最后乃出,亦往往杂用兵民也。"这说明宋代西北屯田和营田,至少自神宗以后已经完全名

---

①《宋史》卷 190,《兵四》。

②《宋史》卷 190,《兵四》。

③《续资治通鉴长编》卷 139,庆历三年正月丙子条。

异而实相同(其他地区也大体如此)。

第四,剥削形式多种多样。西北屯田的剥削形式不外三种:第一种是全部产品上缴军仓。主要适用戍守边地的正军。他们每人也分配一定数量的土地,农具、粮种,由所在单位供给,因为他们按时发有军饷,因此,其辛勤耕作所得的全部农产品均上交归军仓。如仁宗庆历年间,右骥使周美,为了阻止元昊入侵宋境,筑栅栏于延州东北面永平寨一带的葱梅官道谷,"令士卒益种营田"①,大体上就是采用这种剥削形式。第二种是劳役地租。这在宋代西北屯田中是很少出现的。似乎仅见于熙河四州之地。神宗熙宁年间,吴充上疏云:"然屯田行之于今,诚未易,惟有因今弓箭手以为助法公田,似有可为,且以熙河四州较之,无虑一万五千顷,十分取一,以为公田,大约中岁亩收一石,则公田所得十五万,水旱肥瘠三分除一,亦可得十万。诏差太常寺主簿王君俞赴熙河路,与郑民宪同商议推行次第。"②这是一种采用劳役地租剥削形式的仿古助田法。这种剥削方式到底实行了没有呢?其效果如何呢?不得而知。但从"官无屯营牛具廪之费,借用众力③",即一切费用(包括耕牛、农具、粮种等等)均由弓箭手自备这点来看,是很难长期推行的,即使勉强推行,其效果之差也是可以想见的。第三种是实物地租。这是西北屯田最主要的剥削形式。大凡使用弓箭手、厢军或民户进行屯田、营田,均由所属单位分给一定数量的土地,生产工具、耕牛及粮种,然后到了秋收之时,一律交纳食物地租。其剥削数量的多寡,视各地生产状况而定(详前)。

宋代西北屯田的效益虽然很不理想,但它仍然有着不可忽视的

---

① 《宋史》卷321,《周美传》。
② 《宋会要辑稿》第121册,食货二之四。
③ 《宋史》卷176,《食货上》。

历史作用。一是可以垦辟西北的闲田旷土,积蓄部分粮食,为国家减少部分军需开支。如果将单纯驻守之军与屯田军所需的国家军费作一比较,大体上为三与一之比。"住营一兵之费,可给屯驻三兵,昔养万兵者今三万兵矣。"①二是可以使士兵以边塞为家,安心守卫边疆,保家卫国。屯田士兵往往带有家属,并分得一至二顷土地,可以免除徭役、和顾、支移、折变等负担。经济地位决定政治态度,因为分得了土地,又享受了一般老百姓享受不到的免除徭役等权利,他们也就自然地产生了"顾恋之心"②。他们"顾虑家产,人自为力"③,"力耕死战","世为边用"④。在这里,保家与卫国成了不可分割的整体。这种携带家属,且耕且战的屯田军,远非东面调来的充满"异乡感"的轮番戍守的"正军"所能比拟的。"其兵徙家塞下,重田利,习地势,父母妻子共坚其守,比之东兵功相远矣。"⑤三是减少军粮运输的劳顿,对于防止商人对粮食的囤积居奇,均平稳定粮食的价格,多少可以起些作用。

在兵饷粮运问题上,宋朝陕西沿边军民可以说吃尽了运输劳顿之苦,有的因此而丧生。"自西事以来,鄜延一路,犹苦输运之患,下咸在鄜州,欲图速效,自鄜城、坊州置兵车运粮至延州,二年之内,兵夫役死冻殍及逃亡九百余人,凡费粮七万余石,钱万有余贯,才得粮二十一万石。道路吁嗟,谓之地狱。"⑥鄜延一路运输如此劳民伤财,其他如泾原、环庆、秦凤诸路概可想见。

---

①《宋史》卷 194,《兵八》。

②《文献通考》卷 156,《兵八》。

③《宋史》卷 190,《兵四》。

④《宋史》卷 285,《贾昌朝传》。

⑤《资治通鉴长编纪事本末》卷 43,《营田》。

⑥《资治通鉴长编》卷 149,庆历四年五月甲申条。

自陕西沿边大力推行营田、屯田之后，这种情况明显得到了改善。范仲淹云："臣观今之边寨，……因置营田，据亩定课，兵获羡余，中粜于官，人乐其勤，公收其利，则转输之患久可息矣。"①贾昌朝亦云："可以减屯戍，省供馈矣。"②这些充分说明陕西的屯田和营田大大减轻了军粮运输之苦。

由于实行屯田和营田，生产了一些粮食，使当地粮食不致奇缺，这对防止奸商囤积居奇，稳定粮价，显然是有好处的。"省转输，平粜价，如是者其便有六。"③

总之，宋代西北屯田可以足食足兵，巩固和加强西北的边防，即所谓"田既垦，则谷自盈，募既充而兵益振矣"④。这种巩固和加强边防的作用，突出表现在仁宗时的宋夏交兵之上。由于宋朝在陕西一带推行了弓箭手营田，以及其他屯田，迅速加强了军事实力，从而迫使元昊媾和、纳款。"宝元中，赵元昊反……范仲淹、刘沪、种世衡等专务整辑番汉熟户弓箭手，所以封殖其家砥砺其人者非一道，藩篱既成，贼来无所得，故元昊臣服。"⑤仁宗康定元年（公元1040年）至庆历四年（公元1044年）之间的宋夏战争，最后之所以能够媾和罢兵，其原因固然很多，但从宋朝方面去看，及时在陕西沿边一带进行屯田，并获得了一定的成效，对于加速双方停战议和的早日到来，无疑起了极为重要的作用。

（原载《中国社会经济史研究》1988年第1期）

---

①《续资治通鉴长编》卷134，庆历元年11月乙亥条。

②《宋史》卷285，《贾昌朝传》。

③《宋史》卷176，《食货上》。

④《宋会要辑稿》第121，食货二之六。

⑤《文献通考》卷153《兵五》。

试论元代西北屯田的若干问题

鉴于元代西北屯田尚无专文论及，本文就元代西北屯田的发展阶段、土地来源、生产者、剥削量、效果、特点和历史作用等问题进行初步探讨。

一

元代西北屯田自太宗窝阔台十二年(1240年)命梁泰、郭时中等置司云阳(今陕西泾阳县云阳镇)，创建三白渠灌溉区屯田，到顺帝至正二十五年(1363年)五月，侯卜颜答失屯田成州(今甘肃成县)为止，首尾124年。如果将它划分一下发展阶段的话，大体上可分为三个大的段落。

第一个阶段，即自1240年(太宗窝阔台十二年)到1259年(宪宗蒙哥九年)，首尾21年。这是元代西北屯田的创立时期。这一时期屯田的数量较少，仅有窝阔台十二年关中三白渠灌溉区屯田，和宪宗蒙哥三年，忽必烈兴建的凤翔屯田，前者为民屯，后者为军屯，如此而已。

第二阶段，自世祖忽必烈中统元年(1260年)到元三十一年(1294年)，首尾35年。这是元代西北屯田的全盛时期。这一时期的西北屯田主要分布于当时陕西行省和甘肃行省境内。

元政府在陕西行省设陕西屯田总管府、陕西等处万户府和贵赤延安总管府等机构，分管屯田。属于陕西屯田总管府管辖的屯田计有

栎阳、泾阳、终南、渭南、凤翔、镇原、彭原、定西、平凉等九处,总共使用屯田户 7354,耕种着 5853.68 顷土地。

陕西万户府所辖屯田,分布于盩厔、宁州、文州、德顺等州县,共使用屯户 2684,耕种着 808.08 顷土地。

贵赤延安总管府所辖屯田,分布于延安路,共有屯户 2027,耕种着 486.00 顷土地。

总之,元代陕西行省所辖屯田,计有大小屯田点 16 处,屯田户 12065,耕种 713.94 顷土地。①

甘肃行省境内的屯田,计有管军万户府屯田、宁夏营田司屯田、宁夏放良官屯田、宁夏新附军万户府屯田和亦集乃屯田。以上五处屯田,共使用屯户 5534,屯军 2900 人,耕种着 5002.97 顷土地。其中属于今河西走廊地区的有屯户 2290,田地 1166.64 顷,属于今宁夏回族自治区的有屯户 3144,屯军 2900 人,田地 3836.33 顷。②

至于陕西,甘肃行省以外的西北地区,如察合台后王封地(今新疆地区)内计有别失八里、阇鄽、斡端和合思合等地屯田,这里根据有关史料,略作补充。

别失八里屯田:别失八里(今新疆吉木萨尔县北)早在成吉思汗西征时,哈喇亦哈赤北鲁就曾在此兴办民屯,并获得了"田野垦辟,民物繁庶"③的较好成效。忽必烈在此基础上又兴置军屯。至元二十三年(1286 年)十月,忽必烈遣侍卫新附军 1000 人,前往屯田,"置元帅府,即其地总之"。④十一月,又遣蒙古千户曲出等人率新附军 400 人"屯

①《元史》卷 100,《兵志》。
②《元史》卷 100,《兵志》。
③《元史》卷 124,《哈喇亦哈赤北鲁传》。
④《元史》卷 14,《世祖本纪》。

田别十八里"①。为了确保屯田成功,元政府采取了两项措施。第一,派曾在河西、中兴府、六盘山等地进行过屯田,具有丰富经验的兵马使李进前往别失八里。李进果然不负厚望,因屯田成绩显著,"后迁怀远大将军"②;第二,为了解决屯田必备的生产工具,于别失八里,设立冶铁场,"鼓铸农器"③。

阇鄽屯田:阇鄽位于今新疆塔里木盆地东南沿的且末县西南。至元二十四年(1287 年)七月,忽必烈"立阇鄽屯田"④。

斡端屯田:斡端位于今塔里木南沿边之处。至元二十五年(1288 年)七月,忽必烈"命斡端戍军 310 人屯田"⑤。

合思合屯田:合思合即今新疆的喀什噶尔。至元三十年(1193 年)七月,忽必烈征调乞儿吉思(柯尔克孜)人 700 户,到合思合屯田⑥。

这一时期元代西北屯田之所以能够进入全盛时期,除了忽必烈已经完成统一,为西北屯田和全国屯田创造了一个相对的和平环境外,还与他高度重视农业,采取了一系列的有利于西北屯田发展的措施有着很大的关系。忽必烈采取了哪些重视西北屯田的措施呢?

第一,官给土地、耕牛、种子、农具和衣粮。如中统元年(1260 年)命陕蜀行省给绥德州屯田户"牛种农具"⑦。至元元年(1264 年)八月,

---

①《元史》卷 14,《世祖本纪》。
②《元史》卷 154,《李进传》。
③《元史》卷 12,《世祖本纪》。
④《元史》卷 14,《世祖本纪》。
⑤《元史》卷 15,《世祖本纪》。
⑥《元史》卷 17,《世祖本纪》。
⑦《元史》卷 4,《世祖本纪》。

给陕西屯田户土地、衣粮及给牛种①。

第二,给银、钞以赈济灾荒。如中统三年(1262年)七月,"甘州饥,给银以赈之。"同年九月,"沙、肃二州乏食,给米钞赈之。"②

第三,禁边军牧践屯田。如至元六年(1269年)五月,"诏禁戍边军士牧践屯田禾稼。"③这里的"戍边军士",显然包括西北的戍守之军。

第四,兴修水利,使屯田旱涝保收。如至元三年(1266年)五月,"浚西夏中兴、汉延、唐徕等渠"④。至元十八年(1281年)二月,"发肃州处军民,凿渠溉田"⑤。说明忽必烈对西北地区的水利灌溉十分重视。

第五,钩考屯田,有功者赏。如至元二十七年(1290年)十一月,元政府派遣使者,"钩考延安屯田"⑥。至元二十八年八月,"宁夏府屯田成功,升其脱儿赤"⑦。同时规定屯田官员的升迁,"以三岁为满",但不能随便调离屯田,只能"于各屯内调用"⑧。

第六,立屯田法。如至元二十一年(1284年)十一月,确立的屯田法规定:凡是招募老百姓进行屯垦的民屯,在六年之内免其租税,为了解决军民争占土地的纠纷,忽必烈还规定"军民讼田者,民田有余

---

① 《元史》卷5,《世祖本纪》。
② 《元史》卷5,《世祖本纪》。
③ 《元史》卷6,《世祖本纪》。
④ 《元史》卷6,《世祖本纪》。
⑤ 《元史》卷11,《世祖本纪》。
⑥ 《元史》卷16,《世祖本纪》。
⑦ 《元史》卷17,《世祖本纪》。
⑧ 《元史》卷16,《世祖本纪》。

则分之军,军田有余亦分之民"①。显然,这对于保证元代西北屯田的顺利发展,无疑起了积极的作用。

第三个阶段,自成宗元贞元年（1295 年）到顺帝至正二十八年（1368 年）,首尾 74 年。这是元代西北屯田的衰落时期。这一时期西北屯田也像全国其他地区的屯田一样,数量减少了,规模缩小了,呈现江河日下之势。

这一阶段,如果再细分一下,还可以分为两个小的段落。第一个小段落,自成宗元贞元年,到文宗至顺三年（1332 年）,首尾 38 年,为西北屯田日益衰落时期。在这个小段落里,属于陕西行省的,除了第二阶段兴建的泾阳、渭南、栎阳等地屯田,仍然保存下来之外,见于史籍记载的计有六盘山至黄河一带"置军万人"②的屯田、凤翔丰乐八屯、终南屯田、白城子屯田等等。

属于甘肃行省的,有河西地区的瓜沙屯田、甘州屯田、亦集乃路屯田等等。

此外,属于宣政院辖地的还有河州屯田。

以上所列屯田,因为史籍记载十分简略,恕不一一陈述了。

第二个小段落:自顺帝元统元年（1333 年）到至元二十八年（1368 年）,首尾 30 年。这是元代西北屯田彻底衰落时期。在这个时期里,元朝的统治在农民军的沉重打击下奄奄一息,自身难保,无暇顾及屯田,因此,屯田的颓势日益发展,其屯田的军事目的也日益加强。

这一时期的屯田主要有察罕帖木儿经营的关陕屯田,此外,还有成州屯田等等。

---

①《元史》卷 7,《世祖本纪》。
②《元史》卷 19,《成宗本纪》。

这里有一个问题，即元代西北屯田为什么发展至成宗以后就日益衰落废弛了呢？这主要由下列原因所造成。

第一，屯田内部生产关系不适合于生产力的性质，是元代西北屯田由盛转衰的根本原因。这种生产关系与生产力不相适应，突出表现在屯田上的生产者因为不堪官吏的剥削和压迫而被迫逃亡。据《元典章》记载：有人"占使军人"将自己的土地，"勒令现役军人包种"，有的"尅减军人衣料，及私役军人官牛，自备种子，于系官地内带种，并管民官占种官地"。有的甚至向军士放高利贷，"虚钱实契，累累追征"，①使生产者因负债累累而破产。

屯田户除了要受屯田官吏的剥削和奴役之外，还要负担国家摊派的杂役。如元世祖忽必烈命河西爱赤所管屯田军，会同沙州居民修筑瓜、沙等处城池。武宗时如瓜、沙一带的屯田户，"其民役于驿传"②。

沉重的徭役负担，和无休止的剥削和压迫，使屯田上的生产者无法照旧生活下去而被迫逃亡。如至元十九年（1282年）四月，"以甘州、中兴屯田军逃还太原，诛其拒命者四人，而赏不逃者"③。甘州等地屯田军的逃亡，表明元代西北屯田内部的生产关系，早在世祖忽必烈时就很紧张，其生产关系与生产力的性质并不适应。

第二，严重缺乏熟悉屯田业务的管理人才，"所用者多非其人"，是元代西北屯田由盛转衰的重要原因。

第三，最高统治者给臣下任意赏赐屯田，使屯田私有化，是元代

---

①《元典章·兵部·户部》
②《元史》卷22，《武宗本纪》。
③《元史》卷12，《世祖本纪》。

西北屯田由盛转衰的又一重要原因。如陕西白城子屯田忽必烈时建立,相沿至顺帝时便已"赐亲王南物里①"。屯田被皇帝任意赏赐变成私人所有,这就加速了西北屯田由盛转衰的历史进程。

二

元代西北屯田的土地来源,大体上有如下几种。

(一)荒闲田。如至元十九年(1282年)二月,忽必烈"以鳌屋县南系官荒地,发归附军,立孝子林、张马村屯田"②。

(二)牧地。如至元九年(1272年)安西王相李德辉,在陕西建立民屯,其土地来源是"濒泾营牧故地③"。至于贵赤延安总管府屯田的土地来源,则为"探马赤草地④"。

(三)富户余田。如至元年十七年五月,忽必烈命沙州汉军"耕种富户余田⑤"。

(四)僧侣土地。如至元三年(1266年)五月,疏浚西夏中兴(今银川市)境内的汉延、唐徕等水渠,"凡良田为僧所据者,听蒙古人分垦⑥"。

以上四种土地来源,其中最主要和数量最多的为"系官荒地"和荒闲田。

---

①《元史》卷39,《顺帝本纪》。
②《元史》卷100,《兵志》
③《元史》卷163,《李德辉传》。
④《元史》卷100,《兵志》
⑤《元史》卷11,《世祖本纪》。
⑥《元史》卷6,《世祖本纪》。

三

元代西北屯田上的直接生产者有以下几种。

（一）蒙古军。《元史》有时也称正军。蒙古军屯田，始于忽必烈统一中国之后，当时边境无事，"令本军屯耕以食"，"随营立屯"。如宁夏路屯田，使用的就是蒙古正军。"西夏营田，实占正军。"①又如河州屯田，则是蒙古屯田卫士。

（二）新附军。这是西北军屯上旳主要生产者。如至元十八年六月，"以太原新附军五千，屯田甘州"②。此外，新疆的别失八里，宁夏的中兴府，亦集乃路等地的军屯，也都使用了新附军屯田。

（三）编民。用编民屯田，早在太宗窝阔台兴办三白渠灌溉区屯田时，使用的生产者就是编民。忽必烈大兴营田时，使用"编民"更多。如至元十一年（1274 年）正月，以安西王府所管编民 2000 户，"立栎阳、终南、渭南屯田"③。

（四）募民。如元世祖时，许楫于京兆（今西安）以西，"募民立屯田"④。

（五）富民。如至元二十四年（1288 年）十二月，忽必烈调拨河西甘肃等处富民 1000 人前往阇鄽，同汉军、新附军一起"杂居耕植"⑤。

（六）逃军。如至元二十一年（1284 年）二月，忽必烈命别速押送

①《元史》卷 134，《朵儿赤传》。
②《元史》卷 11，《世祖本纪》。
③《元史》卷 100，《兵志》。
④《元史》卷 191，《许辑传》
⑤《元史》卷 11，《世祖本纪》。

逃军700余人,交"付安西王屯田,给以牛具"①。

(七)无籍户。即漏籍户。如忽必烈统治期间,灵州屯田上的生产者就是从京兆等处搜括来的"无籍户"②。

(八)协济户。即协助全科户(科取全部赋税的户)承担赋税的人户。主要是漏籍老弱、析居等缺少丁力产业难以全科之户,所纳税额为全科户的一半。如至元十八年十月,元政府在安西、延安、凤翔、六盘等处设置屯田,其生产者就是安西王府的"协济户及南山隘口军"③。

(九)放良。即"奴放为良",或"倡放为良"。如至元十一年兴建的宁夏路屯田就是"招收放良人民"④,为其生产者。

(十)孛兰奚。蒙古语作"阑遗",指官府收留的流散人口和牲畜。这种流散人口,大部分是逃亡的农民和驱口,元政府设阑遗监进行管理,招主认领,无人认领的人户称为阑遗户,由政府拨荒地屯田。如陕西贵赤延安总管府屯田,其直接生产者就是这种"阑遗"。⑤

(十一)怯怜口。是蒙古皇室、诸王、驸马、贵族的私属人户,大多为工匠、护卫、猎户、鹰人之属。怯怜口使用于西北屯田,见于至元十九年(1282年)建置的定西、平凉屯田。"以军站为屯户拘收为怯怜口户计,放还而无所归者,籍为屯户,立定西、平凉屯田。"⑥

(十二)工匠。如至元二十五年(1288年)十一月,忽必烈以忽撒马

①《元史》卷13,《世祖本纪》。
②《元史》卷11,《廉希宪传》。
③《元史》卷11,《世祖本纪》。
④《元史》卷100,《兵志》。
⑤《元史》卷100,《兵志》。
⑥《元史》卷100,《兵志》。

丁为管领甘肃、陕西等处屯田户达鲁花赤，"督斡端可失合儿工匠千五十户屯田"①。

（十三）罪犯。如至元十三年（1276 年）正月，王孝忠等犯罪，奉命带罪前往八答山，揉宝一带，立功赎罪，途经沙州，"令于瓜、沙等处屯田"②。

（十四）畏吾儿人。如至元十七年（1280 年）二月，"畏吾儿居河西界者令其屯田"③。

元代西北屯田之所以产生如此众多的不同类型的生产者，反映了元代社会人员构成的复杂性及其制度的紊乱性。

元代西北屯田无论军屯、民屯其主要剥削方式均是定额制。由于军屯上的直接生产者其生产资料（耕牛、农器、种子）完全由国家供给，因此，其剥削量一般比民屯要高。

军屯剥削量，据残存的《永乐大典》卷 7886 庚韵元修《汀州府志·营寨》记载，浙江省汀州路上杭县屯田，"每亩纳米六斗"，但南方军屯的剥削量是否也适应于北方呢？回答是肯定的。成宗大德十年（1305）四月，元政府于太和岭设置屯田，"人给地五十亩，岁输粮三十石"④，其剥削量正好为六斗。至于元代西北军屯的剥削量是否也是六斗？虽然没有直接材料佐证，但从有关间接材料可以推断出其剥削量要比每亩六斗为低。至元二十年十一月，忽必烈诏，"甘州新括田土，亩输租三升"⑤。所谓"新括土地"应指耕垦未满三年的荒地。该地显然用于甘州戍军屯田，因为早在至元十六年刘恩即在此兴置军屯。

---

①《元史》卷 15，《世祖本纪》。

②《元史》卷 9，《世祖本纪》。

③《元史》卷 11，《世祖本纪》。

④《元史》卷 21，《成宗本纪》。

⑤《元史》卷 12，《世祖本纪》。

西北民屯剥削量,据李好文《长安图志》记载,陕西屯田总管府所辖五个屯田所 48 个屯田点,共有地 5664.12 顷,除去荒闲田外,实种田 3976.15 顷,武宗至大元年(1308 年)的征粮数为 9367 石 2 斗 9 升,则平均每亩征租二斗四升。如当时每亩产量以二石算,征租 2.4 斗,则其剥削量约为 11.50%左右,这比军屯的剥削量为轻得多。

四

元代西北屯田同宋代西北屯田比较,收到了较好的效果。这突出表现在生产较多的粮食。如安西王相李德辉于"濒泾营牧故地"数千顷土地之上大兴民屯,"岁得粟麦刍藁万计"①。刘恩屯田甘州,"得粟二万余石"②。尕儿赤为中兴路新民总管,屯田三年,"赋额倍增"③。武宗时,"沙瓜摘军屯田,岁入二万五千石"④。

为什么元代西北屯田的效果,比宋代西北屯田的效果要好呢?这主要由下列因素所决定的。

第一,宋代西北屯田上的生产者——蕃汉弓箭手,其隶属关系很强。宋朝政府为了防止他们逃跑,一方面推行保甲制度对他们进行严密控制,另一方面又"皆涅手背",其中有些地区如河州的蕃汉弓箭手,还在左耳上刺"蕃兵"⑤字样,如同囚徒,其生产积极性很低。元代西北屯田上的直接生产者,其隶属关系虽然也比较强,但他们用不着在手背和耳朵上刺字,其生产积极性比宋代多少要好一些。

---

① 《元史》卷 163,《李德辉传》。
② 《元史》卷 166,《刘恩传》。
③ 《元史》卷 134,《尕儿赤传》。
④ 《元史》卷 23,《成宗本纪》。
⑤ 《宋史》卷 190,《兵志》。

第二，宋代西北屯田的剥削方式是分成租制，而元代采用定额制。两相比较，定额制的剥削量显然要轻一些，生产者有一定的积极性，则是很自然的事。

第三，宋朝从中央到地方缺乏一套行之有效的组织机构和管理制度。元代屯田分中央、地方两大系统，中央所属屯田，一般民屯设总管府，军屯设万户府，地处僻远的屯田设经略司、提举司，或直接由路府县管辖，说明元代屯田管理机构比宋代要严密得多。从管理制度看，宋代虽然立有屯田法，如北宋有陕西招募弓箭手屯田法，南宋有陈规屯田法，但却无具体而细致的则例，而元代屯田，除有屯田法外，在水的使用方面，立有便于管理的则例。《长安图志》所载《用水则例》规定"行水序，须自下而上，昼夜相继，不以公田越次"，"使水屯户与民挨次自下而上溉田"。凡不遵守《用水则例》的要受到处罚。"有违水法，多浇地亩，每亩罚小麦一石"[1]。

五

最后谈谈元代西北屯田的特点和历史作用。其特点之一，是屯田点大多因水而设，管理屯田官吏往往兼管河渠司事。元朝在建置屯田的过程中，十分重视因水设屯，把有无水利灌溉作为能否建立屯田的先决条件。如陕西三白渠灌溉区屯田，就是在太宗窝阔台时修建三白渠的基础之上建立发展起来的。同时，为了表示对水利灌溉的高度重视，往往让管理屯田官吏参与修治河渠之事。文宗时，为了及时修好陕西奉元路洪口渠，特命郭嘉议为"屯田总管兼河渠司事"[2]。

---

[1]《长安图志》卷下，《用水则例》。
[2]《元史》卷65，《河渠志》。

其特点之二,是屯田上的生产者主要为新附军,其次为编民、募民和无籍户。新附军由南人组成,编民、募民及无籍户,显然属于汉族人。这种现象的出现,并非偶然,而是元代统治者把人分为四个等级所体现出来的民族歧视政策在西北屯田上的反映。

其特点之三,是操守正军与屯田军的分离。所谓操守正军,指的是经专门操练防守的蒙古军队。所谓屯田军指的是专门屯种提供军粮的军队。操守正军与屯田军分离的建议,由忽必烈统治初期的西夏人朵儿赤提出。"西夏营田,实占正军,倘有调用,则又妨耕作,土脊野圹,十未垦一。南军屯聚以来,子弟蕃息稍众,若以其成丁者别编入籍,以实屯力,则地利多而兵有余矣"①。这一建议为忽必烈所采纳,并首先推行于西北地区。如中统二年(1261年),忽必烈"诏凤翔府种田户,隶平阳兵籍,毋令出征,务耕屯以给军饷"②。次年十月,"以凤翔府屯田军人,准充平阳军数,仍于凤翔屯田,勿遣从军"③。这种操守正军与屯田军的分离,保证了屯田上的生产者,不误农时地进行耕作。这对元代西北屯田事业的发展,无疑起了积极作用。

元代西北屯田大致起了如下历史作用。

第一,通过军民屯垦,使不少荒闲之地变为良田,这对扩大西北地区的耕地面积,发展这一带的社会经济起了积极作用。如世祖忽必烈统治期间,许楫利用京兆(今西安市)以西数千顷荒野之地,募民开垦,经过三年的苦心经营,"果获其利"④,使荒野变成了良田。

---

① 《元史》卷134,《朵儿赤传》。
② 《元史》卷4,《世祖本纪》。
③ 《元史》卷5,《世祖本纪》。
④ 《元史》卷19,《许楫传》。

第二,巩固了西北边防。如前所述,军屯、民屯生产了较多的粮食,至少可以部分满足当地驻军的需要,因而在一定程度上减轻了国家负担和老百姓运送军粮的徭役之苦,真是一举两得。

第三,促进了民族融合。元政府在兴办屯田的过程中,往往将一些汉族和少数民族的人民,有目的地进行迁徙。至元十九年,将山西太原的汉民迁至甘州、中兴一带屯田。成宗大德五年(1300 年),又将河西畏吾儿人迁至南阳,拨地给粮,"俾耕以自赡"①。元政府这种独特的移民屯垦政策,不仅加强了西北边疆与中原内地在农业生产技术方面的交流,而且加速了一些少数民族汉化的进程,是应当予以肯定的。

---

①《元史》卷 20,《成宗本纪》。

试论西夏立国长久的原因

西夏立国如果从 1038 年景宗元昊正式称帝建国算起，到 1227 年末主南平王睨力屈投降蒙古为止，首尾 190 年；如果上溯到拓跋思恭镇压黄巢起义有功，被唐僖宗封为定难军节度使，建立了"虽未称国，而王其土"①的夏州地方割据政权，则立国 347 年（公元 881—1227 年）。如所周知，辽立国 210 年，金 120 年，宋 320 年。两相比较，则西夏比辽、金和宋都长。在西北边陲立国如此长久，往往为后世学者所惊叹。如为吴广成《西夏书事》作序的赵逢源云："河西李氏自思恭授钺于中和，仁福析珪于乾化，传至元昊，跋扈鸱张，僭称尊号，凡十世而降于蒙古，自古偏隅窃据，享国传世，罔有若是之历年多者。"②

西夏论疆域没有宋、辽、金广阔，论人力物力也不如宋、辽、金，立国却能如此长久，这是什么原因呢？我认为既有内因也有外因。

地形险要，宜农宜牧的地理环境以及经济上基本自给自足，是西夏赖以立国并能长期生存下去的物质条件。

西夏统治的基本地区为河西走廊及黄河河套一带，"其地饶五谷，尤宜稻麦"③。西夏境内，群山环抱，北有阴山与狼山，西有贺兰山，西南有祁连山，东南有六盘山，黄河自西南向东北流，直贯其中。首府

①《宋史》486，《西夏传论》
②吴广成：《西夏书事序》。
③《宋史》卷 486，《夏国传下》。

兴庆府(今银川市)更是依山带河,形势雄固。兴州(今银川市)、灵州(今宁夏灵武县西南)一带,水利素称发达,"兴灵则有古渠,曰唐来,曰汉源,皆支引黄河灌溉之利,岁免旱涝之虞"①。因为农业发达,向有塞上江南之称。祁连山为天然牧场,甘州(今甘肃张掖市北)、凉州(今甘肃武威县)一带,水利发达,"以诸河为溉",②水草丰美,向为西夏之粮仓和良马的产地,尤其是凉州,在经济上显得特别重要。顾祖禹《读史方舆纪要》云:"西夏得凉州,故能以其物力侵扰关中,大为宋患。"③夏州(今内蒙古和陕西交界处,称白城子)东南的横山一带,为西夏的精兵和军粮的重要产地。"夏兵器甲虽精利,其斗战不及山界部族,而财粮又尽出山界。"④这里的党项羌兵战斗力最强,农业的兴盛仅次于兴州、灵州。因为横山地形险要,又接近宋界,"蕃户多在崖谷深处,各有堡子守隘"。⑤加上"山界蕃汉劲勇善战",⑥"夏人所恃以强国者,山界部落数万之众耳"。⑦西夏往往依靠这里的羌兵堡寨同宋对垒。

由于西夏不少地区宜农宜牧,随着社会生产的发展,农耕化的加深,其粮食产量除了满足人们日常生活需要之外,还多少可以有些储存。当时公私粮仓储粮颇多。如德靖镇(今陕西志丹县西)的七里坪山

---

①《宋史》卷486,《夏国传下》。

②《宋史》卷486,《夏国传下》。

③顾祖禹:《读史方舆纪要》卷63,《凉州卫》。

④《宋史》卷324,《张亢传》。

⑤尹洙:《河南先生文集》卷20,《奏为已发赴环庆路计置行军次第乞朝廷特降指挥》。

⑥《西夏书事》卷8。

⑦《宋史》卷191,《兵志·乡兵》。

上,有谷窖大小百余所,藏粮约八万石,①位于灵州西南的鸣沙川(一作鸣沙州)的"御仓",窖藏米多至百万。②此外,在贺兰山西北有"摊粮城",是西夏后方的储粮地,另在兰州东约一百五十里的西市城,夏人曾在这里"建造行衙,置仓积谷"③。粮仓的普遍设置和储粮的增加,从一个方面反映了西夏经济基本上可以自给自足。

宜农宜牧的地理环境以及经济上基本自给自足,同西夏立国的兴盛与长久有着很大的关系。《金史》作者曾指出:"其地初有夏、绥、银、宥、灵、盐等州,其后遂取武威、张掖、酒泉、敦煌郡地,南界横山,东距西河,土宜三种,善水草,宜畜牧,所谓凉州畜牧甲天下者是也。土坚腴,水清洌,……自汉、唐以水利积谷食边兵,兴州有汉唐二渠,甘、凉亦各有灌溉,土境虽小,能以富强,地势然也。"④

西夏统治阶级大胆选拔人才,注意培养人才,从而扩大了统治基础,加强国家对内对外职能,这是西夏兴旺发达和立国长久的又一重要原因。

西夏统治阶级对人才的尊重和选拔,突出表现在景宗元昊之时。他为了建立强大的西夏国家,并使之迅速得到巩固,也像他的祖父继迁一样"曲延儒士",在统治境内大力招揽各种各样人才。"自得灵、夏

---

① 《续资治通鉴长编》卷318,神宗元丰四年十月丙子条云:"种谔言蕃官三班差使麻也讹尝等,十月丙寅于西界德靖镇七里平山上,得西人谷窖大小百余所,约八万石,拨与转运司及河东转运司。"

② 《续资治通鉴长编》卷318,神宗元丰四年十月辛巳条云:"刘昌祚曰:……吾闻鸣沙有积粟,夏人谓之御仓,可取而食之,灵州虽久不足忧也,既至得窖藏米百万,为留信宿,重载而趋灵州。"

③ 《西夏书事》卷13。

④ 《金史》卷134,《西夏传赞》。

以西,其间所生英豪皆为其用。"①而且特别注意招揽重用宋朝投奔过来的失意知识分子、文臣武将,"或授以将帅,或任之公卿,推诚不疑,倚为谋主"②。在战争中论功行赏,轻视杀戮敌兵的首级,重视获得敌方的将才,"战胜而得官级者,不过赐酒一杯,酥酪数斤……然而得大将,复大军,则其首领往往不次拔用之"③。对于被俘的降官降将,不但不杀,反而加以礼遇,希望能为己用。这同宋朝的杀俘形成鲜明的对照。

在元昊大力招揽、礼遇、重用政策的感召下,一大批有才能的文武知识分子,汇集在元昊周围,担负着西夏中央和地方机构中的各种重任。在一大批"主谋议者"的参谋下,确立了西夏官制和兵制以及其他典章制度,从而奠定了立国规模,为西夏较长时期存在下去,打下了良好的基础。

西夏统治阶级早在元昊之时,即注意为国家培养人才,但这时仅设立蕃学,让党项贵族子弟和汉官子弟入校学习,"诸州多至数百人"。崇宗乾顺时,又新设立"国学",也就是汉学,"置教授,设弟子三百,立养贤务以禀之"④。仁孝时,进一步在全国各州县设立学校,"立大汉太学,仁孝亲释奠,赐予有差";⑤还"立小学于禁中,凡宗室子孙七岁至十五岁皆得入学,设教授,仁孝与后罔氏,亦时为条教训导之"⑥。在注意通过学校培养人才的同时,还实行了择优录取的科举考

①《续资治通鉴长编》卷150,仁宗庆历四年六月戊午条。
②《续资治通鉴长编》卷124,仁宗宝元二年九月,引太子中允直集贤院富弼语。
③戴锡章:《西夏纪》卷28,跋文引李纲语。
④《西夏书事》卷31。
⑤《西夏书事》卷36。
⑥《西夏书事》卷35。

试制度。如仁宗人庆四年八月，"策举人，立唱名法，设童子科，于是取士日盛"①。大力兴办学校，发展科举，为国家造就了大批人才，缩小了汉族和党项族在文化方面的差距，提高了西夏国家文化水平，从而也就加强了西夏抗衡宋、辽、金的实力，延长了西夏国家的寿命。

西夏统治阶级不断在上层建筑领域内进行革新，使上层建筑适应经济基础，生产关系适应生产力的性质，则是西夏立国长久的根本原因。这主要表现在景宗元昊、崇宗乾顺和仁宗仁孝时期。

元昊为了适应当时封建生产关系刚刚建立和社会经济的发展，在上层建筑领域内"更祖宗成规，藐中朝建制"②，根据西夏本国的国情，进行了诸如确立官制和兵制、设立蕃学院和汉学院等方面的改革。他在即位之前，便确立了一整套中央和地方官制、中央"其官分文武班，曰中书，曰枢密，曰三司，曰御史台，曰开封府，曰翊卫司，曰官计司，曰受纳司，曰农田司，曰群牧司，曰飞龙院，曰磨勘司，曰文思院，曰蕃学，曰汉学"③。地方分为州县两级，州设刺史、通判，县设县令等官。即位之后，再一次改革官制。"元昊以中书不能纯理庶务，仿宋制尚书令，考百官庶府之事而令决之。又改宋二十四司为十六司，分理六曹，于是官制渐备。"④元昊对官制的改革，充分体现了他的革新精神：第一，虽然"其设官之制多与宋同"，但并非完全照搬。如宋和西夏都设有中书令，但宋主要是赠官，形同虚设，而西夏中书令位在宰相之下，约相当于副宰相；第二，在任命官吏方面，注意了蕃汉联合统治的特点，"自中书令、宰相、枢（密）使、大夫、侍中、太尉以下，皆命蕃

①《西夏书事》卷36。
②《西夏书事》卷18，《论赞》。
③《宋史》卷485，《夏国传上》。
④《西夏书事》卷13。

汉族人为之"①。

在兵制方面，针对过去带有氏族血缘色彩的党项部落兵制进行了一些革新。首先，军队来源扩大了。除了由党项组成的外，还增加了汉族人组成的军队；其次，兵种增加了，计有"擒生军"（战争中专门俘掠生口，计十万人）、"侍卫军"（由党项贵族子弟组成，带有人质性质的轮番宿卫的军队，计五千人）、"铁鹞军"（由骁勇之士精选组成，担任最高统治者保卫工作的禁卫军），等等；再次，军队指挥机构健全了。在全国设立十二（一作十八）监军司，每司设有都统军、副统军和监军使各一员，由中央任命党项贵族充任。监军使之下，设有指挥使、教练使、左右侍禁等官，分别由党项人和汉族人充任。到毅宗谅祚时，在十二监军司之上还新设立了一个总的军事机构——翔庆军。

不断革新和逐步完善了的兵制，同宋比较，大体上有如下特点：（一）实行征兵制。规定成年壮丁二丁抽一，并编入军籍。"其部族一家号一帐，男年十五以上为丁，有二丁者取正军一人，负担一人，为一抄。负担者随军杂使也，四丁为两抄，余号空丁，愿隶正军者，得射它丁为负担，无则许射正军之疲弱者为之。故壮者皆战斗而得军为多。"②宋虽然一度实行过征兵制，但主要是募兵制。（二）全民皆兵。"其民皆兵，居不縻饮食，动不勤转饷。"③"人人能斗击，无复兵民之别，有事则举国皆来，此所以取胜多也。"④（三）寓兵于农。西夏军队除卫戍军、侍卫军和铁鹞子军是常备性质外，其余军队平时边生产边训练，遇有战事，由部落首领进行点集，"每有事于西，则自东点集而西，

①《西夏书事》卷 35。
②《西夏书事》卷 36。
③《西夏书事》卷 37。
④曾巩：《隆平集》卷 20，《夷狄》。

于东则自西点集而东,中路则东西皆集"①。宋朝与此相反,主要是常备兵,最多时达 125 万。(四)军队无给养。除常备兵有少量粮饷外,其余一律没有。"每举众犯边,一毫之物,皆出其下,风集云散,未尝聚养。"②甚至连装备也需自备。(五)监军司分管民户。"夏国左厢监军司,接麟府沿边地,分管户二万余,宥州监军司,接庆州保安军延安府地,分管户四万余,灵州监军司,接泾原环庆地,分沿边管户一万余,兹其大略也。"③(六)军队训练有素,军容整肃。"西贼首领各将种落之兵,谓之一溜,少长服习,盖如臂之使指。既成行列,举手掩口,然后敢食,虑酉长遥见,疑其语言,其整肃如此"④。(七)布防合理,内外并重。西夏有精兵五十余万,分别驻扎在首都兴庆府的周围及四邻边境地带。"自河北至午腊蒻山,七万人,以备契丹;河南洪州、白豹、安、盐州、罗落、天都、惟精山等五万人,以备环庆、镇戎、原州;左厢宥州路五万人,以备鄜、延、麟府;右厢甘州路三万人,以备西蕃、回纥。贺兰驻兵五万、灵州五万人、兴州兴庆府五万人为镇守。"⑤宋朝与此相反,主要的军队——禁军,一半驻京师,一半分驻全国各地,叫作"内外相维",结果"外轻内重",国防很成问题。

崇宗乾顺和仁宗仁孝时,随着封建土地制的巩固,封建生产关系的发展,为了适应这种经济基础的变化,在上层建筑领域内再次进行了改革。这次改革的主要内容是扩建学校,振兴科举,进一步改革中央官制,厘定法律,改革礼乐等等。限于篇幅,不再一一详述了。

---

①《宋史》卷 486,《夏国传下》。
②范仲淹:《范文正公政府奏议》卷下,《奏陕西河北攻守等策》。
③郑刚中:《西征道里记》。
④《续资治通鉴长编》卷 132,仁宗庆历元年五月甲戌条。
⑤《宋史》卷 485,《夏国传上》。

西夏经过这两次较大的变革,效果是十分明显的。它确立和巩固了西夏的皇权,发展了社会经济,调整了生产关系,使西夏的封建生产关系同生产力的发展状况基本相适应。这种适应表现在,除仁孝革新之前发生过一次哆讹等领导的蕃部起义之外,别无其他起义。

作为西夏的主体民族——党项羌族奋发图强的进取精神,以及同境内其他各族友好相处,共同开发西北的爱国主义精神,是西夏立国长久的又一重要原因。

西夏的党项羌族是一个历史悠久和富有战斗精神的民族。他像我国其他许多民族一样,具有爱国主义的优良传统和民族美德。他们在物质条件极端困难的情况下,刻苦耐劳,坚持生产斗争,开发西北,发展社会经济。他们乐于战斗,忠于职守,临危不惧,视死如归。"其民俗勇悍"[1],"其民习于用兵,善忍饥渴,能受辛苦,乐斗死而耻病终,此中国(宋朝)之民所不能为也"[2]。"夏人非有高爵厚禄以宠战士,然而人人习骑射,乐战斗,耐饥渴,其亲冒矢石,蹈锋刃,死行阵,若谈笑然。"[3]即使因作间谍工作不幸被擒,受尽酷刑,也决不投降。他们讲义气,讲气节,讲信用,一诺千金,重视乡里感情,崇尚团结互助,并把这些看作一种民族的美德。"其性大抵质直而上(尚)义,平居相与,虽异姓如亲姻。凡有所得,虽箪食豆羹不以自私,必招朋友。朋友之间有无相共,有余即以予人;无即以取诸人,亦不少以属意。"[4]

由于西夏是个小国,人力物力,同宋、辽、金相比,处于劣势,加上对外战争频繁,因此,他们经常处于高度警惕的临战状态,庄重自强,

---

①《宋史》卷193,《兵志·召募之制》。

②《辽史》卷115,《西夏外纪》。

③司马光:《司马文正公传家集》卷41,《章奏·论横山疏》。

④余阙:《青阳先生文集》卷4,《送归彦温赴河西廉访使序》。

奋发向上,充分发挥主观能动性,以便化劣势为优势,由弱小变为强大。北宋史学家王称评论西夏人的这种精神时写道:"夏小国也,自元昊以来服叛不常,而每为中国(指北宋——笔者)之患,虽有智者之谋,而亦莫能得志何哉! 大抵国大则有所恃而不戒,故其强易弱,国小则无所恃而常俱,军民之势犹一家也,相恤相救,谋虑日深,故其弱为难犯,此其所以为中国之患欤!"①一语道破了西夏立国长久的重要原因。

民族政权林立,宋、辽、金在不同时期,互相攻伐,抵消实力,尤其是西夏的邻邦宋朝,貌似强大,实则虚弱,内外交困,穷于应付,是西夏立国长久的外部原因。

西夏立国时,在祖国的大陆上,先后出现了众多的民族政权。其东南是宋,其北和东北是契丹族建立的大辽,东北为女真族建立的大金,西南有吐蕃,吐蕃的东南有大理(今云南),西方有于阗、龟兹、高昌等西域小国,北方则有蒙古诸部。在众多的民族政权中,举足轻重互相抗衡者则为宋、辽、金和西夏。西夏先同北宋和辽鼎足而立,接着又同宋和金鼎足而立。首先,北宋的积贫积弱,为德明的初步统一河西和元昊进一步称帝建国创造了极为有利的条件。当时北宋王朝正当真宗、仁宗之际,表面上歌舞升平,实际上危机四伏,每况愈下。"将不素蓄,兵不素练,财无久积"②,"人情玩习而多务因循"③,"上下安于无事,武备废而不修,庙堂无谋臣,边鄙无勇将,将愚不识干戈,兵骄不知战阵,器械朽腐,城郭隳颓"④,呈现着一派衰败的景象。其次,北

①王称:《东都事略》卷 128,附录 6《西夏二》

②《续资治通鉴长编》卷 125,仁宗宝元二年闰十二月引知制诰叶清臣语。

③《续资治通鉴长编》卷 123,仁宗宝元二年三月壬寅条。

④《续资治通鉴长编》卷 204,英宗治平二年正月丁卯条。

宋在真宗景德元年"澶渊之盟"以前,同辽进行了多次战争,金在太祖阿骨打时,发动大规模的对辽战争,此后,金对宋进行了长达110年之久的战争。这些旷日持久消耗战的结果是,吃掉了大辽,灭亡了北宋,削弱了南宋和金,这对西夏进一步发展、壮大和巩固,无疑也是一个外部的有利条件。

此外,西夏统治者还善于根据自己的实力及宋、辽、金的强弱形势,决定联合谁,孤立谁,打击谁。"(西夏)立国二百余年,抗衡辽、金、宋三国,俪(背离)乡(倾向)无常,视三国之势强弱以为异同焉。"①即使对待已经确定的敌国,也往往是战争与和谈两手交替使用。如继迁、元昊统治期间,根据当时的形势,决定联辽抗宋,推行"远交近攻"之策。但联辽的结果,只能得到政治上的声援,经济上捞不到好处,故有时又讨好宋朝,希望能得到它的"岁赐"。这种情况正如宋人李纲昕指出:"夏人狡狯多诈而善谋,强则叛乱,弱则请和,叛则利于掳掠,侵犯边境,和则岁赐金缯若固有之,以故数十年西鄙用师,叛服不常,莫能得其要领。"②总之,西夏统治者利用外力但并不完全依赖外力,采取战争与和谈两手交替使用的灵活外交路线,对于延长西夏的寿命无疑也起了重要的作用。

(原载《宁夏社会科学》1985年第3期)

---

①《金史》卷134,《西夏传赞》。
②戴锡章:《西夏纪》卷28,跋文引李纲语。

试论西夏的历史地位

如何看待西夏在我国历史上的地位？到目前为止，史学界有关专家学者，大多数在不同程度上做出了肯定的回答，这是正确的，没有疑义。但究竟应当从哪些方面去肯定？则仍然是一个值得进一步深入探讨的问题。鉴于对该问题尚无专文论及，本文拟从四个方面进行论述。

一

西夏所进行的局部统一，为祖国西北地区民族经济的发展和文教的昌盛，提供了政治上的保证，为元朝的大统一奠定了一定的基础。

西夏对祖国西北地区的统一，有一个漫长的历史过程。其疆域从不断扩展到最后定型，大体上经历了六个不同的历史时期。

第一个时期，自唐末拓跋思恭建立夏州地方政权，到宋初李继捧归宋。在这期间，夏州统治者僻居一隅，仅有数州之地。正如后唐明宗所指出："夏、银、绥、宥等州，最居边远，久属乱离，多染夷狄之风，少识朝廷之命。"[1]而且这数州之地，还因李继捧奉献于宋而一度化为乌有。

第二个时期，为李继迁统治时期。李继迁叛宋自立后，经过二十

---

[1] 王钦若等：《册府元龟》卷 166，《帝王部招怀第四》。

年的惨淡经营,终于迫使宋真宗归还银、夏、绥、宥等州故土,同时伺机用武力夺取了宋朝的一些地区,使重建的夏州地方政权统治范围有所扩大。这时李继迁实际控制的地区,"东薄银、夏,西并灵、盐,南趋鄜、延,北抵丰、会,迤逦平夏,幅员千里"①。

第三个时期,为李德明统治时期。李德明继位之后,由于他推行了一条对宋、辽友好,竭尽全力统一河西地区的方针,先后用武力夺取了甘州和凉州,从而使夏州地方政权的势力范围扩大为银、夏、绥、宥、灵、盐、甘、凉等八州之地。韩琦、范仲淹在追述德明开疆扩土时指出:"从德明纳款之后,经谋不息,西击吐蕃、回鹘,扩疆数千里。"曾巩在其《隆平集·西夏传》中对德明拓疆后的统治范围谈得更为具体:"至德明攻陷甘州,拔西凉府,其地东西二十五驿,南北十驿,自河以东北十有二驿而达契丹之境。"②这说明德明基本上统一了河西,将其势力范围扩大了几倍,为元昊的立国奠定了基础。

第四个时期,为景宗元昊统治时期。这一时期,由于元昊进一步降附了沙州和肃州,彻底完成了河西地区的统一,从而使疆土扩大为二十个州。"元昊既悉有夏、银、绥、宥、灵、盐、会、胜、甘、凉、瓜、沙、肃、而洪、定、威、怀、龙,皆即旧堡镇,伪号州,仍居兴州,阻河依贺兰山为固。"③这是李焘《续资治通鉴长编》的有关记载。《宋史·夏国传》记载与此大体雷同,仅在威、龙二州之间少一怀州。这是元昊建国之后所领诸州,反映了西夏疆域的初步奠定。

第五个时期为崇宗乾顺统治时期。乾顺利用宋金战争激烈的大

①《续资治通鉴长编》卷123,宝元二年六月乙亥条。
②《续资治通鉴长编》卷159,庆历三年正月乙卯条。
③《续资治通鉴长编》卷120,仁宗景祐四年十二月条。

好时机,先后用武力攻占了宋朝的震威城、西安州、定边军、府州、西宁州等地,同时,通过外交途径,迫使金把陕西北部地区,以及青海东部的乐州、积石、廓州等地,割让给西夏,从而把西夏疆域扩大到建国以来从未有过的规模。清人吴广成在评论乾顺开疆扩土时指出:"乾顺当绍圣乖方,靖康厄运,始则谋生豕突,继则利享渔人,不特义合葭芦,侵疆尽复,而西宁、湟、鄯亦入版图,盖摧坚者难为功,拉朽者易为力也。"①概括地叙述了乾顺利用宋金矛盾,开疆扩土,从中渔利的实况。

第六个时期为仁宗仁孝统治时期。这是西夏疆域最后定型时期。这时西夏比较稳定地直接统治着二十二州,面积约二万余里。二十二州的具体分布情况是:"河南之州九:曰灵、曰洪、曰宥、曰银、曰夏、曰石、曰盐、曰南威、曰会。河西之州九:曰兴、曰定、曰怀、曰永、曰凉、曰甘、曰肃、曰瓜、曰沙。熙秦河外之州四,曰西宁、曰乐、曰廓、曰积石。"②以上是西夏比较牢固地长期领有的基本地区。此外,西夏还实际领有静州、胜州、龙州、韦州、西安州、府州等地。据吴天墀先生《西夏史稿》的考证,至少实际领有三十二州③,但究竟实际领有多少州,还有待于今后进一步深入研究。

西夏之所以能够逐步统一西北的大部地区并非偶然,而是"蕃汉杂处④"的西北各族经过近二百年的长期自然同化,不断冲突融合的结果。自唐末到明初,为我国第三次民族大冲突大融合的时期。这一时期历史发展的总趋势是从分裂走向统一,而世居西土"恩信孚部

①⑤《西夏书事》卷35。
②《宋史》卷486,《夏国传下》
③参阅吴天墀先生《西夏史稿》 附录二,《西夏州名表》。
④《西夏书事》卷16。

落"的西夏统治者,凭借着自己丰富的政治经验和较强的组织能力,顺应这一历史发展趋势,在这一带经济文化发展接近内地的基础之上,逐步消灭异己而最后建立了地方政权。

西夏的局部统一,有着明显的进步意义。它不仅为西北地区社会经济的发展和文教的昌盛,提供了相对的和平环境,而且为元王朝的大统一创造了一定的条件。历史的实践表明,没有唐末五代的大动荡,大分化及其局部统一,就不可能有宋初的统一。同样,没有辽、宋、西夏、金的局部统一,及其又冲突又融合,以及漠北草原上的强大蒙古部落,异军突起,去打破宋、西夏、金三足鼎立的割据均势,也就不可能有元朝的空前大统一。

二

西夏的立国对祖国西北地区的开发,做出了一定的贡献。

西夏对祖国西北地区的开发,突出表现在西夏农业的发展之上。农业是西夏重要经济部门之一。西夏在中央设"农田司"去专门管理农业,反映其统治者对农业的关心和重视。西夏农业比较发达的地区为兴、灵、凉、肃诸州。"其地饶五谷,尤宜稻麦"[1];其次为同宋毗连的沿边的一些山区。"东则横山,西则天都、马衔山一带"[2],其中的横山,宜农宜牧,对西夏尤为重要。"横山延袤千里,多马宜稼,人物劲悍善战,且有盐铁之利,夏人恃以为生。"[3]

西夏农业上的成就概括地说,表现在以下五个方面:

---

①《宋史》卷486,《夏国传下》。
②《续资治通鉴长编》卷466,元祐六年九月壬辰条。
③《宋史》卷335,《种谔传》。

（一）采用汉族比较先进的生产工具和生产技术知识

其生产工具，据西夏《文海》记载，计有犁、耙、锹、耧、镰刀等，据《蕃汉合时掌中珠》的记载则有犁、铧、锄、耙、镰、锹、镘、杴（音谦）、子耧等等。这些农具均为木柄铁器构成，与宋朝汉民使用生产工具基本一致，说明其农业生产技术水平与宋朝不相上下。

（二）牛耕的普遍使用

西夏牛耕的广泛使用，有如下史料佐证：《蕃汉合时掌中珠》明确记载了牛耕，安西榆林窟西夏壁画有二牛抬扛，一人扶犁的"牛耕图"；已发掘的西夏皇陵 101 号陪葬墓内有鎏金铜牛。这些，说明西夏人已普遍使用牛耕，其二牛抬杠，一人扶犁的耕作方法，与内地汉民完全相同。

（三）重视和发展水利灌溉

西夏统治者在发展水利方面主要做了三个方面的工作，对过去保存下来的古渠进行疏浚和修复。西夏古渠主要分布在兴州、灵州一带，其中最有名的古渠是兴州的汉源渠和唐徕渠。汉源长 320 里，唐徕长 250 里，有几十条支渠，"皆支引黄河，"[1] "支渠大小共六十八，计溉田九万余顷。"[2]在灵州则有秦中、汉伯、艾山、七级、特进等古渠，与兴州的汉源、唐徕相连，也有支渠数十，构成了兴、灵二州的水利灌溉网。此外，在"甘、凉之间，则以诸河为溉。"[3]即利用祁连山雪水，疏浚河渠，引水溉田。

在修复古渠的同时，还开凿了新渠——"昊王渠"，也叫"李王渠"。该渠位于今宁夏青铜峡至平罗一带。

---

①《宋史》卷 486，《夏国传下》。
②《元文类》卷 50，《知太史院事郭公行状》。
③《宋史》卷 486，《夏国传下》。

西夏统治者为了有效地管理好水利事业，仁宗仁孝时还专门制订了《天盛年改定新律》，具体规定了水利设施和水利的使用办法。

（四）开垦荒地

西夏统治者鼓励人民开垦荒地，仁宗《天盛年改新定律令》明文规定，生荒地归开垦者所有，并可以出卖，说明老百姓开垦荒地受到法律保护。

但西夏开垦荒地，见于记载的多数在宋夏沿边毗邻之处，即用侵耕宋地的办法，去达到扩大耕地面积的目的。"夏人既称臣，而并边种落数侵耕为患。"①这种侵耕之事，时有发生。早在景宗元昊建国之后，就让西夏的老百姓侵耕宋麟州屈野河西闲田，毅宗谅祚时，没藏讹庞为国相，不但继续侵耕这一带的土地，将收获之物攫为己有，而且将其侵耕范围扩大到宋鄜延路德靖镇一带。他们在那里"开垦生地，剽掠人畜，戍兵捍之不止。"②至崇宗乾顺时又进一步侵耕了宋大理河东葭芦一带的旷地。他们乘着夜间月色朦胧，越过边界偷偷耕种，"昼则却归本界，经略使禁之不能止"③，只好听之任之。

上述侵耕事件的发生，虽然起了激化宋夏矛盾的作用，但也反映了西夏统治者对开垦荒地、增加生产的高度重视。

（五）储存了大量粮食

由于水利的兴修，各地农田"岁无旱涝之虞"④，加之牛耕的普遍使用，开垦荒地，采用汉族人先进生产技术，因此，西夏粮食产量有所增加，具体表现在公私粮窖储存了大批粮食。西夏建窖储粮始于何

---

①《宋史》卷291，《吴育传》。

②《西夏书事》卷20。

③《西夏书事》卷30。

④《宋史》卷486，《夏国传下》。

时？从有关记载看,早在李继迁重建夏州政权之时即已出现。如真宗咸平五年,泾原部署陈兴与副部署曹玮率领官军袭击康奴族,"人畜窖粟,悉被擒获,保吉闻之赴救,兴等已退。"①此后,随着农业的发展,这种储粮的公私窖藏越来越多。据《续资治通鉴长编》《宋会要辑稿》《宋史》《西夏书事》的记载,西夏的粮仓、粮窖计有夏州境内的德靖镇七里平和桃堆平,贺兰山西北的"摊粮城",灵州西南的鸣沙州,兰州境内的质孤堡、胜如川、宽谷寨,以及距离兴州东面约一百五十里的西市城等等。这些粮仓、粮窖储粮颇多。如七里平谷窖百余所,藏粮约八万石,鸣沙州的所谓"御仓",窖藏米多至百万石。储存如此之多的粮食,从一个侧面反映了西夏农业的发展。

西夏农业的发展有着重大的影响和意义。首先,农业的发展,使党项族从内迁前的逐水草而居,"不知稼穑"②,到建国前的逐步农耕化,以及建国后农业成为社会经济的主要部门,这在党项族的发展史上,无疑是一个巨大的进步;其次,由于农业的发展,带来了手工业商业的繁荣,从而增强了西夏的国力,西夏之所以能够"绵延五代,终始辽、金,"同辽、宋、金长期鼎立,其原因固然很多,但与西夏农业的发展,经济上基本自给自足,是有着很大的关系的。

三

西夏通过公私贸易,加强了西北边疆同内地的经济文化交流,从而丰富了边疆内地各族的物质和精神文化生活,有利于宋夏边界的安宁。

从经济交流看,宋夏贸易主要采取了下列几种途径和方式。

方式之一是定期朝贡。西夏每隔一段时间,就要向宋朝贡。这种

---

①《西夏书事》卷 3。

②《隋书》卷 83,《党项传》。

朝贡实际上是一种变相的贸易。西夏通过朝贡究竟可以获得哪些好处呢？司马光在评论西夏毅宗谅祚的入贡时概括地指出："谅祚所以依旧遣使称臣奉贡者，一则利每岁所赐金帛二十余万，二则利于入京贩易，三则欲朝廷不为之备也。"①这说明西夏朝贡除了可以使宋在政治上丧失警惕，不预为防备之外，在经济上至少有两大好处，即宋回赐大量钱物，在宋首都货易获利。

方式之二是设立榷场。榷场是宋朝政府在宋夏沿边之处特设的贸易机构。其主要任务是稽查出入货物，征收商税，进行大宗贸易。宋政府为了使榷场有足够的资金进行正常贸易，往往给予一定的贷款。"神宗熙宁八年，市易司请假奉宸库象犀珠直二十万缗于榷场贸易，至明年终偿其值，从之。"②十分显然，没有宋朝中央政府这种经济上的有力支持，任何榷场都将难以迅速打开局面的。

宋夏著名的榷场，计有保安军、镇戎军和高平寨等。据《宋史·食货志》记载双方贸易货物计有二十多个品种，西夏输出货物以马、牛、羊、骆驼为大宗，宋则以茶为其主要物品。此外，西夏的青盐以及大黄、枸杞等药材也是对宋出口的重要商品。

方式之三是设置"和市"。这是一种比榷场次一级的商场。这种"和市"有二种：一种是经过双方协商同意设立的，如宋在河东路、陕西路沿边一带的久良津、吴堡、银星、金汤、白豹、虾蟆、打姜等地，就设有这种"和市"；另一种是单方面擅自设立的定期市场，名之曰"会"。如咸平五年，李继迁"于赤沙、骆驼路各置会贸易"③。

方式之四是非法"窃市"。即西夏人同宋沿边军民私下进行的交

①《诸臣奏议》卷135，司马光《上英宗乞留意边事》。
②《文献通考》卷20，《市籴考》。
③《续资治通鉴长编》卷51，咸平五年正月甲子条。

易。宋政府对这种非法交易,虽然严加取缔,"禁边民与夏人为市"①,但却越禁越盛。"边民与西人私相交易者,日夕公行。"②

这种"窃市"的兴盛,在一定程度上影响了宋政府经营的榷场贸易。"贼情乃云,本界西北,连接诸蕃,以茶数斤,可以博羊一口,今既许于保安、镇戎军置榷场,惟茶最为所欲之物,彼若岁得二十余万斤,榷场更无以博易。"③这说明与日俱增的非法"窃市",如不设法禁止,将会直接影响榷场贸易的正常进行。

在文化交流方面,由于宋朝文化高于西夏,因此,见于记载的,西夏有求于宋者居多。当时自宋输入西夏的计有"九经"、宋历、时服、佛经等等。兹略举数例,以见一斑。

"九经":宋时所谓"九经",指的是易经、书经、诗经、春秋、左传、礼记、周礼、孝经、论语、孟子。西夏获得"九经"的途径有二:一是通过榷场购买。"诏民以书籍赴沿边榷场易者,自非九经书疏悉禁之,违者案罪,其书没官。"④说明"九经"一类书籍可以输入西夏,并不禁止。二是派遣贡使请求赐予。如宋仁宗嘉祐七年,谅祚"进马五十匹,求九经、唐史、册府元龟及宋正至朝贺仪,诏赐九经,还所献马。"⑤

宋历:西夏在相当长的一段时间里奉行宋历,宋向西夏往往主动颁赐。如仁宗庆历五年十月"颁历于夏国"⑥,英宗治平二年,颁赐夏国"历日一卷"⑦。在西夏奉行宋历问题上有一种看法需要纠正。如香港

---

①《宋史》卷 17,《哲宗本纪》。

②《司马文正公传家集》卷 50,《论西夏札子》。

③《长篇》卷 149,庆历四年五月甲申条。

④《宋会要辑稿》第 140 册,《食货》三八之二七

⑤《宋史》卷 485,《夏国传上》。

⑥《宋史》卷 9,《仁宗本纪》。

⑦王珪《华阳集》卷 18,《赐夏国主历日诏》。

林旅芝先生云:"(西夏)始终奉行宋历,德明时行中国仪天历,元昊称帝后,则奉行仁宗颁赐之崇天万年历。"①其实,西夏并非自始至终奉行宋历,而是自南宋高宗绍兴二年"停行中国历",停止的原因是由于西夏已归服金。"故事每于上年孟冬受中国赐历,时高宗以乾顺附金久,不复颁赐,自是不行中国历。"②

时服:随着西夏汉化的加深,其统治集团"读中国书籍,用中国车服"③者与日俱增,他们迫切需要宋服。为了满足西夏的需求,宋朝皇帝不仅"许夏国用汉衣冠"④,而且于每年十月间派专人"押时服赐夏国。"⑤如元丰元年十月,神宗命"阁门祗侯赵勘押赐仲冬时服至,秉常以蕃书附之入谢。"⑥

以上是宋输入西夏的,至于西夏输入宋朝的,见于记载者为数不多,其中颇享盛名和影响较大属于物质文明方面的则有神臂弓和夏人剑。

神臂弓:被宋人誉为"最为利器"⑦的神臂弓,大约于神宗熙宁年间传入宋朝。该弓"以厌为身,檀为弰,铁为枪镗,铜为机,麻索系扎丝为弦。"⑧因为其制作精美,经久耐用,犀利无比,"能洞重札,"⑨神宗下令依样制造。南宋高宗年间,抗金名将韩世忠所制造的"克敌弓",就是仿照西夏神臂弓制造的。

---

①林旅芝:《西夏史》第13章,《夏之改制及文化》。

②《西夏书事》卷34。

③《诸臣奏议》卷135,富弼《上仁宗河北守御十三策》。

④《宋史》卷9,《仁宗本纪》。

⑤《西夏书事》卷24。

⑥《宋史》卷350,《周永清传》。

⑦《梦溪笔谈》卷19,《器用》。

⑧《梦溪笔谈》卷19,《器用》。

⑨朱弁:《曲洧旧闻》卷9。

夏人剑：为一种随身佩戴的西夏宝剑。这种宝剑在宋朝享有很高的声誉，被誉为"天下第一。"①宋朝最高统治者及文人学士，往往以得到该剑为荣。宋钦宗曾"佩夏国宝剑，"②后来将它赏赐给王伦。文学家苏轼见此剑"极欣尝"，并请晁补之为其作歌，内有"试人一缕立褫魄，戏客三招森动容。"③说明不仅外表美观，而且锋利无比。

宋夏经济文化交流，起了不可忽视的历史作用。

首先，给宋夏两国带来了物质上的好处。这种好处正如范仲淹在其《答赵元昊书》中所指出："大王之国，府用或阙，朝廷每岁必有物帛之厚赐，为大王助……又马牛驼羊之产，金银缯帛之货，有无交易，各得其所……"④如果将宋夏两国所得经济上的好处加以比较，显然西夏大于宋朝。"彼西人公则频遣使者，商贩中国，私则与边鄙小民，窃相交易，虽不获岁赐之物，公私无乏。"⑤

其次，对于互通边情，维护宋夏边境安宁起了一定的作用。如宋通过沿边互市，以缯绵换取蕃部马，可以"利戎落而通边情"，反之，如果取消互市，就会引起边境蕃部"猜阻不安"⑥，边境安宁也就很成问题了。

再次，在一定程度上改善和丰富了宋夏人民的生活。从西夏方面看，"既通和市，复许入贡，使者一至，赐予不资，贩易而归，获利无算，传闻羌中得此厚利，父子兄弟始有生理"⑦。说明西夏人同宋贸易，以

---

①太平老人：《袖中锦》，收《学海类编》集余四。
②《宋史》卷371，《王伦传》。
③晁补之：《鸡肋集》。
④《范文正公案》卷9。
⑤《司马文正公传家集》卷50，《论西夏劄子》。
⑥《宋史》卷299，《张若谷传》。
⑦苏辙：《栾城集》卷39，《论西事状》。

其所有易其所无,获益良多。西夏人获利如此,宋朝内地尤其是沿边人民得此经济交流好处,概可想见。

四

西夏文教昌盛,不仅为西夏自身培养了大批文武人才,而且为元初统治者储备了大量有用人才。西夏在文教方面富有成效的努力,对于提高西夏境内各族以及整个中华民族的文化水平,做出了有益的贡献。

西夏统治者在其立国之前及其立国初期,人才十分缺乏。其人才的主要来源有二:其一,通过礼贤下士,想方设法延揽人才。如李继迁"潜设中官,尽异羌夷之体,曲延儒士,渐行中国之风,"①就是用延揽人才的办法,去建立其统治机构的。西夏统治者在延揽人才方面卓有成效者当推景宗元昊。"自得灵、夏以西,其间所生英豪皆为其用;"②其二,自宋输入。即吸收宋朝投奔过来的失意知识分子,文臣武将。如李继迁时既引"张浦为谋主,"③又"纳灵州叛人郑美,"④授以指挥使之职。此外,元昊用张元,吴昊为"国相",毅宗谅祚重用汉族人苏立、景询,让他们或为官或为学士等等。这些,说明了西夏统治者对人才的尊重和重用。

无论延揽和输入都不是解决人才缺乏的根本办法。最根本的办法是兴学校,发展科举,振兴文教,自己培养。西夏自元昊建国后,即开始兴学校,设立蕃学和汉学,初步为西夏国家培养了一批有用人

①《续资治通鉴长编》卷50,咸平四年十二月丁卯条。
②《续资治通鉴长编》卷150,庆历四年六月戊午条。
③彭百川:《太平治迹统类》卷2,《太祖太宗经制西夏》。
④《西夏书事》卷6。

才。"自曩霄创建蕃学，国中由蕃学进者，诸州多至数百人。"①到西夏中期，崇宗乾顺"于蕃学外，特建国学"②，为国家培养了更多人才。仁宗仁孝时，不仅在中央设立"太学""内学"，以及在皇宫中设立贵族小学，而且于地方各州县兴办学校，使"国中增弟子员至三千人"③。

除了大兴学校外，从仁孝开始，还推行科举制度，设童子科，策试举人，择优录取，在"取士日盛"④的情况下，为国家培养了大批人才，从而扩大了统治基础，巩固了西夏国家的统治。

由于西夏统治者建国伊始，就创建学校，振兴文教，尤其是经过乾顺、仁孝时期对文教事业的发展，因此，至西夏末期，人才辈出，不仅自身不乏人才，而且为元初蒙古统治者储备了不少人才。

西夏灭亡之后，一批文化素养较高的西夏人，活跃在元代的历史舞台之上，充当了自中央到地方的各级重要官员。这样的西夏人到底有多少？据有的学者初步统计，见于记载的有三百七十多人。⑤元初，蒙古统治者对这批博学多才的西夏人，十分赏识和器重。兹略举数例，以见一斑。

李桢，"字幹臣。其先，西夏国族子也。金末，桢以经童中选。既长，入为质子，以文学得近侍，太宗嘉之，赐名玉出干必阇赤。从皇子阔出伐金，帝命之日：'凡军中事，须访桢以行'……"⑥

朵儿赤，"字道明，西夏宁州人，父于扎簧，世掌夏国史。初守西

---

①《西夏书事》卷31。
②《西夏书事》卷31。
③《西夏书事》卷35。
④《西夏书事》卷36。
⑤参阅汤开建《元代西夏人物表》，《甘肃民族研究》，1988年第1期。
⑥《元史》卷124，《李桢传》。

凉,率父老以城降太祖……。朵儿赤年十五,通古注《论语》《孟子》《尚书》。帝以西夏子弟多俊逸,欲试用之,召见于香阁,帝曰:'朕闻儒者多嘉言'。朵儿赤奏曰:'陛下圣明仁智,奄有四海,唯当亲君子,远小人尔'。"①

上举二例,有助于我们了解元初西夏人才的概况。从"凡军中事,须访桢以行",说明李桢具有非同一般的军事造诣。从朵儿赤"年十五,通古注《论语》《孟子》《尚书》",说明其儒学功力之深厚。从蒙古统治者对西夏知识分子的赞许——"西夏子弟多俊逸",以及朵儿赤同元帝充满着儒家说教的对答看,说明西夏统治者所培养的人才,同辽、宋、金相比,无论从其举止谈吐,知识的渊博,还是从其综合修养和实际水平等方面去看,都实有过之而无不及。

西夏知识分子活跃在元朝的历史舞台之上,对于蒙古人的汉化,以及蒙汉文化的融合,起了加速和促进的作用。这种历史作用正如陈登原先生所指出:"西夏人才,初虽有资于宋,其后亦卓然有所自己,并曾启迪金源。蒙汉文化混合,西夏与有力焉。"②

(原载《兰州大学学报》1989年第1期)

---

①《元史》卷 134,《朵儿赤传》。
②陈登原:《国史旧闻》第 2 册,《西夏》。

试论西夏的历史特点

西夏立国西陲（1038—1227 年），先后与辽、宋、金鼎足而立，持续时间近两个世纪。立国如此长久的西夏，其历史究竟有何特点，则是一个值得深入研究的问题。本文从四个方面对西夏的历史特点进行分析。

一

西夏历史特点之一，是政治上采用蕃汉联合统治。所谓"蕃汉联合统治"，指的是以皇族鲜卑拓跋氏为核心，党项羌上层为主体，联合吐蕃上层、回鹘上层以及汉族地主阶级，共同治理西夏国家，剥削奴役着各族广大的劳动人民。这种联合统治充分暴露了西夏国家的阶级压迫实质。

西夏的联合统治，并非自立国开始，而是早在李继迁重建夏州政权之时，即已初见端倪。史载李继迁叛宋自立不久，即"潜设中官，尽异羌夷之体；曲延儒士，渐行中国（指宋朝）之风"①。这里的中官，即汉官，也就是根据当时的体情况，模仿宋朝官制而设立的一些官职。

当时李继迁究竟设了哪些官职呢？公元 982 年（宋雍熙三年）二月，李继迁袭据银州，在"蕃族附者日众"的情况下，为了团结蕃部首

---

① 《续资治通鉴长编》卷 50，咸平四年 12 月。

领共同抗宋,于是"设官授职,以定尊卑,预署酋豪,各领州郡,"他自"称都知蕃落使,权知定难军留后,以张浦、(刘)仁谦为左右都押牙,李大信、破丑重遇贵为蕃部指挥使,李光祐、李光允等为团练使,复署蕃酋折八军为并州刺史,折罗遇为代史刺史,崑悉咩为麟州刺史,折御也为丰州刺史,弟延信为行军司马,其余除授有差。"①说明李继迁重建的夏州地方政权初步具有蕃汉联合统治的雏形。这种联合统治的特点有二:其一,从其人员的构成看,总数十一人,其中汉姓仅占三人,党项羌姓为四人,属于鲜卑拓跋姓者为二人,说明这时的联合统治以蕃为主,以汉为辅;其二,实授与预署并行,但以实授为主。这种情况反映了李继迁在树立反宋旗帜后,不断扩大地盘的决心和信心。

李德明时期的蕃汉联合统治,明显有所发展。他"以左都押牙张浦兼行军左司马、绥州刺史,赵保宁兼右司马指挥使,贺承珍兼左都押牙,刘仁勖为右都押牙,破丑重遇贵为都知蕃落使,白文寿、贺守文为都知兵马使,何宪、白文赞为孔目官,郝贵、王旻为牙校,复以李继瑗为夏州防御史,李延信为银州防御使,其余升赏有差。"②这表明李德明对李继迁那套行之有效的统治机构,做了进一步的充实和完善。如果将它同李继迁的那套机构比较,则有三点不同:任命名单虽然同为十一人,但其中蕃姓只占三人,汉姓却占八人,说明德明时期的联合统治是以汉为主;取消预署,均为实授;新增了孔目官。

西夏的蕃汉联合统治发展到景宗元昊时期已经初具规模,并日益巩固。

从元昊中央政府的机构看,"其官分文武班,曰中书,曰枢密,曰

---

①《西夏书事》卷4。
②《西夏书事》卷8。

三司,曰御史台,曰开封府,曰翊卫司,曰官计司,曰受纳司,曰农田司,曰群牧司,曰飞龙院,曰磨勘司,曰文思院,曰蕃学,曰汉学。"①这些机构显然是模仿宋朝的二十四司而设立的。当然,多少根据西夏的国情而有所变通。

从其对官员的任命看,采用的是蕃汉兼用的原则,"自中书令、宰相、枢使、大夫、侍中、太尉已下,皆分命蕃汉族人为之"②。按照这一原则,元昊"以蒗名守全、张陟、张绛、杨廓、徐敏宗、张文显辈主谋议,以钟鼎臣典文书,以成逋克成、赏都卧额、如定多多马、窦惟吉主兵马,野利仁荣主蕃学。置十二监军司,委豪右分统其众"③。

元昊所建的官制,除了采用汉官名号外,还采用了诸如宁令、谟宁令、丁卢、丁努、素赍、祖儒、吕则、枢铭等蕃号官名。但这种以蕃语命名的官称,并非只有党项人才能担任的"专授蕃职",更不是与前者并存的两个系统,而是一种官职两种名号罢了。④

从上述可知元昊时期的蕃汉联合统治有如下特点:(一)元昊所设官职,虽然并非照搬宋朝,而是参照吐蕃官制(如设监军司等),结合本国国情多少有所变通,但其主要内容仍是模仿宋朝"其设官之制,多与宋同"⑤;(二)采用一套官职蕃、汉两种名号;(三)所任官员总数十二人,汉占其七,蕃占其五,仍以汉族人为主。这点与继迁时相反,与德明时期大体雷同;(四)从中央到地方凡主兵马者均为党项人。这表明西夏统治者认识到军权的重要性。

---

①《宋史》卷485,《夏国传上》。
②《宋史》卷485,《夏国传上》。
③《宋史》卷485,《夏国传上》。
④李蔚:《西夏蕃官刍议》,《西北史地》1985年第2期。
⑤《西夏书事》卷20。

　　景宗元昊以后的蕃汉联合统治,就其基本特征和性质而言,大体上没有什么变化,但就其官制发展看,同元昊时期相比,则有以下几点不同:(一)毅宗谅祚时新增设了各部尚书、侍郎、南北宣徽使、中书、学士等官,其蕃号官名也新出现了昂摄、昂星、谟个、阿尼、芭良、鼎利、春约、映吴、祝能、广乐、丁努等等。此外,监军司也有变动,"谅祚以威州监军司为静塞军,绥州监军司为祥祐军,左厢监军司为神猛军,更于西平府设监军司为翔庆军总领之";[①](二)乾顺亲政(公元1099 年)以后,仅用汉官名号,而不再用蕃号官名;[②](三)仁宗仁孝时进一步将政府机构分为五品:上品——中书、枢密;次品——殿前司、御史、中兴府、三司、僧众功德司、出家功德司、大都督府、御司、宣徽院、内宿司、护法功德司、阁门司、御膳司、瓯匦司、西凉府、镇夷郡、番和郡;中品——大恒历司、都转运司、陈告司、都磨堪司、审刑司、群牧司、农田司、受纳司、边境监军司、宫前侍卫司、医人院、工技院,以及诸如鸣沙军、泾原县等地方机构;下品——行宫司、举荐司、南院行宫三司、马院司,以及诸如灵武郡、银州、定远县、震武城等地方机构;末品——刻字司、造案司、金工司、织绢院、番汉乐人院、仪容院、铁工院、木工院、造纸院、砖瓦院、出车院,以及诸如安远堡、讹泥寨等地方机构;不入品——纳言处、飞禽受纳处、秘书监、工技院总管、番汉大学院。[③]说明西夏蕃汉联合统治机构,经过多次补充,至此已臻完善和定型,进入了它的成熟时期。

　　西夏在实行蕃汉联合统治时, 虽然蕃汉之间难免存在着这样和

---

①《西夏书事》卷 20。

②李蔚:《西夏蕃官刍议》,《西北史地》1985 年第 2 期。

③西夏文法典《天盛旧改新定律令》第 10 章。转引自黄振华《评苏联近三十年的西夏学研究》,宁夏人民出版社,《西夏史论文集》,第 640—641 页。

那样的矛盾,但他们之间的协调一致则是基本的和主要的。这突出表现在西夏被派遣至宋朝的使臣,都能力争平等的礼仪相待,处处表现其"不辱君命",忠于职守,忠于西夏国家。兹以谅祚时期的使者为例。宋仁宗去世,英宗即位,"赵谅祚遣使者来致祭,延州差指使高宜押伴入京,宜言语轻肆,傲其使者,侮其国主,使者临辞自诉于朝臣,当时吕晦上言,乞加宜罪,朝廷忽略此事,不以为意,使其怨对归国,一国之人,皆以为耻"①。当时谅祚所遣使人名叫吴宗,应属汉族人,以汉族人出使汉地,当宋臣对他傲慢无礼时,他据理抗争,得到了宋臣吕晦等人的同情和支持,这说明吴宗忠于西夏,说明西夏蕃汉联合统治的稳固性。

西夏之所以产生蕃汉联合统治并非偶然,而是由于下列两种因素所造成。其一,在西夏统治的疆域里,居住着党项、汉族、吐蕃、回鹘以及鞑靼、吐谷浑等族。这些族的统治者都占有一定数量的土地,或者拥有一定数量的牧地和牲畜。这些统治阶级为了维护各自的经济利益,镇压农牧民的反抗,都需要直接或间接(由其政治代表参加)参与政治,加入到蕃汉联合统治的各级政府中去,共同行使对被压迫阶级的统治权;其二,作为西夏国家的主要组织者和领导者——鲜卑拓跋氏,无论其统治经验和文化水平都不如汉族地主阶级,加上立国前后的一段较长时期里人才缺乏,在这种情况下,要想有效地维持并巩固其统治,仅仅让党项羌、吐蕃、回鹘等族上层参与政权是不够的,而必须让汉族人地主阶级的知识分子(包括宋朝投奔过来的)加入到各级政府中去。这就决定了西夏国家政权的组织形式只能是蕃汉的联合统治。

---

①司马光:《温国文正公文集》卷31,《备边札子》。

二

西夏历史特点之二是经济发展的不平衡性及其对外存在着某种程度的依赖性。

"夏之境土,方二万余里","河之内外,州郡凡二十有二。"①这个疆域虽然只有北宋的二分之一强,但却是辽的两倍。②在这广阔的疆域里,各地经济存在着较大差异性,其发展水平很不平衡。二十二州,大体上存在着三种经济状况:第一种状况是西夏的都城、州、县治所及其附近地区。这些地区为蕃、汉集中居住的据点,是唐末五代以来早已封建化的地区,因此,其经济发展水平较高。如号称"畜牧甲天下"的凉州(今甘肃武威),其所居住的吐蕃部落,"多是华人子孙,例会汉言,颇识文字"。③而作为西夏首都兴庆府屏障的灵州(今宁夏灵武县西南),"其人习华风,尚礼好学。"④不言而喻,这些州县治所及其附近的蕃、汉居民,其文化水准之所以较高,同这些地区经济比较发达是密切相关的。

第二种状况,是靠近宋夏边界的蕃汉杂居的农牧地带。如西夏东面的横山,西面的天都山、马衔山一带,大体上就是属于这类地区。其中横山"多马宜稼⋯⋯且有盐铁之利,夏人恃以为生。"⑤这类地区随

---

①《宋史》卷486,《夏国传下》。

②北宋疆域,据《宋史·食货志》记载:"东西(宽)6485里,南北(长)11620里。"台湾宋史专家方豪按东西南北纵横里数与驿路里数(一驿为30里)的比例推算,得出北宋全国面积大体上为三万五、六千里。辽的疆域:据《辽史、地理志》记载为"幅员万里"。

③《续资治通鉴长编》卷51,咸平五年三月癸亥条。

④《西夏书事》卷7。

⑤《宋史》卷335,《种谔传》。

着西夏国家的建立,党项族日益向农耕化的道路迈进,其经济发展水平均有明显的提高。

第三种状况,是一些土地贫瘠,人烟稀少,或者本来就是一望无际的沙漠地区。如西夏河套的地斤泽,兴庆府西面的腾格里,以及同蒙古接壤的广大北部地带,就是属于这类地区。这些地区不仅存在着落后的游牧业,而且还保留着原始的狩猎业,可以说是西夏经济最落后的地区。

总之,在西夏统治的范围内,存在着农业、畜牧业、半农半牧,以及狩猎等多种经济成分,其发展水平参差不一,反映了它在经济上存在着较大的不平衡性。

西夏在经济方面的另一特点是对外存在着某种程度的依赖性。

早在西夏立国之前,夏州地方政权对中原王朝在经济上就存在着严重的依赖性。这种依赖性突出表现在周世宗用停止贸易的措施,迫使李彝兴撤兵谢罪的事件上。"(显德)元年五月,府州防御使折德扆入朝,世宗置永安军于府州,即以德扆为节度,折氏晚出,彝殷恶其职与己埒,以兵塞路,不许通诏使。世宗谋于宰相,对曰:'夏州边镇,朝廷每加优恤,府州褊小,得失不系轻重,且宜抚谕彝殷,庶全大体。'世宗曰:德扆数年来尽力以拒刘氏,奈何一旦弃之,且夏州惟产羊马,百货悉仰中国,我若绝之,何能为!'乃遣供奉官齐藏珍赍诏责之,彝殷惶恐,撤兵谢罪。"①彝殷的这一屈服于周世宗的事件表明,僻处一隅的夏州地方政权,在经济上对中原王朝存在着怎样严重的依赖性。

西夏立国后,随着疆域的扩大,社会生产的发展,以及对外贸易的兴盛,这种依赖性多少有所减轻。"彼西人公则频遣使者商贩中国,

①《西夏书事》卷2。

私则与边鄙小民窃相交易,虽不获岁赐之物,公私无乏,所以得偃塞自肆,数年之间似恭似慢,示不汲汲于事中国,由资用饶足,与中国时无以异故也。"①这里说的是西夏由于同宋长期通过公私贸易而获得了极大的好处,从而使它的经济依赖性("公私无乏","资用饶足",同以前对比,相对而言)明显减轻,政治上变成了"似恭似慢",不卑不亢了。

但这只是问题的一个方面,另一方面由于西夏经济比较脆弱,水平不高,加上受到战争的影响,发展缓慢,其生产物品不能满足"生齿日繁"的西夏人民,尤其是统治阶级日益增长的需求,因此,西夏在经济上不可避免地仍然存在着某种程度的依赖性。这明显表现在西夏对宋朝"岁赐"与"和市"的依赖上。"既绝岁赐,复禁和市,羌中穷困,一绢之直,至十余千。……既通和市,复许入贡,使者一至,赐予不赀,贩易而归,获利无算,传闻羌中得此厚利,父子兄弟始有生理……"②绝"岁赐",禁"和市",使西夏物价飞涨,生灵困窘,反之,"始有生理",两相对照,西夏对宋朝的经济依赖性昭然若揭。

为什么西夏对宋在经济上存在着较大的依赖性呢?对此,时人司马光曾作过如下的解释:"西夏所居,氐羌旧壤,所产者不过羊马毡毯,其国中用之不尽,其势必推其余与它国贸易,其三面皆戎狄,鬻之不售,惟中国(宋朝)者羊马毡毯之所输而茶彩百货之所自来也。故其人如婴儿,而中国乳哺之矣。"③司马光站在大汉族主义的立场上,把西夏比做吃奶的婴儿,宋朝比做喂奶的奶娘,显然很不妥当,但他所分析的西夏内外经济及其贸易状况,决定了它对宋朝的依赖性,则是

---

①司马光:《司马文正公传家集》卷50,《论西夏札子》。
②苏辙:《栾城集》卷39,《论西事状》。
③司马光:《司马文正公传家集》卷50,《论西夏札子》。

比较平允和中肯的。

西夏在经济上不仅对北宋存在着依赖性,而且在北宋灭亡之后,由于南宋在地理上同西夏隔绝,因此在经济上不能不依赖金国。西夏对金的依赖突出地表现在对金边境的榷场贸易上。夏金榷场始于金熙宗。金皇统元年(公元1141年)二月,"夏国请置榷场,许之。"①此后,陆续于兰州、保安、绥德、东胜、环州等地设置榷场,置场官管理。②西夏通过榷场、走私以及"夏使至金,许带货物与富商交易"③,从而获得必要的生活用品。此外,西夏还迫切希望金国对他开放铁禁,以满足其对铁的日益增长的需求,因为金国同意开禁,从而也得到了一些好处。④

由于西夏在经济上对其邻国存在着依赖性,因此,在外交上不能不表现出一定的依附性。史称"(西夏)立国二百余年,抗衡辽、金、宋三国,偭(背离)乡(倾向)无常,视三国之势强弱以为异同焉。"⑤西夏对宋、辽、金的态度之所以"偭乡无常",固然体现了它在外交上的灵活性,但在这灵活性的背面,却存在着经济方面的深刻原因。如西夏同辽结成联盟,是为了"假其援助"⑥以抗宋,但同宋为敌的目的并非为了灭宋,而是通过战争与和平两手的交替使用,从中捞到经济上的好处。正如宋臣李纲所指出的:"强则叛乱,弱则请和,叛则利于掳掠,侵犯边境,和则岁赐金缯若固有之。"⑦在经过旷日持久的较量之后,

①《金史》卷4,《熙宗纪》。
②《金史》卷50,《食货志》。
③《西夏书事》卷38。
④戴锡章:《西夏纪》卷24。
⑤《金史》卷134,《西夏传·论赞》。
⑥《西夏书事》卷4。
⑦戴锡章:《西夏纪》卷28,跋文引李纲语。

即使在打了大胜仗的情况下，也往往遣使"卑辞纳款，顿颡称臣。"[1]以元昊对宋战争为例，"元昊倔强构逆，兵势甚锐，竭天下之力，不能稍挫其锋，然至绝其岁赐，互市，则不免衣皮食酪，几不能以为国，是以亟亟屈服。"[2]这里的所谓"元昊倔强构逆"，指的是仁宗庆历年间发生的宋夏陕西之战。在这次战争中，元昊虽然三战三胜，但仍不免主动要求纳款称臣。其所以如此，固然因素很多，但同宋朝断绝岁赐、互市有着很大的关系。元昊对宋在政治上所表现出来的依附性，正是由于它在经济上存在着较大的依赖性所决定的。

三

西夏历史特点之三，是党项族与其周围其他民族间的矛盾经常处于主导地位，对外战争频繁。

西夏自 1038 年元昊建国至 1227 年末主睍灭亡，首尾 190 年。在这将近两个世纪的时间里，西夏同它的几个主要邻国——宋、辽、金、蒙均发生过大小不等的战争。另同吐蕃唃厮啰也多次兵戎相见。在同邻国的战争中，尤以宋夏战争时间最长，次数最多，其影响与后果也最大。

西夏自景宗元昊立国到崇宗乾顺同宋高宗缔结和约，历时九十年（公元 1038—1128 年），双方和平共处仅有 26 年，其余 74 年时间均处于交战状态。如果将这漫长的时间划分一下阶段的话，那么，大体上可分为三个段落。第一个段落，自 1038 年至 1044 年。即从景宗元昊称帝建国，到他纳款称臣，首尾 7 年，其中重大战役有三次，即

①司马光：《司马文正公传家集》卷 50，《论西夏札子》。
②马端临：《文献通考》卷 322，古雍州案语。

1040 年 3 月的三川口之战,1041 年 2 月的好水川之战,1042 年闰九月的定川砦之战。三次战争均以宋朝的惨败而结束。

第二个段落,自 1064 年至 1099 年。即从毅宗谅祚主动出兵攻掠秦凤泾原,到崇宗乾顺在辽的斡旋下求和,首尾 35 年。这个阶段的重要战役计有 1070 年 5 月的闹讹堡之战,同年 8 月的环庆之战,1071 年正月的啰兀之战,1081 年五月的灵武之战,1082 年 8 月的永乐之战,1083 年 2 月——1084 年正月的兰州之战。六次战争,除啰兀之战宋先胜后败,兰州之战宋胜夏败,环庆之战胜败不甚分明外,其余三次均以宋失败而告终。而在这三次之中又以灵武及永乐之战败得最惨。"灵州、永乐之役,官军、熟羌、义保死者六十万人,钱、粟、银、绢以万数者不可胜计。"①可以说在宋夏战争史上是宋败得最惨的两次战役。

第三个段落,自 1105 年至 1128 年。即自崇宗乾顺派兵攻掠宋镇戎军,到宋夺取横山,六路罢兵,乾顺纳款求和,首尾 13 年。其中主要战役计有六次,即 1105 年春的古骨龙之战,1115 年的臧河城之战,1116 年春的仁多泉之战,同年 11 月的靖夏城之战,1119 年的统安城之战和肖关之战。六次战争,除靖夏城、统安城夏胜宋败、臧底河之战宋先败后胜之外,其余三次均为宋胜夏败,其中统安城之战规模最大,宋方失败得也最惨。"是役死者十万,(童)贯隐其败而以捷闻。"②

宋夏战争经历三段落,重大战役总计十五次。从整个战争的历程看,大体上有如下特点:(一)战争时断时续,中间呈间歇状态;(二)主要战场集中于今陕西北部、甘肃东部、宁夏南部的一些地区;(三)尽

①《宋史》卷 486,《夏国传下》。
②《宋史》卷 486,《夏国传下》。

管处于交战状态,但双方信使却照常往来,"朝贡"与"回赐"也很少间断。以谅祚时期为例,"谅祚数扰边境,而仍称臣奉贡,盖心利岁赐金帛,又得入京贸易,故信使不绝;"①(四)较量的结果,互有胜负,势均力敌,谁也不能消灭对方。

除了对宋进行旷日持久的战争外,西夏至襄宗安全统治期间,又发生了长达十三年(公元1210年8月——1223年7月)之久的对金战争。在十三年里,双方大小战争约二十五次,其中西夏主动攻金二十次,配合蒙古侵金三次,金主动反击西夏者二次,其中规模较大者有1215年10月的临洮府之战,1217年1月的平阳府之战,1220年9月的巩州之战,1223年1月的凤翔府之战等四次。四次之中又以陕西凤翔府之战规模最大。这次西夏同蒙古联兵攻金,神宗遵顼出动步骑十万,合木华黎兵围凤翔,东自扶风、歧山,西连沂陇数百里,皆立营栅,攻城甚急,结果因遭遇到金兵的顽强抵抗,"知不能克,遂不告木华黎引众先归。"②

夏金战争明显有两大特点:(一)战争次数频繁。十三年之中,战争多至二十五次,平均每年两次;(二)交战与通使并行。"(西夏)侵掠边境而通使如故。"③

在夏金战争激烈进行的同时,蒙古成吉思汗也发动了旨在灭亡西夏的战争。

蒙夏战争自1205年3月开始,至1227年7月结束,首尾22年,先后爆发了八次重要战争。这些战争的名称是:1205年3月的吉里寨之战,1207年7月的瓦剌海城之战,1209年7月的克夷门之战,

---

①《西夏书事》卷21。

②《西夏书事》卷41。

③《金史》卷134,《西夏传》。

1217 年 12 月第一次中兴府之战,1224 年 9 月的银州之战,1226 年 11 月的灵州之战,1227 年春第二次中兴府之战。这些战争无一例外地均以蒙古的胜利而结束。

蒙夏战争的主要特点有三:(1)蒙古侵金与侵夏交叉进行,战争时断时续;(2)在战争中蒙古对西夏实行攻坚与诱降并用,但以攻坚为主,诱降为辅。如 1226 年三月,成吉思汗攻沙州,"遣忽都铁穆儿招谕州将,州将伪降,以牛酒犒师而设伏以待,忽都铁穆儿至,伏发马踬儿被获,千户昔里钤部授以所乘马,还兵击败夏兵,遂破沙州"①。可见蒙古对西夏用兵并非单纯使用攻坚战术,而是将攻坚与诱降有机结合,灵活地加以运用;(3)西夏两面受敌,一面要抵御蒙古的进攻,一面还要同金人拼杀,其所以如此,是由于西夏统治者推行附蒙侵金的错误路线所造成的。

除了上述战争外,在景宗元昊和毅宗谅祚统治期间,还同辽发生过两次较大的战争,另同吐蕃唃厮啰五次兵戎相见(元昊时两次,谅祚时三次),前两次以西夏的大获全胜而告终,后五次以西夏的失败而结束。因为篇幅有限,这里就不一一详述了。

频繁的战争,给西夏及其邻国带来了严重的后果和影响。

第一,破坏了西夏同其邻国人民休养生息的和平环境,使其人民惨遭屠戮,流离失所。"自元昊叛,河西之民迁徙以避兵,因留雄勇津,循河上下,侨寓者众,公躬训谕安辑之,俾还故业。"②说明元昊发动对宋的掠夺战争,使西夏人民不得安宁,过着离乡背井的流亡生活。至于宋朝人民,同样受到了很大的影响。"关中之民,自经西事以来,仍苦铁

---

①《西夏书事》卷 42。
②《拆继闵神道碑》,转引自《中国考古学会第一次年会论文集》。

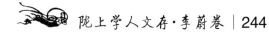

钱,财力凋敝,熟户屡经杀掠,亡失太半,纵其在者亦怀二心,非复得如景祐宝元之时也。"①说明宋朝沿边人民的处境与西夏大体雷同。

第二,使西夏及其邻国元气大伤。如西夏同金长期混战,双方损失惨重,一蹶不振。"及贞祐之初,小有侵掠,以至构难,十年不解,一胜一负,精锐皆尽,两国俱敝。"②两国均因长期混战而元气大伤,由强变弱,无力抵抗蒙古的进攻而加速了自身的灭亡。至于蒙夏战争,西夏所受祸害更大。"国家用兵十余年,田野荒芜,民生涂炭。"③"国经兵燹,民不聊生,耕织无时,财用并乏。"④

第三,阻碍了西夏同邻国的经济文化交流。如元昊对宋战争,虽然三战三胜,然"人畜死伤亦多,部落甚苦之;又岁失赐遗及沿边交易,颇贫之。"⑤"敌自背叛以来,虽屡得胜,然丧和市之利,民甚愁困。"⑥由于既失宋朝'岁赐',又丧沿边'和市',使西夏本来就存在着某种依赖性的基础比较脆弱的社会经济陷入困境。

总之,西夏对外战争频繁,在较长的时间里,破坏了其休养生息的安定环境,妨碍了正常的农业生产,消耗了国力,影响了西夏社会经济的正常发展(尤其在它的初期和后期),使本来可以发展较快的社会经济,在一定程度上延缓了历史进程。

四

西夏历史特点之四是文化上的多源与儒学、佛教的兴盛。

————————

①《温国文正公文集》卷 38,《横山疏》。
②《金史》卷 134,《西夏传》。
③《西夏书事》卷 41。
④《西夏书事》卷 42。
⑤司马光:《涑水纪闻》。
⑥《续资治通鉴长编》卷 139,庆历三年正月癸巳条。

如众所知,西夏文化与汉族、吐蕃、西域文化有着极为密切的关系,可以说是长期吸取这些文化的养料而逐步发展起来的,但以吸取汉族文化的养料为主。

西夏文化大量吸收汉文化,同汉文化有着密不可分的关系。这一点为当时西夏人所公认。西夏仁宗时的党项人骨勒茂材在其《蕃汉合时掌中珠》一书的序言中指出:"今时人者,番汉语言可以自备,不学番言,则岂和蕃人之众;不会汉语,则岂入汉族人之数!番有智者,汉族人不敬,汉有贤士,番人不崇。若此者由语言不通故也。"又云:"论末则殊,考本则同。"一语道破了西夏文化同汉文化不可分割的关系。

西夏文化深受汉文化的影响,突出表现在西夏字同汉字的关系之上。西夏字,无论从其形体、笔画、结构、造字方式以及书体等五方个方面均受汉字的影响。以形体、笔画为例,其形体明显模仿汉字,以汉字为依据,参照党项民族语言的特点而造成。汉字有部首偏旁,西夏字也有部首、偏旁,汉字笔画有点、横、竖、撇、捺,西夏字也有。此外,其书写笔势与汉字也大体相同。当然,也有不同之处,如西夏字笔画繁复,汉字较简单,汉字有挑手(扌),西夏字没有,西夏字多左撇,无直勾,汉字与此相反。

其次,西夏音乐深受汉族的影响。史称:"(西夏)朝贺之仪,杂用唐宋,而乐之器与典则唐也。"[1]"唐节度使有鼓吹,故夏国声乐清厉顿挫,犹有鼓吹之遗音焉。"[2]由于西夏音乐从乐器到声乐均深受汉族的影响,因此,当西夏统治者组织人力进一步编写西夏乐书时,就不能不广为蒐集汉族人乐书,作为主要参考资料。"仁孝使乐官李元儒采

---

① 《宋史》卷 486,《夏国传下》。
② 《金史》卷 134,《西夏传》。

中国乐书,参本国制度,历三年始成,赐名新律。"①

此外,西夏在绘画、建筑、雕塑等方面,无论其艺术形式和风格都深受汉文的影响,这里就不再一一详述了。

西夏文化与吐蕃文化的关系也很密切。主要表现在下列三个方面:(1)佛教:西夏佛教主要来自中原,其次来源于吐蕃。在已发现的西夏文佛经中,其中有一部分诸如《五部经》、《八千般若经》、《圣大明王随求皆得经》等等,就是从吐蕃佛经中翻译的。此外,延请吐蕃高僧前来西夏弘法,规定无论吐蕃、党项、汉族人僧官都必须学会诵念吐蕃经咒(应学会经咒十四种,其中吐蕃应占二分之一),都说明西夏佛教深受吐蕃佛教的影响;(2)军制:西夏军制以"抄"为最小单位,由"正丁"和"负赡"组成。"其民一家号一帐,男年登十五为丁,率二丁取正军一人。每负赡一人为一抄。负赡者,随军杂役也。四丁为两抄,余号空丁。"②这种"正军"和"负赡",就是来源于吐蕃的"组"和"仆役"。③至于西夏监军司设立,则与吐蕃"在(其)东北和极西边境地区建立的军镇组织"④十分类似;(3)服饰:如元昊"衣白窄衫,毡冠红果顶,冠后垂红结绶。"⑤既受吐蕃赞普服饰的影响,同时也参考了回鹘可汗的服制。

西夏文化同西域文化的关系,突出表现在回鹘僧人翻译佛教经典上。当时从事佛典翻译的著名回鹘僧计有白法信、白智光等。白法

---

①《西夏书事》卷36。

②《宋史》卷486,《夏国传下》。

③参阅王忠《论西夏的兴起》,《历史研究》1962年第5期。

④〔匈〕乌瑞著、荣新江译《KHKOM(军镇):公元七至九世纪吐蕃帝国的行政单位》,《西北史地》1986年第4期。

⑤《续资治通鉴长编》卷115,景祐元年10月丁卯条。

信是元昊时期译经的主持者，白智光是秉常时期的译经主持人。此外，西夏在建高台寺、承天寺时，其经文的译者和演绎者也都是回鹘僧人。他们对佛教在西夏的传播做出了一定的贡献。　.

此外，西夏文化在一定程度上还受辽及金的影响，因为篇幅有限，恕不一一概述。

儒学和佛教的兴盛是西夏文化方面的又一特点。

西夏儒学的兴盛大体上经历了三个阶段。第一个阶段为景宗元昊时期。这一时期元昊重蕃学，轻儒学。"自曩霄创建蕃学，国中蕃学进者，诸州多至数百人，而汉学日坏。"①元昊之所以重视蕃学，主要不是为了用"蕃书胡礼"同宋抗衡，而是为了解决人才的急需。即所谓"立蕃学以造人士。缘时正需才，故就其所长，以收其用。"②元昊虽然轻视儒学，但对儒学并未一概排斥。他重用一大批诸如张元、吴昊、杨守素、张陟、张绛等儒学有识之士，有的为其出谋划策，将《孝经》《尔雅》等儒学著作，首次翻译为西夏文，从中吸取对其统治有益的东西。

第二个阶段，自毅宗谅祚至崇宗乾顺时期。这阶段的儒学同前期比较有了明显的发展。毅宗谅祚曾主动向宋贡马，希望能够回赐儒家经典及史学著作。"表求太宗御制诗章，隶书石本，且进马五十匹，求九经、唐史、册府元龟及宋正至朝贺仪，诏赐九经，还所献马。"③千方百计招致并重用宋朝投奔过来的文人，"谅祚每得汉族人归附，辄共起居，时致中国物，娱其意，故近边蕃汉乐归之。掠秦凤时，俘汉人苏立，授以官，颇用事。询，延安人，小有才，得罪应死，亡命西奔，立荐

---

①《西夏书事》卷31。
②《西夏书事》卷31。
③《宋史》卷485，《夏国传上》。

之,谅祚爱其才,授学士。"①崇宗乾顺时,除了继续办好蕃学之外,又"始建国学,设弟子员三百,立养贤务以廪食之"②。说明乾顺时儒学的地位有了明显的提高。

第三个阶段,是仁宗仁孝时期。这是西夏儒学大发展时期,也是西夏儒学极盛时期。这一时期儒学的发展,主要体现在下列建树之上。(1)自中央到地方设立各种学校。人庆元年(公元1144年)"立小学于禁中,"同年于全国各州县设立学校,并将学生人数,从乾顺时的三百,猛增至三千。人庆二年(公元1145年),建立"大汉太学,亲释奠,弟子员赐予有差。"人庆五年(公元1148年)"复建内学,选名儒主之;"(2)发展科举制度。人庆四年(公元1147年)"策举人,始立唱名法;"(3)"尊孔子为文宣帝",下令各州郡立庙祭祀;(四)"立翰林学士院,以焦景颜、王佥等为学士,俾修实录。"③在这些措施之中,尤其是兴学校,行科举,对于促进儒学的发展,为西夏国家培养大批人才起了决定性的作用。

西夏儒学至仁宗仁孝时之所以十分兴盛,其主要原因有以下几点:第一,维护和巩固蕃汉联合统治的需要。西夏自元昊建国就已进入封建制阶段,到仁孝时,虽然其封建经济得到了较大的发展,但其社会基本矛盾——以党项贵族、汉族人地主为主体的各族统治阶级同广大农牧民的矛盾,也日益尖锐起来,局部地区已发展为武装对抗。大庆四年(公元1143年)七月,西夏发生天灾"诸部无食,群起为盗,威州大斌,静州埋庆,庆州篯浪、富儿等族多者万人,少者五、六

①《西夏书事》卷21。
②《宋史》卷486,《夏国传下》。
③《宋史》卷486,《夏国传下》。

千,四行劫掠,直犯州城,州将出兵击之不克"①。在这种情况下,西夏统治者为了维护和巩固其蕃汉联合统治,光靠武力镇压农牧民的反抗,显然是不够的,必须要有一种强有力的思想和学说,去麻痹劳动人民,统一统治阶级的言论和行动,作为"有补治道"②的儒家学说和思想正是适应这种历史的新形势而兴盛起来的;第二,培养封建御用人才的需要。自景宗元昊至崇宗乾顺,主要通过大办蕃学培养人才,但实践证明蕃学培养的人才质量不高,"士皆尚气矜,鲜廉耻,甘罗文纲"③,同时不能满足日益增长的需要,为此,要想培养大量的用儒家思想武装起来的封建御用人才,必需大兴汉学,尊孔读经;第三,吸收历史上少数民族统治经验的需要。"士人之行,莫大乎孝廉,经国之模,莫重于儒学。昔元魏开基,周秦继统,无不尊行儒教,崇尚诗书,盖西北之遗风不可以立教化也。"④也就是说,历史上凡是统一过北方的由少数民族建立的政权,如北魏、北齐、北周等等,均一无例外地都很重视儒学,确定以儒治国,以儒家那套三纲五常去作为"士人之行"的准绳的。

在西夏儒学大发展的同时,西夏佛教也迅速兴盛起来。

西夏佛教的兴盛突出表现在广修寺庙和佛事活动的频繁之上。西夏佛寺极为普遍。"名存异代唐渠古,云锁空山夏寺多。"⑤这是诗人以文学的笔调对西夏首都——兴庆府(今银川市)水利发达、广建寺庙的生动写照。至于西夏全国各地所建寺庙,几乎到处都有。"近自畿

---

① 《西夏书事》卷35。
② 《元史》卷125,《高智耀传》。
③ 《西夏书事》卷31。
④ 《西夏书事》卷31。
⑤ 《嘉靖宁夏新志》卷7,李梦阳《夏城漫兴》。

甸,远及荒要,山林溪谷、村落坊聚,佛宇遗址,只椽片瓦,但仿佛有存者,无不必葺。"①这说的是对佛教旧址的修葺,至于新建佛寺虽无详细记载,但其数量不会很少。在西夏众多的佛寺中,其中最著名的有兴州的戒台寺、高台寺、承天寺、凉州的感应塔及其所在的护国寺、甘州的卧佛寺、崇庆寺等等。其中戒台寺为毅宗谅祚生母没藏氏出家为尼修行诵经之处。②高台寺为元昊所建,是回鹘高僧居此翻译佛经的场所。"役民夫建高台寺及诸浮图,俱高数十丈,贮中国所赐大藏经,广延回鹘僧居之,演绎经文易为蕃字。"③承天寺建于谅祚统治时期,为没藏氏及谅祚聆听回鹘高僧讲经说法之处。"没藏氏好佛,因中国赐大藏经,役兵民数万,相兴庆府西偏起大寺,贮经其中,赐额承天,延回鹘僧登座演经,没藏氏与谅祚时临听焉。"④至于甘州的卧佛寺是崇宗乾顺所建。"乾顺自母梁氏卒,辄供佛为母祈福,甘州僧法净于故张掖县西南甘浚山下,夜望有光,掘之得古佛三,皆卧像也,献于乾顺,乾顺令建寺供之,赐额卧佛。"⑤说明乾顺于甘州建寺,与古卧佛的掘得有直接关系,也与他为母祈求冥福不无关系。

西夏除了重修和新建了不少寺庙外,还重建和改建了许多石窟。甘肃敦煌莫高窟和安西榆林窟,从公元五世纪便依山凿窟,中经隋唐五代宋等朝已凿石窟数千。西夏占领瓜、沙二州之后,将莫高、榆林两

①《重修凉州感应塔碑铭》,转引自史金波《西夏文化》第90页。

②《西夏书事》卷18云,"曩霄杀旺荣遇乞,久之,野利后诉旺荣兄弟无罪,曩霄悔之令求遗口,得没藏氏于三香家,迎养宫中,已与之私,野利后觉之,不忍杀,使出为尼,号没藏大师,居于兴州戒坛寺。"

③《西夏书事》卷18。

④《西夏书事》卷19。

⑤《西夏书事》卷31。

地石窟,进行了重修和改建。据有关专家统计,两地属于西夏时期的洞窟大约有七十余座。在这些石窟里有壁画和题记。壁画的主题为宗教,但也反映了西夏人民的生产和生活面貌。题记分西夏文和汉文两种,其内容为功德发愿文,供养人榜题和游人题款等。我们从这些内容中可以清楚地看到西夏各个时期各阶层人物,到这里顶礼膜拜,从事宗教活动的情形。

由于西夏统治者带头崇奉佛教,修建佛寺,改建和重建石窟,购置佛典,翻译佛经,延请高僧前来宣传佛法,在他们的大力倡导下,老百姓信仰佛教,从事各种佛事活动者与日俱增。"亲戚大小,性气不同,或做佛法,修盖寺舍,诸佛菩萨,天神地祇,璎珞数珠……供养烧香……入定诵咒,行道求修。"①这是对西夏老百姓信仰佛教的生动写照。

西夏佛教之所以如此兴盛,主要有如下三点原因:(1)西夏统治期间,战争比较频繁。灾难深重的西夏人民,为了摆脱战争苦难寻找精神寄托,比较容易信仰佛教。"边塞之干戈偃息,仓箱之菽麦丰盈"②,反映了佛教信仰者希望停止战争、天下太平、五谷丰登的美好愿望;(2)西夏统治者的大力提倡和带头信仰佛教;(3)邻国的影响。西夏立国西北地区,其周围的国家——回鹘、吐蕃和宋佛教早已兴盛,不可能不给西夏以影响。

(原载《中国民族研究》第 2 辑,1989 年 6 月中央民族学院出版社出版。该文收入《西夏史研究》时,内容稍有增加。)

---

① 骨勒茂才:《蕃汉合时掌中珠·中事下》。
② 《嘉靖宁夏新志》卷 2,《寺观》。

试论西夏的历史分期

——兼谈西夏立国方针的转变

关于西夏史的分期,大体上可以分为四个大段落和八个小阶段。现分述如下:

第一大段落,自881年至1083年,首尾150年。这是党项拓跋思恭建立夏州地方割据政权,以及为西夏立国的奠基时期。

这个大段落又可分为两个小的发展阶段。

第一小阶段,自881年至982年,首尾101年。即自拓跋思恭建立夏州地方政权,到夏州地方政权中断。

公元873年,拓跋思恭占据宥州,自称刺史。881年,拓跋思恭响应唐僖宗号召,亲自率领蕃汉武装参加镇压起义,因功被任命为夏州节度使,赐姓李,晋封夏国公,从此,世居夏州的拓跋氏,自称李氏,夏州地区也因此获得了定难军称号,管辖银、夏、绥、宥四州,从而意味着夏州地方政权的建立。

自拓跋思恭建立夏州地方政权以来,经过唐末五代,到拓跋彝殷,历经六代,计31年(881—954年)。在这期间,夏州统治者利用军阀混战之机,发展壮大了自己的势力。其统治地盘由四州变为五州(增加了静州),同时,夏州地方政权的统治者在自己的管辖范围内,发展生产,征收赋税,任命管吏,俨然独立王国。正如《宋史》作者在评论夏州统治者割据称雄时所说："虽未称国而王其土久矣！"①

自拓跋彝殷三传至继捧，因夏州地方政权继承人发生问题，在"其诸父、昆弟相怨"②即对继捧当继承人不满的情况下，于982年3月，亲率族人向宋帝朝贡，并献银、夏、绥、宥、静五州，从而意味着夏州地方政权的暂时中断。

第二小阶段，自公元982年至1032年，首尾50年。这是李继迁重建夏州地方政权，与德明初步统一河西，为西夏立国的奠基时期。

公元982年，传来李继捧的族弟李继迁叛走地斤泽，察血祭旗，发誓与宋抗争到底的消息。

李继迁一方面通过"结婚于帐族之酋豪"③，拉拢团结党项羌各部，积聚力量，伺机向宋发动进攻，一方面联辽抗宋，努力发展生产，增强经济实力，从而为重建夏州地方政权创造了必要的条件。经过二十年的艰苦奋斗，终于由弱小变为强大，由失败转为成功。1002年三月，"继迁大集蕃部，攻陷灵州"。④第二年，宋真宗在军事斗争失利的情况下，派遣张崇贵、王涉与继迁议和，"割河西银、夏等五州与之"⑤。这意味着夏州地方政权的重建。

继迁攻占宋朝西北的军事重镇——灵州之后，旋即越过贺兰山，向河西走廊进军。1004年继迁因攻占西凉府，中了潘罗支假投降的诡计，身受重伤而死。子德明继位，一方面与宋缔结和约，同宋友好，

①《宋史》卷486，《夏国传下》。
②《宋史》卷485，《夏国传上》。
③彭百川：《太平治迹统类》卷2，《太祖太宗经制西夏》。
④《续资治通鉴长编》卷51，咸平五年三月。
⑤《宋史》卷485，《夏国传上》。

当一名"不侵不叛之臣",①保境息民,发展社会经济,继续积蓄力量,另一方面,为了"西掠吐蕃健马,北收回鹘精兵",对河西走廊地区"经谋不息",②竭尽全力,夺取该地,终于拿下了凉州,攻占了甘州,降服了瓜州,从而初步统一了河西,为元昊进一步建立西夏国家,奠定了良好的基础。

总体来看,这个大段落的特点是夏州统治者在"自知异姓孤臣,功不足以服朝廷,力不足以胁诸镇"③的情况下,尽量避免卷入唐末五代方镇混战的旋涡,保存实力,以利自身的发展。这一做法,为此后的夏州统治者所继承。

但并非所有夏州统治者都在那里消极自保。他们对五代统治者往往"向背不常",利用五代统治同方镇之间的矛盾,从中渔利,借以壮大自己的实力。如后汉乾祐二年(948年)二月,"彝殷见中原多故,有轻傲之志,藩镇有叛者辄以兵阴助之,邀其重赂,朝廷知其事,亦以恩泽羁縻之"④。

夏州统治者在唐末五代期间之所以表现为"向背不常",与当时方镇混战,政局不稳,尚未形成统一的格局有关,一旦统一之势已成,他们就不再"向背不常"了。

第二个大段落,自1032年至1086年,首尾54年。这是西夏国家的建立和巩固时期,也是宋夏斗争比较激烈的时期。这个大的段落也可分为两个小的阶段。

第一小阶段,自1032年至1048年,首尾16年。这是景宗元昊创

---

① 司马光:《温国文正公文集》卷38,《横山疏》。
② 《续资治通鉴长编》卷139,庆历三年二月乙卯。
③ 《西夏书事》卷3。
④ 《西夏书事》卷1。

建西夏国家的时期,也是西夏封建制正式确立的时期。

在这个阶段里,元昊首先确定了立国方针。当时在采用什么样的立国方针问题上,明显存在着两种意见。一种意见认为应当"用夏变夷",即"化民成俗,道在用夏变夷",也就是说,应当变更党项民族固有的风俗,用中原王朝——唐宋的那一套治国的办法,去治理西夏。

但这种意见遭到了以"多学识,谙典故"的野利仁荣为代表的另一种意见的驳斥。在野利仁荣看来,西夏只能按照党项本民族的具体情况,确定立国方针,而不能照搬中原王朝——唐宋的那一套。根据西夏当时的国情和民情,应当采用"尚武重法"的立国方针。这个方针的具体内容,用野利仁荣的话来概括,就是"以兵马为先务","严以刑偿","教民以功利"。①这一立国方针得到了元昊的赞同和采用。

究竟元昊为什么要采用"尚武重法"的立国方针呢?

第一,驾驭酋豪的需要。如众所知,元昊代表党项农、牧主贵族及其他各族上层的利益,所建立的蕃汉联合统治,是以党项酋豪显贵为其统治的核心,及其所掌握的军队为主要支柱的。这些"酋帅皆有地分,不相统摄"。②他们拥兵自雄,"各将种落之兵,谓之一溜。"他们在各自的范围内长期过着自给自足、孤立闭塞的牧畜生活。这种封闭落后的经济生活,使他们往往具有较大的保守性。随着党项社会经济的发展,党项农牧主同广大农、牧民矛盾的加深,这些酋豪为了维护本阶级的利益,他们迫切需要建立一个"最高统一体"的国家,拥立一个"恩信孚部落"的党项杰出人物,出任这个国家的皇帝。元昊称帝建国后,向宋仁宗所上的奏疏和嫚书,之所以喜形于色和出言不逊:"称王

①《西夏书事》卷16。
②《魏书》卷101,《宕昌传》。

则不喜,朝帝则是从,辐辏屡期,山呼齐举,伏愿一垓之土地,建为万乘之邦家",①"元昊为众所推,盖循拓跋之远裔,为帝图皇,又何不可!"②就是以那些党项酋豪的积极支持、撑腰打气为其背景的。

同时,作为西夏国家的皇帝——元昊为了得到这些酋豪显贵的支持,往往千方百计地笼络他们,同他们联姻,将他们安插在中央和地方的要害部门,让他们掌握各种权力,尤其是军事大权,几乎全部掌握在党项酋豪手中。"始大建官……以成逋克成、赏都奢佒、如定多多马、窦惟吉主兵马。……置十二监军司,委豪右分统其众。"③

但这些长期盘踞一方,政治上比较保守的酋豪,并非个个俯首听命,元昊为驾驭他们,让他们效忠于自己,不能不于"案上置法律","明号令,以兵法勒诸部",④甚至同他们歃血"盟誓"。对于那些居心叵测、敢于抗命的酋豪,则严惩不贷。所谓元昊"峻诛杀""数诛诸部大人且尽"⑤,并非元昊性多疑好杀,而是反映了代表传统的保守势力的酋豪,同以元昊为代表的"更祖宗之成规,貌中朝之建置",⑥主张革新、务实和强化封建中央集权的政治集团之间的尖锐而激烈的矛盾斗争。元昊统治期间,主张"安守疆土,对宋称臣"的山遇惟亮的被杀,就其斗争实质而言,似乎属于这类矛盾斗争的表现。

总之,从驾驭酋豪需要的角度去看,元昊之所以赞同"尚武重法"的立国方针,实质上是为了承认诸党项酋豪的经济政治和军事上的

---

①《宋史》卷485,《夏国传上》。
②《续资治通鉴长编》卷125,宝元二年闰十二月。
③《宋史》卷485,《夏国传上》。
④《宋史》卷485,《夏国传上》。
⑤司马光:《涑水纪闻》,卷12。
⑥《西夏书事》卷18。

合法地位。对于那些表示愿意效忠于自己酋豪，尽量加以笼络和重用，而对于那些怀有二心的酋豪，则往往绳之以法，甚至大开杀戒，以儆效尤。

第二，稳定国内统治的需要。"国家表里山河，蕃汉杂处"。①元昊立国后，其境内民族计有党项、汉族、吐蕃、回族、鞑靼、吐谷浑、契丹等民族。尤其是河西走廊的吐蕃、回鹘族，虽然被元昊用武力征服，但其酋豪仍然怀有二心，时刻梦想着联宋复辟。"自昊取河西地，回鹘种落窜居山谷间，悉为役属。曹琮在秦州欲诱之，共图元昊。得西川旧贾，使谕意。于是沙州镇国王子，遣使入贡，奉书曰：'我本唐甥，天子实舅也。自李氏取西凉，遂与含隔。今原率首领讨夏'。已而以兵攻沙州，不克。"②这说明元昊虽然统一了河西，但因长期割据于此的回鹘、吐蕃势力，仍然盘根错节，根深蒂固，其酋豪居心叵测，局势很不稳定。在境内民族成分复杂、民风强悍的情况下，如果不实行"尚武重法"的立国方针，那么，刚刚建立起来的西夏政权是不可能得到巩固的。

第三，同宋、辽抗衡争霸的需要。元昊立国时，四周民族政权林立。北有大辽，西有高昌、于阗、龟兹，南有吐蕃、大理，东有大宋。尤其是宋，地大物博，人口众多，无论政治、经济还是军事和文化，均处于执牛耳的地位。元昊早在被立为太子时，就树立了同宋辽争霸、逐鹿中原的思想和抱负。"元昊常劝德明勿事中朝，且谓所得俸赐只以自归，部落实繁，穷困颇甚，苟兹失众，何以守邦，不若习练干戈，杜绝朝贡，小则恣行讨掠，大则侵夺封疆，上下俱丰，于我何恤。"③"衣皮毛，

①《西夏书事》卷 16。
②《西夏书事》卷 16。
③《续资治通鉴长编》卷 124，宝元三年九月。

事畜牧,蕃性所便。英雄之生,当王霸耳,何锦绮为?"①尽管元昊有此争霸野心,如果不以武立国,推行"尚武重法"的方针,不要说与宋、辽争霸将会成为泡影,就是要得到宋朝承认,"许以西郊之地,册为南面之君"②,也将成为不可能。随着西夏同宋、辽矛盾的发展,一旦同宋、辽发生大规模的军事冲突(诸如宋夏陕西之战,辽夏河曲之战),更是无法稳操胜券,更不要说大获全胜了。

元昊在"尚武重法"的立国方针指引下,采取了一系列的诸如"秃发"、改姓立号、立官制、定兵制、设立蕃字院和汉字院等一系列的措施,从而为西夏的立国确立了典章制度,奠定了立国规模。

在确立典章制度的同时,元昊称帝建国,亲自领导了侵宋抗辽战争,并获得了胜利。由于对宋战争大获全胜,通过签订和约,迫使宋朝不但在政治上承认西夏,而且在经济上给予西夏不少好处。

第二小阶段,自 1048 年至 1086 年,首尾 38 年。这是西夏国家的巩固时期。在这个阶段里,西夏国家面临两种严峻的考验。其一,由于毅宗谅祚、惠宗秉常,均以冲龄即位。外戚没藏氏和梁氏先后利用"孤童幼弱,部族携贰"③,乘机掌握实权,皇帝成为傀儡,使西夏国家面临外戚专政,倒行逆施,"失人心,上下乖离"④,"诸酋各拥兵自固"⑤的严峻考验。其二,由于外戚擅权,导致统治阶级内部"猜忌日深",矛盾斗争日益激烈。为了转移国内人民的视线,当权的外戚梁太后等多次挑起对宋战争。繁重的兵役和徭役,加重了老百姓的负担。"壮者劳于征

---

①《宋史》卷 485,《夏国传上》。
②《宋史》卷 485,《夏国传上》。
③苏辙:《栾城集》卷 41,《论西夏事状》。
④《续资治通鉴长编》卷 235,熙宁五年七月。
⑤《续资治通鉴长编》卷 312,元丰四年四月。

役,老弱困于资助",加上宋朝"岁赐""和市"断绝,物价飞涨,人民处于水深火热之中,从而使西夏国家面临对外战争的严峻考验。

这一时期的西夏国家,虽然经历了"诸梁恣横,国中皆危之"①的严峻考验,但并未因此垮台,相反,得到了巩固,这是什么原因呢?

其主要原因是由于此时的西夏处于封建社会的上升阶段,整个统治阶级仍然朝气蓬勃,保持了元昊的革新务实的精神和劲头。如谅祚统治期间,为了使刚刚建立起来的西夏国家得到巩固,适应西夏政治、经济的发展和汉化的需要,采取了一系列的诸如改蕃礼为汉礼、增官职、用汉族人、调整监军司、划地界、复榷场等措施。这些措施使上层建筑适应经济基础,从而调整了生产关系,使西夏国家日益巩固,并为下一段落的繁荣昌盛奠定了一定的基础。

总之,第二大段落的特点是西夏统治者确立并执行"尚武重法"的立国方针,创新并进一步完善了各种典章制度,使上层建筑适应经济基础,从而使西夏国家奠定了立国规模,经受了严峻的考验,从不稳固到巩固。

第三个大段落,自1086年至1193年,首尾107年。这是西夏国家的繁荣、昌盛时期,也是封建生产关系得到进一步发展和完善的时期。该大段落可分为前后不同的两个小阶段。

第一小阶段,自1086年至1139年,首尾53年。这是西夏政治、经济、文化得到较大的发展,并进入初步繁荣时期。在这个阶段里,乾顺根据当时国情的变化,将景宗元昊以来推行的"尚武重法"的立国方针,转变为"尚文重法"的方针。"国中建学养贤,不复尚武。"②尽管一些大臣如御史大夫谋宁克任等上疏对该方针提出异议,认为应当

①《西夏书事》卷29。
②《西夏书事》卷32。

"既隆文治,尤修武备"。但"乾顺善之,不能用"。①

究竟乾顺为什么要推行"尚文重法"的立国方针呢? 这是由当时的经济、政治、军事等方面发展变化的新形势所决定的。

从经济上去看,西夏自元昊建国之时,即已确立了封建制经济,至乾顺时,这种封建制经济得到了进一步的发展。与此同时,作为封建经济的重要组成部分——封建土地所有制也得到了明显的发展与巩固。封建农牧主占有大量土地,残酷地剥削着广大的农牧民。而一些有钱有势的大官僚、大农牧主往往凭借着手中的权力,对贫苦农牧民进行暴力掠夺。如乾顺时晋王察哥"广起第宅,横征多诛求"②,"有园宅数处,皆攘之民间者"③。

从政治上看,代表着传统保守势力的专擅朝政的母党外戚集团,与代表着统一的封建中央集权的帝党之间的长期深刻的矛盾和斗争,至此已告一段落。乾顺时,除结束外戚梁乞逋集团把持朝政的局面外,对于国内手握重兵的心怀叵测的悍将,及一般的强横难制的部落酋豪,也取得了实际的控制权。如桌罗右厢监军仁多保忠,在宋将王厚的招诱下,"有归(宋)意",厚"遣弟谐保忠许还,为夏之逻者所获,遂追保忠赴牙帐",④乾顺废夺其权。又如"时有酋豪号青面夜叉者,久为夏国患",乾顺命李显忠领兵三千,"昼夜疾驰,奄至其帐,擒之以归"。⑤乾顺的这些措施,对于加强中央集权,巩固西夏国家的统一,起了不可忽视的作用。

①《西夏书事》卷 32。
②《西夏书事》卷 23。
③《西夏书事》卷 24。
④《宋史》卷 485,《夏国传上》。
⑤《宋史》卷 367,《李显忠传》。

从军事方面看,乾顺即位后,宋夏军事斗争形势发生了根本的变化。宋朝自灵武之役失败后,对西夏推行李宪的"进筑之策"。何谓"进筑之策"？就是选将练兵,训练出多支战斗力较强的军队,然后伺机深入西夏,每夺一地就在那里修筑堡寨,同时推行"降者纳质厚赏,各令安土,拒者并兵急击"①的剿抚兼施、就降其众之策,以此来瓦解西夏军民的斗志,争取战争的主动权。李宪"进筑之策"的推行,取得了明显的效果。大体上自哲宗绍圣三年(1096年)秋,至元符二年(公元1099年)冬,宋在陕西、河东一带,建州一、军二、关三、城九、寨二十八、堡十②,尤其是与宋接壤的西夏南部地区,西夏丧师失地更为严重。

乾顺在"中国建城寨,数遭掩击,部族离散,归汉者益众"③的极端不利的军事斗争形式下,也"仿中国制,于东北沿边多树寨栅",④即仿效宋朝大筑堡寨。

同时,在军事上注意吸收宋朝的长处,克服自己的短处。究竟宋朝有何长处？而西夏又有何短处呢？对此,晋王察哥进行了十分精辟的论述。"自古行师步骑并利国家,用铁鹞子以驰骋平原,用步跋子以逐险山谷,然一遇'陌刀法',铁骑难施,若值'神臂弓',步奚自溃。盖可以守常,不可以御变也。夫兵在审机,法贵善变。羌部弓弱矢短,技射不精,今宜选蕃汉壮勇,教以强弩,兼以标牌,平居则带弓而锄,临戎分番而进,以我国之短,易中国之长,如此,则无敌于天下矣！乾顺

---

① 《续资治通鉴长编》卷149,庆历四年五月。
② 《宋史》卷85,《地理志》。
③ 《西夏书事》卷31。
④ 西夏书事》卷31。

是其策。"①这说明,乾顺的"尚文重法"的立国方针,体现在军事上,并非只讲文治,不要武备,而是根据新的军事斗争形势,及时吸收宋朝在军事方面的一些长处克服自己的短处,以便迅速改变西夏在军事上的不利处境。

乾顺在"尚文重法"立国方针的指引下,采取了一系列的促使西夏国家繁荣昌盛的措施。首先,他依靠辽,结束了母党梁氏擅权。为了加强中央集权,他解除了党项部落贵族嵬保没等人的兵权,将兵权交给他的庶弟晋王察哥;接着,于蕃学外,特建国学,挑选皇室贵族子弟三百人,由官府供给廪食,设置教授,进行培养,然后量才采用。同时,在用人方面,命选人以资格进。"凡宗族世家,议功议亲,俱加蕃汉一等,工文学者尤以不次擢。"②此外,依附金国,并利用宋金矛盾,出兵攻占和运用外交手腕,将原属于宋朝的许多州县,据为己有,将西夏疆域扩大到从来未有过的规模。正如史家吴广成所指出:"乾顺当绍圣乖方,靖康厄运,始则谋生豕突,继则利享渔人,不特义合葭芦,侵疆尽复,而西宁湟鄯亦入版图,盖摧坚者难为功、拉朽者易为力也。"③

乾顺不仅积极推行"尚文重法"的立国方针,而且带头学习运用汉文化,上行下效。如"灵芝生于后堂高守忠家,乾顺作灵芝歌,俾中书相王仁宗和之。"④说明乾顺、王仁宗等通过学习汉文化,具有较好的汉文学素养,其汉化程度之深,概可想见。

乾顺推行"尚文重法"的立国方针,固然给西夏社会带来了一个相对的和平环境,对西夏的政治、经济、军事和文化的发展,起过积极

---

① 《西夏书事》卷 31。
② 《西夏书事》卷 32。
③ 《西夏书事》卷 35。
④ 《宋史》卷 486,《夏国传下》。

的作用,但任何事物的发展都具有两重性,有一利必有一弊。事实上,乾顺推行"尚文重法"的立国方针,带来了比较严重的后果。

其后果之一,是推行"尚文重法"的方针,必然要大力提倡"以儒治国",实行以仁孝治天下,而对于那些野心勃勃的大臣,有可能讲"仁",讲"君臣之谊",一再忍辱退让,从而导致内乱发生。乾顺之子仁孝统治期间,其岳丈任得敬分裂夏国,篡权窃国事件之所以发生,正是由于仁孝一再忍辱退让的结果。

其后果之二,是使西夏"军政日驰"。使一贯尚武、民风强悍的党项民族,随着汉化的加深,逐渐变成为一个文弱的民族,抵御外侮的能力减弱,最后在蒙古人的强大军事攻势下,节节败退而灭亡了。

第二小阶段,自1139年至1193年,首尾54年。这个阶段,由于国内比较安定,加上继续推行乾顺确立的"尚文重法"的立国方针,内兴改革,大力振兴学校,发展科举,完善中央和地方行政机构,厘定法律,改革礼乐,推行节俭,直言纳谏,从而使西夏的政治、经济和文化获得了很大发展,使西夏国家进入了它的繁荣昌盛时期。

总之,第三个大段落的特点是西夏统治者实行"尚文重法"的立国方针,在该方针的指引下,西夏国家获得了长足的发展,并进入了它的全盛时期。

第四个大段落,自1193年至1227年,首尾34年。这是西夏社会矛盾日益积累加深,西夏国家由盛转衰日益走向灭亡的时期。

这个大段落也可分为前后两个小阶段。第一小阶段,自1193年至1205年首尾12年。这是西夏由盛转衰的阶段。在这个阶段里,桓宗纯祐奉行乾顺仁孝既定的立国方针,对内安国养民,对外附金和宋。但此时的西夏面临着蒙古入侵的严重威胁,同时,西夏统治阶级内部矛盾也开始激化,社会、经济、文化的发展停滞不前。这些,说明

西夏开始走下坡路。"夏叶中衰,于是乎始。"①

第二小阶段,自 1206 年至 1227 年,首尾 21 年。这是西夏国家走向灭亡的时期。这个阶段经历了襄宗安全(5 年)、神宗遵顼(13 年)、献宗德旺(4 年),末主睍(1 年)的统治。

在这个阶段里,西夏统治阶级内部矛盾更加激化,具体表现在皇位更替频繁,差不多每隔五年更换一个皇帝,以及统治者在联合谁、打击谁的问题上,意见分歧,斗争尖锐激烈,加之,自襄宗安全开始,执行了一条附蒙侵金的错误路线,侵金的结果"精锐皆尽,两国俱敝"。这些,大大削弱了西夏自身的力量,为蒙古灭夏创造了极为有利的条件。

总之,第三个大段落的特点是:各种社会矛盾迅速发展、激化,外患频仍。"国经兵燹,民不聊生,耕织无时,财用并乏。"②在经济凋敝,国贫民困,无论百姓或者统治阶级都无法生活下去的情况下,西夏国家也因无力抵御外侮而寿终正寝了。

(原载《甘肃社会科学》1992 年第 5 期)

---

①《西夏书事》卷 42。
②《西夏书事》卷 42。

西夏蕃官刍议

本文对西夏蕃官何时产生,蕃官是在怎样的历史背景下出现的,蕃官与汉官是否两套官制两个系统三个问题进行探讨,重点探讨第三个问题。

一

关于西夏蕃官出现的时间,一般西夏史专著都认为是景宗元昊建国称帝前的 1033 年(宋明道二年,西夏广运元年),当时元昊定官制,在设立汉官的同时设立了蕃官制度,但有的专著却认为早在元昊之前,即已存在。香港林旅芝先生所著《西夏史》云:"西夏位处西陲,官民羌族居多,故设置官制,除仿宋外,更保留原有之蕃官制度,其蕃职有宁令、谟宁令、丁卢、丁努、素赍、祖儒、昌则、枢铭等。"[1]也就是说早在夏州政权存在之时就已经出现了诸如宁令、谟宁令等一整套蕃官之制,元昊定官制之时,只不过原封不动地保存而已。

如众所知,在元昊定官制以前,见于汉文记载的西夏官制,似乎只有汉官而没有蕃官。《西夏书事》云:"羌俗以帐族盛大者为长官,亦止有蕃落使、防御使、都押牙、指挥使之职。"[2]但这段记载并不全面。西夏在元昊定官制之前,除上述官职之外,还有"刺史","(淳化四年)

①林旅芝:《西夏史》第三章,《西夏之政制及文化》。
②吴广成:《西夏书事》卷 11。

十二月,盐州羌人酋长为本州刺史",①知州,"(继捧),弟权知夏州克文来朝",②军主(位于指挥使之上),"继迁复令军主史不�驻屯骆驼口以阻归宋人",③等等。此外,还有一个"总制羌属"④的押蕃落使,"授(继捧)夏州刺史,充定难军节度使,夏、银、绥、宥、静等州观察处置押蕃落等使"⑤。同时,这些汉官有许多为宋朝政府所任命。如"开宝七年,授(继迁)定难军管内都知蕃落使"⑥。

鉴于林旅芝先生未能举出足以证明元昊定官制前确实存在诸如丁卢、吕则一类蕃官的史料,因此,他的所谓元昊保留"原有之蕃官制度"的观点,显然只能被看作是一种主观臆测。

但西夏蕃官,首次出现于史籍的记载也并非元昊定官制之时。公元1032年,元昊改姓嵬名,自称"兀卒"(也译为"吾祖",意为天子)"自嵬号名吾祖"⑦,当为西夏最高蕃官的首次出现,此后,随着西夏国家的建立,以及宋夏交聘的需要,大体上自1042年(宋仁宗庆历二年)之后,"兀卒"以下的蕃官诸如乌泥宁令、谟宁令、祖儒、庆唐、吕宁、枢铭等等陆续出现,并且愈来愈多。

二

西夏蕃官是在怎样的历史条件下出现的呢?《中国通史》第六册

---

①《宋史》卷491,《党项传》。
②《宋史》卷485,《夏国传上》。
③《宋史》卷485,《夏国传上》。
④《宋史》卷324,《石普传》云:"赵德明纳款,诏降制命,普言:'不宜授以押蕃落使,使之总制属羌,则强横不可制矣。'乃止兼管内蕃落使。"
⑤《宋史》卷485,《夏国传上》。
⑥《宋史》卷485,《夏国传上》。
⑦《宋史》卷485,《夏国传上》。

的作者蔡美彪等先生认为:"西夏建国后,在它的统治区域内,存在着不同民族和不同的社会制度,党项奴隶主奴役着俘掠的各族,汉族地主阶仍然保持着封建的剥削方法,在这样的不同的经济关系的基础之上,夏国建立起所谓蕃官与汉官两套并行的政治制度。"①这就是说经济基础决定上层建筑,西夏立国前夕的"不同的经济关系",决定了蕃官与汉官同时应运而生,这种看法似乎值得商榷。

诚然,在元昊立国前夕,其统治区域内确实存在着不同的社会制度,既有封建制,也有奴隶制,甚至还存在着原始社会的残余,但由于其自身社会生产力的发展以及在邻邦——宋朝的影响下,就它的整个社会形态看,其封建生产关系已经确立并占了主导的地位。当时西夏封建化(即汉化)的情况,正如宋朝宰相富弼所描述:"得中国土地,役中国人民,称中国位号,立中国官属,任中国贤才,读中国书籍,用中国车服,行中国法令。"②元昊立国前模仿宋朝设立汉官制,就是为了适应当时已经占了主导地位的封建经济关系的需要,也是封建化的一种表现。按照同宋相邻的一些少数民族政权建立官制的规律,在其尚未完成封建化之前,如果本民族早已设有官制,一般仍然采用本民族的官制,一旦封建化基本完成,往往立即废止本民族原有的官制,而代之以汉官制。例如金国就是如此,"金自景祖始建官属,统诸部以专征伐,巍然自为一国,其官长皆称曰勃极烈……其次诸勃极烈之上,则有国论、乙室、忽鲁、移赉、阿买、阿舍、昊迭之号……其部长

①蔡美彪等著《中国通史》第6册第4章《西夏的兴亡》第一节,《夏国的建立和发展》,第三个问题《蕃礼与汉礼·皇族与后族的斗争》。
②赵汝愚:《诸臣奏议》卷135《边防门·辽夏七》,富弼《上仁宗河北守御十三策》。

曰孛堇,统数部者曰忽鲁,凡此至熙宗定官制皆废",①既然西夏景宗元昊之时已经基本封建化,但他在建立汉官的同时却热衷于蕃官的建置,岂非有点反常!

另一种观点认为西夏蕃官之所以出现,是因为元昊在定官制之时,吸取了辽的一些经验和做法,即仿照辽的南北面官制,"此举颇类辽制,官分南北"②。这种看法,似乎同样值得商榷。

辽国统治者在灭渤海和从石敬瑭手里获得燕云十六州之后,鉴于国内不同民族地区经济结构和阶级关系差别很大,契丹等少数民族居住的地方,还处于奴隶制阶段,而南部渤海故地及燕云一带汉族人居住地区,却早已进入封建制。在辽国整个社会尚未封建化的情况下,决定实行南北面两套官制,是完全符合辽当时的国情的。"官分南北,以国制治契丹,以汉制待汉族人。……辽国官制,分北、南院。北面治宫帐、部族、属国之政,南面治汉族人州县、租赋、军马之事。因俗而治,得其宜矣。"③西夏在景宗元昊建国前夕的情况与辽正好相反,当时,在其统治境内,虽然居住着党项、吐蕃、回鹘、鞑靼、吐谷浑和契丹以及汉族人等众多的民族,但是其中大部分民族已经进入了封建制阶段,而且从民族分布的情况看,又往往是蕃汉杂处,"国家表里山河,蕃汉杂处"④,根本不存在辽太宗时的南北民族地区差别很大的情况,因此,那种认为西夏蕃官的出现是西夏统治者仿效辽的南北面官制的观点,恐怕是不大符合西夏的国情。

西夏蕃官的出现,既没有经济方面的原因,也不是为了吸收辽的

①《金史》卷55,《百官制》。
②林旅芝《西夏史》第三章《西夏之政制及文化》。
③《辽史》卷45,《百官制》。
④《西夏书事》卷16。

统治经验,那么,到底是什么原因呢?

首先,为了适应立国的政治需要。西夏是少数民族党项族建立的国家。元昊在建国时,对内为了唤起党项人的民族意识,对外,摆出一副脱离宋朝的态势,采取了一系列的诸如改姓、立号、秃发,更名囊霄,采用吐蕃赞普回鹘可汗的服制等措施,其中元昊自称"吾祖",表示要同宋朝的赵家天子平起平坐,因此,曾遭到宋朝君臣的强势反对。"明年,遣六宅使伊州刺史贺从勖与文贵俱来,犹称男邦泥定国兀卒上书父大宋皇帝,更名囊霄而不称臣。……议者以为改吾祖为兀卒,特以侮玩朝廷,不可许。"①这里的"邦泥定国"乃党项语音译,义译为白上国。

其次,为了适应宋夏通使的需要。元昊立国之后,宋朝统治者鉴于元昊"屈强不肯削僭号"②,因此,在宋夏通使往来的过程中,为了保持其宗主国的尊严,坚决反对西夏派到宋朝的使者用汉官汉职,要求他们一律改用除"兀卒"以外的蕃官蕃职。"既而元昊又以旺荣书来,会帝厌兵,因招怀之,遣(庞)籍报书,使呼旺荣为太尉。籍曰:'太尉三公,非陪臣所得书,使旺荣当之,则元昊不得臣矣。今其书自称"宁令"或"谟宁令",皆其官名也,于义无嫌'。朝廷从之。"③只有西夏使者改称汉官为蕃官,才能分清宋夏的君臣关系,才能"于义无嫌",否则名不正,则言不顺,"于义有嫌",真是一语道破了天机,说明了西夏蕃官的出现与宋朝反对西夏使者用汉官汉职的因果关系。

---

①《宋史》卷 485,《夏国传上》。
②《宋史》卷 485,《夏国传上》。
③《宋史》卷 311,《庞籍传》。

三

　　西夏蕃官与汉官究竟是一套官制,还是两套官制呢? 不少西夏史专著的作者都认为是两套官制,自成两个系统。如蔡美彪等著《中国通史》第六册第四章《西夏兴亡》云:"元昊一面采择宋制建立官职,一面又设党项官,两个系统并列。"这种说法对不对呢? 我认为是很值得怀疑的,其理由如下。

　　第一,持两套官制观点的学者,其主要依据是清人吴广成《西夏书事》卷 11 的那段记载:"至是始立文武班,曰中书,曰枢密,曰三司……其制多与宋同,自中书、枢密、宰相、御史大夫、侍中、太尉以下命蕃汉族人分为之,而其专授蕃职有宁令,有谟宁令,有丁卢,有丁努,有素赍,有祖儒,有吕则,有枢铭,皆以蕃号名之"。这段话最关键的一句是"而其专授蕃蕃职……"对此,有两种理解,一种把"蕃职"理解为专门给党项人设立的蕃官职,因为只有党项人才能担任,所以叫作"专授蕃职",按照这种理解,就很自然地得出了两套官制两个系统的结论。另一种把"蕃职"理解为党项人担任的官职,但以蕃号命名,"中书令、枢密使、宰相等职务,均可由党项人和汉族人分别担任。由党项人担任的官职,以蕃号命名,有宁令、谟宁令,丁卢、丁努、素赍、祖儒、吕则、枢铭等"①,结果得出了一套官制,一个系统的结论。两种理解到底哪一种对呢? 我基本上同意第二种见解,但补充两点理由:(一)从全文内容看,吴广成只说官分文武班,并未明确指出其官分为汉官和蕃官两套官制。(二)如果把"专授蕃职"理解为只有党项人才

<hr />

①钟侃等著《西夏简史》第二章《西夏封建割据政权的建立和现固》第一节《西夏封建割据政权的建立》。第一个问题《西夏的建国和元昊称帝》。

能担任的蕃官蕃职,则与史实不符。因为西夏的蕃官蕃职并非只有党项人才能担任。"嘉祐元年,母没藏氏薨,遣祖儒嵬多聿则,庆唐及徐舜卿来告哀①。"这里的"多"当为名字之误,"及"为倒文,应在庆唐之前。祖儒、庆唐均为蕃号官名,党项人嵬多聿则和汉族人徐舜卿同时担任蕃官,说明蕃官并非党项人所专授。同时,党项人可以兼任汉官,"夏西南部统,昂星嵬名济迤移书刘昌祚曰……"②这里的西南都统担任蕃官说明了什么呢?说明"蕃官"为党项人的"专授蕃职"的不可信,说明蕃官与汉官本是一种官职两种名号罢了。

第二,西夏的一些蕃官如领卢等明显是汉官的党项语音译。"夏人遣使入贡,僭汉官移文于州,称其国中官曰枢密,(程)戡止令称使副不以官,称枢密曰'领卢',方许之。"③这里的"僭"字表明宋朝对西夏使者称汉官持反对态度,同意"称枢密曰领卢"说明了汉官枢密与蕃官领卢之间,可以画等号,说明两者是一套官制两种名号,说明蕃官"领卢",就是汉官"枢密"的西夏语音译。这种音译还可以从西夏人骨勒茂材对枢密的西夏语注音得到佐证。《蕃汉合时掌中珠·人事门》对"枢密"的西夏语音译是"令落泥",领与令之音近似,落泥相切读若卢。可见"领卢"就是枢密的西夏语音译。

第三,一些作为研究西夏史的基本史料如《宋史·夏国传》、李焘《续资治通鉴长编》以及《辽史·西夏外纪》等,都仅指出其官分文武两班,并未指出分汉官蕃官两套官制。如《夏国传》云"官分文武班"④,

①《宋史》卷485,《夏国传上》。
②《宋史》卷486,《夏国传下》。
③《宋史》卷292,《程勘传》。
④《宋史》卷485,《夏国传上》。

《续资治通鉴长编》云"其伪官分文武"①,《西夏外纪》云"设官分文武"②。三种研究西夏的基本史籍,其材料来源虽然各不相同,但其所记载的内容却完全一致,这就有力地说明西夏蕃官作为一套与汉官根本不同的自成体系的官制是靠不住的。

第四,西夏仁宗仁孝时党项人骨勒茂才记载西夏官制,仅罗列了一套汉官,并未记载汉官之外,还有一套蕃官。其所著《蕃汉合时掌中珠·人事门》记载的汉官计有"中书、枢密、经略司、正统司、统军司、殿前司、御史、皇城司、宣徽、三司、内宿司、巡检司、工院、马院、陈告司、磨堪司、市刑司、大恒(应为汉字之误)历院、阁门司、监军司、通判、正听、州主、群牧司、受纳司、承旨、都案、案头、司吏、都监"等等。既然当代人记载当代之事都没有留下蕃官的记录,那么,蕃官作为一套与汉官并列而存的官制,显然是不大可能的。

第五,西夏与辽、金同为少数民族建立的国家,按理在他们交往的过程中,西夏派往辽金的使者更应该出现蕃号官名,但西夏蕃官却不见于《辽史》和《金史》的记载。具体记载情况不外三种:只记西夏派遣了使者的姓名和官职,如辽兴宗重熙元年,"夏国遣使来贺"③。记载使者姓名,但不记官居何职。如天祚帝乾统二年"壬子,李乾顺为宋所攻,遣李造福、田若水救援"④,既载姓名又记官居何职;如金海陵天德二年七月,"夏御史中丞杂(一作热)棘公济、中书舍人李崇德贺登宝位"⑤。

———————

①《续资治通鉴长编》卷150,仁宗景祐元年冬十月乙丑条。
②《辽史》卷115,《西夏外纪》。
③《辽史》卷115,《西夏外纪》。
④《辽史》卷27,《天祚帝纪》。
⑤《金史》卷60,《交聘表上》。

第六,在夏宋交往的过程中,西夏使者并非自始至终都用蕃号官名。这种蕃号官名据《宋史·夏国传上》的记载最早出现于1042年(宋仁宗庆历二年,夏景宗元昊天祚礼法延祚五年,"月余,元昊使文贵与王嵩以其臣旺荣其弟旺令嵬名环、卧誉诤三人书议和,然屈强不肯削僭号"①,其中旺令为蕃号官名。终止于1099年(宋哲宗元符二年,夏崇宗乾顺永安元年),"十二月,遂遣令能嵬名济等进誓表"②,其中令能为蕃号官名。1099年夏为梁太后死,乾顺开始亲政之时,也就是说,到乾顺亲政之后,西夏蕃官不再出现于汉文的记载。为什么乾顺亲政之后,西夏派到宋朝的使者就不再出现蕃号官名呢? 这是一个值得进一步深入研究的问题。我初步认为,与当时宋夏关系出现了友好亲善的气氛有关。因为乾顺亲政后,在他的誓诏中除了自称"臣国"外,还对宋宣誓要"饰疆吏而永绝争端,戒国人而常遵圣化",同时宋朝在答诏中也表示"嘉尔自新,俯从厥志,尔无爽约,朕不食言。自今已往,岁赐仍旧"③。在这种君臣关系明确和双方出现十分友好气氛的情况下,宋朝不再要求西夏使者使用蕃号官名,并不是没有可能的。

总之,西夏蕃官除了少数几个知道它的含义外,大部分至今很难做出解释,在这种情况下,要对上述问题,尤其对第三问题要做比较深入的研究,从而得出比较中肯和科学的结论,显然是比较困难的。

(原载《西北史地》1985年第2期)

---

① 《宋史》卷485,《夏国传上》。
② 《宋史》卷486,《夏国传下》。
③ 《宋史》卷486,《夏国传下》。

略论李德明

　　李德明,小字阿移,生于宋太宗太平兴国六年(公元 981 年),卒于仁宗明道元年(公元 1032 年),享年五十一岁。李德明是西夏历史上颇有作为的著名历史人物之一,史称他"深沉有器度,多权谋"[①],"精天文,通兵法。"[②]他在位的时间虽不太长(仅二十七年),但由于他执行了一条保境息民,发展生产,同辽、宋友好,以及统一河西的正确路线和方针,使西夏社会得到了较快的发展,在西夏历史上做出了一定的贡献。

一

　　真宗景德二年(公元 1005 年)春,宋朝政府在同李继迁长期进行战争之后,决心改变对西夏的强硬态度,实行"姑务羁縻,以缓战争"[③]的方针,即罢兵息民,以财货爵禄笼络西夏统治者,并主动向李德明提出了媾和条件:"许德明以定难军节度、西平王,赐金帛缗钱各四万,茶二万斤(按此数字有误。据吴天墀先生《西夏史稿》增订本 408—409 页的分析与考证,准确的数字应是银万两,绢万匹,钱二万贯,茶二万斤),给内地节度奉,听回图往来,放青盐禁,凡五事。而令

---

　　①《西夏书事》卷 8。
　　②《西夏书事》卷 9。
　　③《续资治通鉴长编》卷 63,景德三年五月庚申条。

李德明纳灵州土疆,止居平夏,遣子弟入宿卫,送略去官吏,尽散蕃汉兵及质口,封境之上有侵扰者禀朝旨,凡七事。"即宋保证做到封李德明为王,给他金帛缗钱等五项,同时要求李德明做到归还灵州(今宁夏灵武县西南),遣子弟宿卫等七条,作为交换条件。这些条件,李德明同意其中大部分,"惟以子弟入质及纳灵州为难,"因为李德明不同意归还灵州和以子弟入质,因此,真宗也就取消了向西夏开放青盐的禁令,"故亦禁如旧。"①经过多次讨价还价,最后求同存异,于景德三年(公元 1006 年)九月,正式签订了和约。

这个和约的签订并非偶然,从西夏方面看,李德明之所以同意签订和约,原因有三:第一,与夏州政权因李继迁长期对宋战争而陷入困境有着直接的关系。"贼境艰窘,惟劫掠以济,又籍夏、银、宥州民之丁壮徙于河外,众益咨怨,常不聊生;"②第二,与继迁临终遗嘱有关。"李继迁兵败,为潘罗支射伤,自度孤危且死,嘱其子李德明必归宋曰:'一表不听则再请,虽累百表不得,请勿止也。'继迁卒,李德明纳款。"③说明同宋和解是继迁临终前就已商议好的既定方针。李德明同意签订和约,只不过是对那个既定方针的贯彻执行,即所谓"表守遗言,誓修职贡"④罢了;第三,与宋辽签订了"澶渊之盟"有关。由于"澶渊之盟"的订立,使西夏暂时失去了政治上的声援。如果李德明继续对宋战争,将会使自己陷于孤立无援的境地。"由是西夏失牵制之谋,随亦内附。"⑤

---

①《宋史》卷 466,《张崇贵传》。
②《资治通鉴长编》卷 55,咸平六年九月壬辰条。
③《宋史》卷 282,《向敏中传》。
④《西夏书事》卷 11,《论赞》。
⑤《宋史》卷 281,《论赞》。

从宋朝方面看,这个和约的条款,虽然是宋方主动提出,但并非一帆风顺。如知镇戎军曹玮就曾提出反对意见,"李德明初请命于朝,玮言:'继迁擅河南地二十年,边不解甲,使中国西顾而忧。今方其国危子弱,不即擒灭,后更盛强难制。愿假臣精兵出不意,捕李德明送阙下,复以河南为郡县,时不可失。'"只因"朝廷方欲以恩致李德明,寝其书不报。"①即是说当时真宗已经定下了同西夏和解的决心才算作罢。因此,这个和约的签订,是宋主和派战胜主战派的产物。

景德二年的和约,是宋夏之间缔结的第一个和约。这个和约给西夏带来了一个相对的和平环境,它对医治李继迁所造成的战争创伤,巩固夏州政权,以及发展社会经济起了一定的积极作用。

在同宋缔结和约后,李德明为了进一步发展大好形势,巩固夏州政权,一方面接受宋朝对他的加官晋爵,当一名"不侵不叛之臣。"②如景德三年(公元1006年)十月,"宋以赵德明为定难军节度使,封西平王,给俸如内地"③。李德明欣然接受;另一方面李德明一刻也没有忘记主动向辽讨封,同辽继续保持联盟关系。"辽复遣金吾卫上将军肖孝诚赍玉册金印,册为尚书令,大夏国王。"④同宋缔结和约,接受其册封,可以通过朝贡贸易等途径,得到大量经济上的好处,而同辽继续结成联盟,接受辽的册封,不仅可以得到辽的政治上的声援,增加对宋讨价还价的砝码,而且对于消除其统治境内少数民族因继迁之死而产生的观望、惊疑之心,也起了一定的安定作用。"李德明嗣职期年,未膺封册,蕃族多怀观望,行军司马赵保宁言:'国家疆宇虽廓,自

①《续资治通鉴长编》卷63,景德三年五月辛亥条。
②司马光:《温国文正公文集》卷38,《横山疏》。
③《宋史》卷485,《夏国传上》。
④《宋史》卷485,《夏国传上》。

西凉扰乱,先王(继迁)被害,蕃人惊疑,若不假北朝(辽)威令慑之,恐人心未易靖也。'李德明遂遣保宁献方物契丹,以请册封。契丹主曰:此吾甥也,封册当时至。待保宁加礼回。"①说明李德明主动讨封,完全是为了适应其内外形势的需要。

李德明在接受宋辽册封的同时,为了稳定内部,还加强了他的统治机构,尤其注重对军事指挥机构的健全。"以左都押牙张浦兼行军左司马绥州刺史,赵保宁兼右司马指挥使,贺承珍兼左都押牙,刘仁勖为右都押牙、破丑重遇贵为都知蕃落使,白文寿、贺守文都知兵马使,何宪、白文赞为孔目官,郝贵、王旻等为牙校,复以李继瑗为夏州防御使,李延信为银州防御使,其余升赏有差。"②从这份对官使任命、安置的名单看,不仅可以看出李德明对人才的重视和重用,而且还能看出其苦心经营的夏州政权,初步具有蕃汉联合统治的性质。

二

自李德明与宋议和到元昊建国称帝前的三十多年的时期里,由于西夏有一个相对的和平环境,加上李德明对经济问题的重视,因此,西夏的社会经济得到了较大的发展。

首先,西夏的农业同李继迁时期比较,发展幅度较大。仁宗时范仲淹在其著名的《答赵元昊书》中追述李德明时期农业生产的盛况时指出:"塞垣之下,逾三十年,有耕无战,禾黍云合。"③说明西夏农业得到了长足的发展,在农耕化的道路上大大迈进了一步。

其次,宋夏贸易发展十分突出。具体体现在下列几种贸易之上。

---

① 吴广成:《西夏书事》卷 8。
② 吴广成:《西夏书事》卷 8。
③ 《续资治通鉴长编》卷 130,庆历元年正月条。

朝贡贸易:即通过向宋朝贡,一方面可以得到大量回赐,同时利用朝贡之便,大搞贸易活动。"入贡至京者,纵其为市。"①在李德明统治其间,"贡献之使,岁时不绝。"②兹将其朝贡情况列表如下:

入贡时间	贡使姓名	贡品种类及数量	回赐物	资料来源
景德二年(公元 1005 年)九月八日	白文寿			《宋会要辑稿》第 199 册蕃夷七之一六
景德三年(公元 1006 年)五月一日	贺守之等			《宋会要辑稿》第 199 册蕃夷七之一六
景德三年(公元 1006 年)六月七日	贺永琮			《宋会要辑稿》第 199 册蕃夷七之一六
景德三年(公元 1006 年)七月		马五十匹	袭衣、金带器币	《西夏书事》卷 8
景德三年(公元 1006 年)十一月十三日		御马、散马、骆驼		《宋会要辑稿》第 199 册蕃夷七之一六
景德四年(公元 1007 年)三月十六日		马五百匹、骆驼二百匹、用于谢给俸廪	袭衣、金带器币	《宋会要辑稿》第 199 册蕃夷七之一六,《续资治通鉴长编》卷 65

①《宋史》卷 186,《食货志·互市舶法》。
②《西夏书事》卷 11。

续表

入贡时间	贡使姓名	贡品种类及数量	回赐物	资料来源
景德四年（公元 1007 年）六月二十一日		马五百匹（续资治通鉴长编卷 65 作百五十匹）助修庄穆皇后园陵		《宋会要辑稿》第 199 册蕃夷七之一六,《宋史》卷 485《夏国传上》
大中祥符四年（公元 1011 年）四月九日		马	鞍马、器币、银帛茶	《宋会要辑稿》第 199 册蕃夷七之一八,《西夏书事》卷 9
天圣五年（公元 1027 年）二月	白文美	方物		《西夏书事》卷 10
天圣七年（公元 1029 年）十二月		马七十匹	佛经一藏	《西夏书事》卷 11

从上表可知:(一)自景德二年(公元 1005 年)至天圣七年(公元 1029 年)十四年间,进贡十次,说明次数比较频繁,其中景德三年多达四次,景德四年二次,说明朝贡时间比较集中;(二)贡品主要是马,其次为骆驼;(三)宋朝回赐主要为器币,其次为袭衣、金带等最高统治者生活用品。

李德明所遣贡使,除在宋首都开封公开进行正当贸易之外,还非法贩卖私物,逃避税收,"赵德明进奉人挟带私物,规免市征,望行条约"①,甚至违禁打造武器,偷偷运回西夏,"禁夏州进奉使造军器归本道"②。

这些贡使,除了在开封贸易之外,他们一入宋境,便在其来往的路上,以马匹同当地老百姓贸易,"夏进奉使入边,辄鬻其所乘马,边人以价值贱,争市之,于是使者带马日多"③。这种未经许可的贸易,对当地居民的骚扰时有发生。"夏州贡使,在道市物颇扰民,真宗诏所在有司严示约束。"④

榷场贸易:即在宋沿边距离西夏很近的地方设立固定的贸易场所,并派专人管理,以便稽查出入货物,征收商税,进行大宗贸易。在李德明的要求下,宋朝首先设置了保安军(陕西志丹县)榷场。该榷场置于宋真宗景德四年(公元 1007 年)。榷场刚一建立,李德明便迫不及待地"请许蕃民赴保安军榷场贸易,从之"⑤。反映了西夏同宋发展贸易的迫切性。

除了保安军榷场之外,宋还于天圣年间增置了镇戎军(今宁夏固原县)榷场和并代路和市(次一级榷场)。"天圣中,陕西榷场二,并代路亦请置场和市,许之。及元昊反,即诏陕西、河东绝其互市,废保安军榷场……庆历六年复为置场于保安、镇戎二军。"⑥一些有关西夏史的专著和文章,都认为李德明时期宋朝仅设置了保安军榷场,至于镇

①《续资治通鉴长编》卷 83,大中祥符七年十一月乙未条。
②《续资治通鉴长编》卷 79,大中祥符五年十一月丙午条。
③《西夏书事》卷 10。
④《西夏书事》卷 9。
⑤《宋史》卷 186,《食货志·互市舶法》。
⑥《宋史》卷 186,《食货志·互市舶法》。

戎军(今宁夏固原)権场,则认为到元昊称臣之后才正式建置。但据该材料的前后文:"天圣中,陕西権场二",以及"复为置场于保安、镇戎二军"看,说明镇戎军権场早在大圣年间就已设置,故其行文到元昊时,很自然地要用"复为置"三字。

宋夏権场贸易的货物品种繁多。如保安军権场"(西夏)以马、驼、牛、羊、毡毯、甘草易缯帛、罗绮,以蜜腊、麝香、毛褐、羱羚角、硇砂、柴胡、苁蓉、红花、翎毛易香药、瓷漆器、姜桂等物"。这是宋朝政府对保安军権场进行"官市"的规定,至于"官市"以外的品种不受此限制。"其非官市者,听与民交易。"①

除经双方同意设立的権场之外,李德明还拟单方面设立権场,但因宋朝的反对和阻挠,未能成功。"(李德明)筑堡于石州浊轮谷,将建権场,诏缘边安抚司止之。"②

窃市与走私:所为窃市,即于宋夏边境偷偷贩卖违禁品。如大中祥符二年(公元1009年)"李德明多遣人赍违禁物,窃市于边"③。当时宋朝规定的违禁物品究竟有哪些呢?

青盐:西夏青盐同宋朝解盐比较,"解池之盐,味不及西夏,西夏优而解池劣",因其价廉物美,宋朝沿边人民非常希望能够买到它。但宋为了在经济上制裁西夏,早在李继迁时即行禁止。"青白盐出乌白池,西羌擅以为利,自继迁叛,乃禁毋入塞。"④宋夏交好时,宋真宗曾打算开禁,但因李德明不愿归还灵州和纳质,因此,青盐也就仍然列为禁品。

①《宋史》卷186,《食货志·互市舶法》。
②《宋史》卷485,《夏国传上》。
③《续资治通鉴长编》卷71,大中祥符三年三月己卯条。
④马端临:《文献通考》卷16,《征榷考》。

铜铁:为传统的禁品。早在宋太宗开宝三年(公元 970 年)就明确规定了铜铁"不得阑出蕃界及化外"①。李德明时亦不例外。

钱币:也为传统禁品。早在太祖时曾严禁私携钱币出界。太宗时,鉴于"西北边内属戎人,多赍货币于秦,阶州易铜钱出塞,销铸为器,"下令严禁铜钱出塞外,"诏吏民阑出铜钱百巳上论罪,至五贯以上送阙下。"②

粮食:大中祥符元年(公元 1008 年)六月,西夏绥(今陕西省绥德县)、银(今陕西省米脂县北 80 里)、夏(今陕西省和内蒙古自治区交界处,俗称白城子)三州干旱,灾情严重,需要从宋购买粮食以济饥荒。"边臣以闻,真宗诏榷场勿禁西人市粮,以赈其乏。"③"勿禁西人市粮",只是暂时开禁,一旦灾情消失,粮食将会继续成为禁品。

书籍:并非所有书籍都禁止,所禁为九经书疏以外的书籍。"诏民以书籍赴沿边榷场易者,自非九经书疏悉禁之。"④

除了窃市违禁品外,宋沿边少数民族还往往利用到西夏探亲之机,大搞走私贸易。"延庆二州熟户,其亲族在西界,辄私致音问,潜相贸易,夏人因以为利,中国察其奸,不许。"⑤

尽管宋朝政府对于窃市和走私均严加禁止,但实行的效果很差。"官吏疏慢,法禁日弛,夏人与边民贸易,日夕公行。"⑥

李德明时期宋夏贸易的兴盛,起了不可忽视的作用。首先,通过

---

① 《宋史》卷 185,《食货志·坑冶》。

② 《宋史》卷 180,《食货志·钱币》。

③ 《西夏书事》卷 9。

④ 《宋会要辑稿》第 140 册,《食货》三八之二八。

⑤ 《西夏书事》卷 10。

⑥ 《西夏书事》卷 19。

贸易,积聚"赀财无算",①为其子元昊的称帝建国以及进行侵宋抗辽战争准备了一定的物质条件。这种情况正如韩琦、范仲淹所指出:"从李德明纳款后,来使蕃汉之人入京师贾贩,憧憧道路,百货所归,获中国之利,充于窟穴,贼(元昊)因其事力,乃兴兵为乱。"②

其次,通过贸易,实行了经济文化交流,这对于提高党项民族乃至整个西夏人的物质和精神生活,对于西夏的汉化,无疑都起了一定的积极作用。

三

在李德明统治期间,除了十分注重社会经济的发展,搞好对辽对宋关系以及内部安定之外,还竭尽全力西攻回鹘,南击吐蕃,为初步统一河西做出了不懈的努力。

回鹘又称回纥,即今天维吾尔族的前身。北宋初年,回鹘可分为甘州、沙州、西州数种,其中以甘州回鹘地近西夏。甘州(今甘肃张掖市北)回鹘是河西地区的主要割据势力。其族分布范围达数千里,并有一支精锐的军队。"本国东至黄河,西至雪山,有小郡数百,甲马甚精习。"③境内水草丰美,宜农宜牧,除盛产良马外,还产玉器、镔铁、剑甲、琉璃器等,早为继迁、李德明所垂涎和觊觎。

李德明为了夺取甘州,先后五次出兵,其简要战况如下:

大中祥符元年(公元1008年)三月,李德明命"张浦率骑数千,抄掠其境,夜落纥(纥一作隔)出兵拒之,浦不能胜。"④同时还命万子等

---

①《西夏书事》卷11。
②《续资治通鉴长编》卷139,庆历三年正月乙卯条。
③《宋史》卷490,《回鹘传》。
④《西夏书事》卷9。

军主率领其本族之兵,准备偷袭甘州,"回鹘设伏要路,示弱不与斗,俟其过,奋击之,剿戮殆尽,"①惟万子军主落荒遁走。

大中祥符二年(公元 1009 年)四月,李德明再派张浦"将精骑二万攻甘州,可汗夜落纥拒守经旬,伺间遣将翟苻守荣,夜出兵袭之,浦大败还。"②同年十二月,"出侵回鹘,恒星昼见,李德明惧而还。"③

天圣六年(公元 1028 年)五月,派其子元昊"独引兵袭破回鹘夜落隔可汗王,夺甘州。"④

由于"甘州城为边徼重地"⑤,形势险要,"东据黄河,西阻弱水,南跨青海,北控居延",因此,李德明取之,如虎添翼。"今李德明得之,恃其形势,制驭西蕃,灵夏之右臂成矣。"⑥

在李德明攻下甘州后,瓜州(今甘肃省安西县东)王贤顺,深感西夏势力强大,于天圣八年(1030 年)主动"以千骑降于夏"⑦。

南击吐蕃,占领凉州(今甘肃武威)是李德明征服河西的又一重大军事行动。

景德元年(公元 1004 年),凉州吐蕃六谷部首领潘罗支用假投降的妙计,使继迁中箭身死。不久,潘罗支也被党项部落迷般嘱部和日逋吉罗丹部所谋杀。潘罗支死后,吐蕃首领折逋游龙钵等率部归服德明,但六谷部首领厮铎督(潘罗支弟)继续与李德明对抗。在这种形势

---

①《宋会要辑稿》第 197 册,《蕃夷》四之三。

②《西夏书事》卷 9。

③《宋史》卷 485,《夏国传上》。

④《宋史》卷 485,《夏国传上》。

⑤《宋会要辑稿》第 190 册,《方域》八之二九。

⑥《西夏书事》卷 11。

⑦《宋史》卷 485,《夏国传上》。

下,一场西夏与吐蕃争夺凉州的斗争就成为不可避免了。李德明出兵攻打凉州,首尾三次,具体战况如下:

景德四年(公元 1007 年)九月,李德明亲自率兵屯境上,准备攻打凉州,结果因"厮铎督援结回鹘为备,李德明兵不出"①。

大中祥符四年(公元 1011 年)九月,李德明派军校苏守信,"领兵攻西蕃乞当族,其首领厮铎督会诸族御之,大败其众"②。

大中祥符九年(公元 1019 年)十一月,甘州回鹘可汗夜落隔遣兵攻占凉州,"掳其族帐百余,斩级三百,夺马匹甚众"③。

明道元年(公元 1032 年)九月,李德明"命元昊将兵攻凉州,回鹘势孤,不能拒,遂拔其城"④。至此,李德明从回鹘手中最终夺取了凉州。

李德明夺取凉州同夺取甘州相比较,其战略意义似乎更大。"西凉南界横山,西通西域,东距河西,土宜三种,善水草⋯⋯李德明立国兴灵,不得西凉,则酒泉、敦煌诸郡,势不能通,故其毕世经营,精神全注于此。"⑤

李德明对甘州、凉州的用兵,首尾二十五年(公元 1007 年),虽然付出了巨大的代价,但它所起的历史作用,也是毋庸置疑的。首先,夺取甘、凉后,便可"西掠吐蕃健马,北收回鹘精兵,"⑥从而大大加强了夏州政权的军事实力;其次,夺取甘、凉,降服瓜州王贤顺,从而扩大

---

①《西夏书事》卷 9。

②《宋会要辑稿》第 195 册,《方域》二一之二三。

③《西夏书事》卷 10。

④《西夏书事》卷 11。

⑤《西夏书事》卷 11。

⑥《宋史》卷 490,《回鹘传》。

了统治地盘,初步征服了河西,为其子元昊进一步彻底统一河西,称帝建国,打下了良好的基础。

以上三个方面,是李德明一生中最主要的历史事迹。此外,他为了迎接安置宋朝使者,修建驿馆,"于绥、夏齐建馆舍,以待王人"①,对于加强宋夏友好往来,有一定的积极意义。

至于他为建立大夏国所做的进一步的准备工作,诸如"城怀远镇为兴州以居,"②使其成为这个政权的新首都,以及"立元昊为太子"③等等,因为它标志着党项民族发展壮大的新里程,是具有政治家远见卓识的英明措施,也是必须指出的。

四

李德明生当西夏由奴隶制向封建制的过渡时期,在西夏人民饱受战争灾难的形势下,坚决同宋议和,休兵息民,努力发展农业生产,争取同宋开展各种渠道的贸易,从而发展了西夏的社会经济,积聚了比较雄厚的经济实力,同时也多少改善了西夏人的生活。至于夺取甘州、凉州,初步统一河西,不仅扩大了统治地盘,而且由于获得了吐蕃健马和回鹘精兵,从而壮大了军事力量。这些,对于党项族把夏州地方政权进一步发展成为西夏国家奠定了良好的基础。

总之,李德明是西夏立国的奠基人。他在西夏历史上是一位应当充分肯定的人物,清人吴广成在评价李德明时指出:"李德明当西凉大创之后,诸戎叛涣之初……表守遗言,誓修职贡,朝聘之使,往来如家,牛羊缯帛,彼此各受其利,塞垣之下,有耕无战,逾三十年,殆所谓

---

① 《宋会要辑稿》第 191 册,《方域》一之一四。
② 《宋史》卷 485,《夏国传上》。
③ 《西夏书事》卷 11。

识时务者耶！迨使俸赐既赡,兵力亦完,然后东战契丹,南扼苍耳,北城怀远,西拔甘、凉,粟支数年,地扩千里,夏国之业,实基于此,元昊虽雄,非籍李德明燕翼,其遂夜郎自大乎！呜呼！虽曰偏据,亦云伟矣！"①吴广成这段言简意赅的评语,对于李德明顺应历史发展的趋势，采取了一些有利于党项民族进步和西夏社会发展的措施所进行的赞扬,大体上不失为平允和中肯的。

（原载《兰州大学学报(社会科学版)》1988 年第 1 期）

---

① 《西夏书事》卷 11,《论赞》。

论李继迁

　　李继迁(公元963年—1003年)是夏州地方政权的重建者,也是西夏国家的开基者。李继迁所处的时代,正是宋太宗削平群雄,统一宇内,和党项社会进入奴隶制阶段。李继迁在夏州地方政权中断的情况下,动员一切可能动员的力量,联辽反宋,终于恢复了夏州故土,并在此基础之上,进一步扩大其统治地盘,为其孙元昊建立西夏国家,奠定了一定的基础。本文对李继迁一生的主要历史活动略作述论。

一、继捧归宋与继迁反宋

　　公元960年,赵匡胤建立了宋政权。宋统治者为了集权中央,结束唐末五代长期分裂割据的局面,以武力为后盾,在政治上晓以利害,迫使其投降,或直接用武力消灭等办法,次第削平了南方九国和北汉。但这种诉诸武力的办法,只能用于那些汉族人的割据势力,而对于那些少数民族建立的地方割据势力,诸如夏州地方政权,则显然不适用。为什么不适用呢? 因为:第一,西夏政权是一个长期雄视一方、在西北少数民族中具有较高威望的所谓"恩信孚部落"的割据势力,如果出兵消灭夏州政权,必然要激化宋同党项之间的矛盾;第二,夏州地方政权割据一隅,经过唐末五代的发展、壮大,实力雄厚,如果出兵攻打,并不能稳操胜券;第三,找不到取消夏州地方政权的理由和借口。宋朝建立后,夏州统治者如彝兴等曾出兵助宋,战功卓著。"国初,钩犯麟州,彝兴率所部御之,献马三百于朝,太祖亲令玉工治带赐之,追封夏王"。此后,夏州统治者也因对宋"世有战功,皆以朝命承袭。①"正如宋史作者所指出:像府州折氏、夏州李氏等实力较强的地方性少数民族统治者,他们"世笃忠贞,虽为西北之捍,可谓无负于宋者矣②"。既然夏州统治者无负于宋,又立有战功,宋统治者是没有任何理由使用武力去消灭他们的。

正当宋太宗对夏州地方政权感到棘手之时,夏州统治者李继捧因为继承人发生问题(其从父李克文等对他当继承人不服),于公元982年(太平兴国七年)五月,亲率族人向宋帝朝贡,"自陈诸父昆弟多相怨恨,愿留京师,遂献其所管四州八县③"。对此,太宗表示接受,朝野大臣也无异议。

但宋太宗不是去调解夏州统治者的内部矛盾,而是采用取消夏州地方政权的这一做法,显然是错误的。其所以错误,因为:第一,这种做法与宋初制定的对待少数民族地方政权的既定方针、政策自相矛盾。当时的方针、政策是什么呢?"帝(神宗)问祖宗御戎之要,对曰:'太祖不勤远略,如灵夏、河西皆因其酋豪,许之世袭④'"。既然允许其酋豪世袭,怎么可以随便取消其统治地盘呢?

第二,宋统治者在夏州酋豪既"世有战功"又无负于宋的情况下,乘人之危,宣布取消其统治,这是一个错误的举措。何况继捧献地并非真献。这从继捧一面献地,一面"阴结保吉(继迁)⑤",被赵光嗣擒执一事即可佐证。

---

①《太平宝训政事纪年》卷1,《太宋皇帝》,宋不著撰人抄本。
②《宋史》卷253,《赞论》。
③《续资治通鉴长编》卷23,太平兴国七年五月己酉条。
④《宋史》卷318,《张方平传》。
⑤《续资治通鉴长编》卷35,淳化五年三月戊辰条。

总之,太宗的这一做法,激化了宋夏矛盾,使党项族内一些具有野心的酋豪叛宋自立。他们拥戴"勇悍有智谋"①的李继迁(继捧族弟)为其首领,以"善水草,便畜牧"②的地斤泽(今内蒙古自治区伊克昭盟巴彦淖尔)为根据地,联辽反宋,从而开始了他的旨在恢复祖宗基业、重建夏州地方政权而进行的不懈斗争。

二、统一党项羌诸部

李继迁叛宋自立后,即着手统一党项羌诸部,为重建夏州地方政权而斗争。当时摆在李继迁面前的历史条件,既有有利的一面,也有其不利的一面。其有利条件是"西人以李氏素著恩德"③,可以说继迁所在的拓跋部,在群羌中是威望最高,实力最强,并且具有较强组织能力的部落;拓跋部所建立的夏州政权,一直得到中原王朝的承认,以及太宗接受继捧献地,为继迁反宋找到借口,等等。其不利条件是党项羌诸部,"虽各有鞍甲,而无魁首统摄"④,"族帐分散,不相君长"⑤,说明党项羌内部处于一种无统一领导的分散状态。

李继迁在此历史条件下,为了统一党项羌诸部,果断地采取了如下对策和措施。

1. 宣扬祖宗功德,争取酋豪支持

李继迁叛走地斤泽后,利用"戎人不忘李氏"⑥,"(李氏)世泽长

---

①《续资治通鉴长编》卷25,雍熙元年九月。
②《西夏书事》卷4。
③《西夏书事》卷4。
④《宋史》卷264,《宋琪传》。
⑤杨仲良:《续资治通鉴长编纪事本末》卷46,《水洛城》。
⑥《西夏书事》卷3。

存,祖功未灭,人心思旧"①,以及羌人"宗贵种"的心理状态,"出其祖彝兴像(应为思忠像)以示戎人,戎人皆拜泣"②,并对豪酋道:"'李氏世有西土,今一旦绝之,尔等不忘先泽,能从我兴复乎?'众曰:'诺。'"③这种利用祖辈威德,宣传恢复祖业,以笼络人心的做法,果然奏效,史称"族帐稍稍归附"④。

2. 打破宋朝盐禁,在经济上为党项族谋利益

西夏境内的盐州(今宁夏盐池县北)、灵州(今宁夏灵武西南)一带,盛产青盐和白盐。由于其质量优于宋朝的解盐,因此,宋朝陕西沿边居民争相购买。李继迁叛宋自立后,宋政府为了从经济上制裁继迁,下令"沿边粮斛不许过河西,河西青盐不得过界贩鬻,犯者不以多少处斩"⑤。盐禁行数月,"西人大困,沿边熟户,无以资生"⑥。李继迁为了迫使宋朝开禁,鼓动蕃族四十四首领,引骑一万三千人,入寇环州(今甘肃环县)石昌镇,知环州程德元企图用武力将他们赶走,但无济于事,"因诏弛盐禁,由是部族宁息"⑦。表明继迁率领党项羌最终获得了反经济封锁的胜利。

3. 通过与酋豪联姻以壮大力量

雍熙初年,继迁为了同党项羌中的野利氏等大族建立反宋联盟,主动向他们求婚,结果"羌豪野利等族皆以女妻之"⑧。通过联姻,壮大

①《西夏书事》卷3。
②《续资治通鉴长编》卷25,雍熙元年九月。
③《西夏书事》卷4。
④《续资治通鉴长编》卷25,雍熙元年九月。
⑤《宋史》卷268,《王显传》。
⑥《西夏书事》卷5。
⑦《文献通考》卷334,《四裔考》。
⑧《西夏书事》卷4。

了自己的势力。"继迁复结婚于帐族之酋豪,凡数年,渐已强盛"①。

4. 以武力征服不愿归顺的部落

灵州睡泥族首领岸逋不服继迁统治,"继迁以兵掠其七百余帐"②。居住于黄河以南的泥中等族"旧皆内附,继迁诱之叛,不从,数以兵侵掠。"其族首领名悉俄、皆移尹遇、崔保罗等,因族帐屡遭摧毁,被迫"徙居黄河北避之"③。

由于继迁采取了上述行之有效的措施,终于将大部分党项羌团结在自己周围,初步达到了统一党项羌的预期目的。"西界蕃部不下数十万帐,始犹互相捍拒,及继迁兵势寖盛,自灵州北、河外镇戍军、环州到镇子山、贺兰山、西陇山内外、黄河以东,诸族无不帖服。"④

三、建立蕃汉联合统治

所谓"蕃汉联合统治",指的是以皇族鲜卑拓跋氏为核心,党项羌上层为主体,联合吐蕃上层、回鹘上层以及当地汉族地主阶级,共同建立的一种联合统治,剥削奴役着各族广大劳动人民。这种联合统治虽然到景宗元昊时,才初具规模,但早在李继迁恢复夏州故地之前即已开始。如李继迁袭据银州后,便自"称都知蕃落使、权知定难军留后,以张浦、(刘)仁谦为左右都押牙,李大信、破丑重遇贵为蕃部指挥使,李光祐、李光允等为团练使,复署蕃酋折八军为并州刺史,折罗遇为代州刺史,嵬悉咩为麟州刺史,折御乜为丰州刺史,弟延信为行军

①《太平事迹统类》卷2。
②《西夏书事》卷5。
③《西夏书事》卷6。
④《西夏书事》卷5。

司马,其余除授有差"①,说明李继迁所建立的党项统治机构初步具有蕃汉联合统治的雏形。这种联合统治的特点是以蕃为主,以汉为辅,以及实授与预署并行,但以实授为主。

在建立蕃汉联合统治的同时,李继迁还建置州城,创建军制,建立官制,以及重用儒学有识之士。"迁贼包藏凶逆,招纳叛亡,建立州城,创置军额,有归明、归顺之号,且耕且战之基。仍闻潜设中官,全异羌夷之体,曲延儒士,渐行中国之风"②,这说明李继迁反宋的目的并非仅仅为了恢复祖宗基业,继续僻居一隅,而是在此基础上扩大统治地盘,为创建西夏国家而开基立业。"睹此作为,志实非小。"③

四、对宋战争

李继迁对宋战争,自公元982年至1003年,首尾22年,如果将它划分一下发展阶段的话,那么,大体上可以分为以下四个阶段。

第一阶段,自公元982年(太平兴国七年)至986年(雍熙三年),即自李继迁奔地斤泽到降附辽国。这是对宋战争的准备阶段。在这个阶段里,李继迁在军事上处于守势。

公元982年11月,李继迁利用地斤泽的有利地形,竖起反宋旗帜,积蓄力量,伺机发动对宋战争。由于这时的力量对比为宋强夏弱。因此,往往被动挨打。如公元984年(雍熙元年),知夏州伊宪和都巡检曹光实对继迁偷袭,"斩首五百级,烧四百(《宋史·太宗本纪》作1400)余帐,获继迁母、妻及羊、马、器械万计,继迁仅以身免"④。为了

---

①《西夏书事》卷4。
②《续资治通鉴长编》卷50,咸平四年十二月丁卯条。
③《续资治通鉴长编》卷50,咸平四年十二月丁卯条。
④《续资治通鉴长编》卷25,雍熙元年九月。

重整旗鼓,积聚力量,继迁及时采取了两项对策:其一,与党项羌野利氏等部落建立联盟,共同抗宋;其二,联辽抗宋。公元986年,继迁派张浦"持重币至契丹请附①",向辽称臣纳贡,辽以继迁为"定难军节度使"。公元989年(端拱二年),辽"以王子帐耶律襄之女封义成公主,下嫁李继迁②"。继迁与辽结盟联姻,对西夏与辽都有好处。对继迁来说,大大提高了他的威慑力量,"及契丹妻以公主,羌部慑服,输牲畜者日众③"。对辽来说,"既得继迁,诸夷皆从④"。

第二阶段,自公元987年(雍熙四年)至公元991年(淳化二年),首尾五年。即自继迁攻取夏州至降服于宋。这是继迁主动地进行试探性进攻的阶段。

公元987年,继迁乘辽宋交兵的大好时机进军夏州,用诱敌深入的战术,大败宋军于王亭镇(在夏州附近)。公元990年(淳化元年)又一次进攻夏州,未能攻下。恰在此时,党项羌内部发生分裂,其部下指挥朗吉等"潜相携式⑤",即暗中相约背离继迁。宋朝利用其内部不稳定,派重兵进行反击。继迁鉴于众寡不敌,请降于宋,宋授为银州观察使,赐姓名赵保吉。

第三阶段,自公元992年(淳化三年)至995年(至道元年),首尾4年。即自攻占银州,到袭击清远军。此为继迁发动更大规模的战争进行准备的阶段。在这个阶段里,继迁虽然没有停止军事行动,如出兵攻取宋银州,引契丹兵攻府州(今陕西府谷县),以及发兵攻掠宋沿边

---

①《太平宝训政事纪年》卷1,《太宋皇帝》,宋不著人撰抄本。

②《辽史》卷12,《圣宗本纪》。

③《西夏书事》卷4。

④《辽史》卷82,《耶律德威传》。

⑤《西夏书事》卷5。

诸州,但其主要精力用于发展生产,积粟练兵,为夺取宋朝西北的军事重镇——灵州做好准备工作。

第四阶段,自公元 996 年(至道二年)至 1003 年(咸平六年),首尾 8 年,即自继迁开始围攻灵州,到继迁去世。这是继迁对宋发动较大规模军事进攻的阶段。这个阶段的著名战役,计有灵州之战和凉州之战。

灵州之战:灵州位于兴庆府南面,在黄河与浦洛河交汇之处,地形险要,"北控河朔,南引庆、凉,据诸路上游,扼西垂要害①"。争夺灵州,对于继迁和宋都具有十分重要的战略意义。对继迁来说,如能攻占灵州,就可以"西取秦界之群蕃,北掠回鹘之健马,长驱南牧②"。对宋来说,如果灵州失守,"则缘边诸郡,皆不可保③",其后果是不堪设想的。

鉴于灵州具有十分重要的战略意义,因此,李继迁竭尽全力,反复进攻,势在必得。

公元 996 年(至道二年),李继迁率领一万余人进攻灵州,被灵州守将窦神宝所击退。"间出兵击贼,卒全其城④"。

公元 997 年(至道三年)十月,李继迁再一次进攻灵州,被宋将合河都部署杨琼所击退⑤。

公元 1002 年(咸平五年)三月,李继迁在攻占清远军(今宁夏灵武西南)和怀远镇(今宁夏银川市),完成对灵州的战略包围之后,下

---

①《西夏书事》卷 7。
②《续资治通鉴长编》卷 50,咸平四年十二月。
③《宋史》卷 277,《刘综传》。
④《续资治通鉴长编》卷 39,至道二年五月辛丑条。
⑤《宋史》卷 6,《真宗本纪》。

令"大集蕃部",进攻灵州。知州裴济亲写血书,派人请宋廷发兵火速增援,但"大军讫不至,城遂陷①"。

灵州之战是李继迁由弱变强的转折点。继迁得灵州,"从此西夏遂成强敌"②,"自灵州之陷,夏乃日逞"③。

凉州之战:凉州即今甘肃武威县。唐时置凉州,五代时号称西凉府,宋因之。这里的居民主要为吐蕃各部,文化素养较高。"西凉蕃部多华人子孙,例会汉言,颇识文字"④。其军事力量较强。北宋统治者为了同李继迁抗衡,早已与吐蕃六谷部首领潘罗支结成联盟,并派丁惟清知西凉府,与六谷部首领共同治理西凉。从此,潘罗支如虎添翼,雄视一方,成为李继迁的劲敌。继迁在攻占灵州之后,为了拔除这个钉子,紧接着跨过黄河,越过贺兰山,向凉州进军。

继迁为了一举攻下凉州,采取了声东击西的战略战术。所谓声东击西,就是集中兵力于盐州(今宁夏回族自治区盐池县北),扬言自骆驼口、车箱峡等路进攻宋朝的环州(今甘肃环县)、庆州(今甘肃庆阳),而暗中却将他的军队开往凉州。正如宋真宗一针见血地指出:"此必攻略西蕃而声言入寇者也"。⑤这一出奇制胜的谋略,果然达到了预期的效果。

公元1003年(咸平六年)11月,李继迁攻占西凉府,杀知府丁惟清,并改府为州。

李继迁攻占西凉,对于巩固夏州地方政权起了极为重要的作用。

---

①《续资治通鉴长编》卷51,咸平五年三月甲辰条。
②《朔方道志》卷2,《舆地志·总论》。
③《西夏书事》卷8。
④《续资治通鉴长编》卷51,咸平五年三月癸亥条。
⑤《续资治通鉴长编》卷55,咸平六年十月癸未条。

正如清人吴广成所指出："于是西夏势成而灵州永固矣。盖平夏以绥、宥为首,灵州为腹,西凉为尾,有灵州则绥宥之势张,得西凉则灵州之根固"。①说明凉州与绥、宥、灵州,对夏州地方政权,具有同样重要的作用,三者缺一不可,密不可分。

继迁攻下凉州后,志骄意满,缺乏应有的警惕。凉州吐蕃六谷族大首领潘罗支联合者龙族,事先设下埋伏,然后伪装表示愿意归降,并请继迁到凉州府内举行授降仪式。继迁推诚不疑,欣然前往,结果遭到伏兵的袭击。继迁中箭受了重伤,大败奔回,"至灵州界三十井死"②。时为公元 1004 年(景德元年)元月二日,终年四十岁。其统一河西的未竟事业,由其子德明、孙元昊去相继完成。

以上是李继迁对宋战争的简要概况。下面让我们着重探讨一下李继迁对宋战争的性质。我认为李继迁所进行的对宋战争是一场具有封建王朝内部统治阶级分裂割据性质的战争,并无正义之可言,其理由如下:

第一,判断战争的性质,要看是由哪个阶级进行战争来决定的,同时,还要看其"参战国的国内制度"③。李继迁是代表哪个阶级的利益发动战争的? 发动战争的国内政治制度又是什么呢? 如众所知,李继迁统治时期,党项社会处于奴隶制阶段,即不发达的奴隶制。这种奴隶制,从五代仁福开始,一直持续到继迁统治时期。其奴隶制的特点有二:(一)奴隶主要不用于生产,而用于家内劳动;(二)几种制度并存,除奴隶制占主导地位之外,同时还存在着原始社会残余和封建

---

①《西夏书事》卷 7。
②《续资治通鉴长编》卷 56,景德元年正月壬子条。
③《列宁全集》25 卷第 10 页,第 30 卷 130 页。

制因素的萌芽。

由于李继迁统治时期国内的政治制度是奴隶制,因此,李继迁所代表的阶级利益,只能是党项奴隶主贵族,而不是党项全民族的利益。他所发动的对宋战争,绝不是什么反对民族压迫的正义战争。其对宋战争的具体目的有二:其一,为了"兴复故土","成霸王之业",前者表现在继迁向太宗上表:"乞取残破夏州,奉拓跋氏祭祀"①,后者表现在继迁攻占灵州之后,立即改州为府,作为夏州地方政权的都城,并以此为根据地,同宋争霸。"其人习华风,尚礼好学,我将借此为进取之资,成王霸之业"。②

第二,判断战争是否具有正义性,还要看它是否属于掠夺性的战争。"凡是掠夺性的战争都是非正义的,凡是反掠夺性的战争都是正义的"。③在李继迁对宋的长期斗争中,我们一方面看到了宋朝统治者对党项族帐的掠夺压迫情况,如环庆路部署张凝领兵自白豹镇入蕃界,"降九百人,毁刍粮八万,获牛、羊、器甲二万"④;但另一方面,我们还看到李继迁为了适应其奴隶制经济发展的需要,满足党项奴隶主贵族的贪欲,对宋同样奉行了一条"寇掠"的错误政策。"灵州及通远军皆言赵保吉攻围诸堡寨,侵掠诸民,焚积聚"。⑤既然李继迁所进行的是一场掠夺性的战争,当然谈不上有什么正义性,而是一场属于统治阶级内部矛盾性质的斗争。

第三,判断战争是否具有正义性,还要看它对社会发展起过什么

————————

①《续资治通鉴长编》卷42,至道三年十二月甲寅条。

②《西夏书事》卷7。

③毛泽东:《第二次帝国主义讲演提纲》,载《八路军军政杂志》1卷9期。

④《续资治通鉴长编》卷51,咸平五年正月丁酉条。

⑤《续资治通鉴长编》卷35,淳化五年正月。

作用。"一切进步的战争都是正义的,一切阻碍进步的战争都是非正义的"。①李继迁领导的对宋战争,不仅使宋沿边人民损失惨重,而且还直接损害了党项人民的利益,对党项社会的发展是不利的。"馈饷劳扰,民不堪命"②,"蕃部被役属者怨"③,"死亡创痍者相半"④,"银、夏州州民衣食稍丰者并西徙,蕃落数年荐饥,道殣相望,下多咨怨"⑤。这些,充分说明李继迁所领导的对宋战争,尽管对于恢复和巩固夏州地方政权起了重要的作用,但就其性质而言,则并不具有正义性,更谈不上是一场具有农牧民起义性质的战争。

第四,这场战争切断了经由灵州的贡路。史载:"诸蕃每贡马京师,为继迁邀击"。⑥在对宋战争期间,西北"诸蕃"经由灵州通往宋朝的贡路,因继迁的邀击而中断。这从一个侧面反映了这场战争的非正义性。

五、发展社会经济

在发展社会经济方面,首先表现在农业生产的重视上。继迁在攻取灵州时,即注意"缮城浚濠,练兵积粟"⑦。他一面集中优势兵力围困灵州,一面命令士兵就地屯种。"择灵武山川之险而分据之,侵河外膏

---

①《毛泽东选集》第 2 卷第 138 页,人民出版社 1952 年版。

②《西夏书事》卷 1。

③《西夏卷事》卷 5。

④《宋史》卷 485,《夏国传》。

⑤《续资治通鉴长编》卷 54,咸平六年五月壬子条。

⑥《宋史》卷 279,《周仁美传》。

⑦《西夏卷事》卷 7。

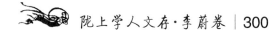

腴之地而辟之"。①其具体屯种情况是:"(继迁)以五万骑攻城,城中兵不出战,据其山川险要,凡四旁膏腴之地,使部族万山等率蕃卒,驻扎大定间为屯田计,垦辟耕耘,骚扰日甚"。②这表明其屯田性质为军屯,目的在于长期围困灵州,并最终夺取灵州。

其次,表现为重视水利灌溉。灵州旧有秦家、汉延、唐徕三渠,继迁鉴于"去岁(公元1002年,宋真宗咸平五年)伤旱,禾麦不登",下令修筑黄河堤坝,"引河水溉田,功毕而防决"③。

此外,李继迁为了满足其统治境内以党项族为主体的各族人民物质生活的需要,在未经宋朝政府同意的情况下,单方面于赤沙川(今宁夏盐池县西北)、骆驼路(一作口。今陕西神木县北)"各置会贸易"④。这里的"会"是一种定期市场。赤沙川、骆驼路,"为灵、夏二州蕃族屯聚处"。其置"会"的作用有二:第一,可以引诱宋朝沿边熟户归服自己。"于是归者日众,中国(宋朝)禁之不止"⑤;第二,对于加强宋夏经济文化交流,改善其境内各族人民的经济生活,无疑起了一定的作用。

六、功过评说

李继迁在西夏历史上是一位比较复杂的历史人物,对于这样一位西夏国家的开基者,我们应当作如何的评价呢?

李继迁实行的初步统一党项诸部,重建夏州政权,发展农业生产,兴修水利,以及发展对宋贸易等措施,对于党项族发展壮大和党

①《续资治通鉴长编》卷44,咸平二年六月戊午条。
②《西夏卷事》卷7。
③《续资治通鉴长编》卷54,咸平六年五月。
④《续资治通鉴长编》卷51,咸平五年正月甲子条。
⑤《西夏卷事》卷7。

项社会的发展,起了积极的促进作用,因此,我们应当予以充分肯定。

至于继迁代表党项奴隶主贵族的利益,为了满足他们对土地和财富的贪欲,对宋进行长达二十二年的掠夺性的不义战争,使党项人"兵不解甲",宋朝"有西顾之忧"[1],既给宋朝沿边人民带来了战争的灾难,也给党项人带来了危害,因此,是应当否定的。

作为战争的发动者李继迁,虽然由于受时代和阶级的局限,不可能认清这场战争的性质,但对这场战争的危害性,在其临终前,似乎有所觉察和醒悟。"(继迁)为潘罗支射伤,自度孤危且死,嘱其子德明必归宋曰:'一表不听则再请,虽累百表,不得,请勿止也。'"[2]这说明实践是检验真理的唯一标准。李继迁通过对宋战争的实践,终于认识到抗宋不如纳款求和,这就是他的最后结论。

当然,从总体上看,李继迁的一生还是功大于过,仍然是一位值得肯定的历史人物。

(原载于《西北民族研究》1994 年第 1 期)

---

①《宋史》卷 258,《曹玮传》。
②《宋史》卷 282,《向敏中传》。

西夏文化若干问题刍议

西夏文化自景宗元昊建国后，随着其封建经济的发展和党项族汉化的加深，获得了长足的进步，取得了引人注目的成就。其成就除了主要表现为儒学佛教的兴盛之外，还表现在诸如官制、兵制、法律、礼乐等典章制度，以及文字与书法、文学与史学、天文与历法、绘画与雕塑、城市规划与布局、居室与服饰等各个方面。

西夏文化由于吸取了周边民族及邻国文化的养料，取长补短，融合为一，因此，不仅具有明显的民族特色，而且对元代文化产生了深远的影响，其历史作用是显而易见的。正如陈登原先生所指出："初虽有资于宋，其后亦卓然有所自己，并曾启迪金源，蒙汉文化混合，西夏与有力焉。"①

史学界对西夏文化的研究，已出版了若干专著和文章，取得了可喜的成绩。本文不拟全面论述，仅就一些尚未涉及或者有待深入研究的几个问题发表一点不成熟的看法。

一、西夏统治者的文化政策

自公元 1032 年至 1048 年，首尾 16 年，是景宗元昊被立为太子到西郊称帝、创建西夏国家的时期，也是西夏封建制正式确立的时

---

① 陈登原：《国史旧闻》第 2 册，第 407 页《西夏》。

期。在这一时期里,元昊根据当时国内外斗争形势(诸如驾驭酋豪,稳定国内统治,以及同宋辽抗衡争霸等等)的需要,采取野利仁荣的"以兵马为先务""严以刑赏""教民以功利"的意见,确立"尚武重法"的立国方针。该方针一直推行至乾顺亲政之后,才根据当时已经变化了的新的斗争形势转变为"尚文重法"①。

元昊在确立"尚武重法"立国方针的同时,采取了一条兼容并蓄、博采众长的文化政策,并一直推行到灭亡。所谓兼容并蓄,即将汉文化、吐蕃文化、西域文化以及其他文化,一并吸收融合,从而形成颇具特色的西夏文化。如西夏统治者以佛教为国教,但同时又允许道教、伊斯兰教、基督教等同时并存,任其发展。又如西夏壁画,既继承了中原的绘画传统,又吸收了高昌回鹘的画法,同时还采纳了吐蕃佛教密宗绘画的长处,加以融会贯通,从而在构图、造型、线条、敷彩等方面,形成了本民族特色的绘画风格。正如近人谢稚柳所指出:"妙能自创,俨然成一家。"②这种融会贯通所取得的成果,证明了西夏统治者在文化上采用兼容并蓄、博采众长政策的正确性。

西夏统治者为什么要推行兼容并蓄、融合多种民族文化于一的政策呢? 究其原因大体上有以下几点:

第一,与西夏社会经济结构的构成及其性质有关。要了解西夏的经济结构,必须先从西夏的疆域说起。西夏的疆域,据《宋史·夏国传》载:

> 河之内外,州郡凡二十有二。河南之州九:曰灵、曰洪、

---

① 李蔚:《试论西夏的历史分期——兼谈西夏立国方针的转变》,《甘肃社会科学》,1992 年第 5 期。

② 谢稚柳:《敦煌艺术叙录》。

曰宥、曰银、曰夏、曰石、曰盐、曰南威、曰会。河西之州九:曰兴、曰定、曰怀、曰永、曰凉、曰甘、曰肃、曰瓜、曰沙。熙、秦河外之州四:曰西宁、曰乐、曰廓、曰积石。

以上 22 州是西夏比较牢固地长期领有的基本地区。22 州今地,河南九州包括今伊盟和宁夏黄河以东地区;河西九州包括今银川平原至河西走廊一带;河外四州包括今青海东部至甘肃天水一带。

22 州按照地理环境的差异及其经济结构的不同,又可分为牧业区、半农半牧区及农业区三种不同的类型。

牧业区,包括鄂尔多斯高原中部、阿拉善和河西瓜(今甘肃安西县东)、沙(今甘肃敦煌县东)诸州。这些地区沙海茫茫,气候干燥,雨量稀少,只生牧草,不产五谷,居民以游牧为业。"瓜沙诸州素鲜耕稼,专以畜牧为生。"[1]

半农半牧区,包括宋夏缘边山界(宋夏以横山为界,称为山界。大体上横山以北为西夏所有,以南为宋所有),及河西走廊的甘州(今甘肃张掖县)、凉州(今甘肃武威县)一带。西夏东起横山,西至天都山一带,农田与草场错落其间,宜农宜牧,为西夏军粮和战马的重要产地。尤其是横山,境内山岳绵亘,河流错综,其著名的河流有无定河、大理河、吐延水、白马川等。沿河一些州县多受其利。"绥、银以大理、无定两河为灌溉。"[2]因为境内水利比较发达,粮食产量仅次于兴、灵,西夏入侵宋朝的军队,多就粮于此。"缘边与贼山界相接,人民繁庶,每来入寇,则科率粮糗,多出其间。"[3]河西的祁连山自古为天然牧场。甘、凉

①《西夏书事》卷 32。
②《西夏书事》卷 9。
③《长编》卷 132,庆历元年五月甲戌条。

一带,水利发达,"以诸河(指居延、鲜卑、沙河等)为溉"①,水草丰美,向为西夏的粮仓和良马的产地,居民过着定居农耕与放牧的生活。

农业区,以兴、灵一带最为典型。位于宁夏平原,号称"塞北江南"的兴(今宁夏银川市)、灵(今宁夏灵武县西南)二州,农田水利十分发达。西夏古渠颇多,但其中最有名的是兴州的汉源渠和唐徕渠。汉源长320里,唐徕长250里,有几十条支渠与之相连,"皆支引黄河"②,"支渠大小共六十八,计田九万余顷(按弘治《宁夏新志》卷22载为万余顷,当为可信)"③。灵州则有秦汉、汉伯、艾山、七级、特进等古渠,与兴州的汉源、唐徕相连,也有支渠数十,构成了兴灵地区的水利网。由于水利灌溉发达,"岁无旱涝之虞"④,使兴灵一带农业生产迅速发展,粮食产量不仅自足,而且可以支援其他干旱缺粮地区。如公元1111年(夏贞观十年)9月,瓜、沙、肃三州干旱,饥民乏食,"乾顺命发灵、夏诸州粟赈之"⑤。这一带居民主要从事农业,其畜牧业纯系家庭副业。

上述经济结构,虽然按照地理条件的不同去划分,大体可以分为三种类型,但从其性质去区分,实际上只有两种,即游牧经济与农业经济。经济基础决定上层建筑。游牧经济与农业经济的并存及其交融,反映在文化上必然是游牧文化与农业文化的并存与融合。这是西夏统治者采用"兼容并蓄"文化政策的经济方面的原因。

第二,与多民族的构成有关。西夏是一个由众多民族组成的大

①《西夏书事》卷9。
②《宋史》卷486,《夏国传下》。
③《元文类》卷50,《知太史院事郭公行状》。
④《宋史》卷486,《夏国传下》。
⑤《西夏书事》卷32。

家庭。"国家表里山河，蕃汉杂处。"①元昊建国后，其境内分布着如下民族。

党项：也叫党项羌，是西夏境内人数最多的民族。该民族分布于今甘肃、陕西北部、宁夏全部和内蒙古鄂尔多斯（在黄河河套内）一带。

汉族：分散在西夏境内的农业灌溉区，主要居住在城市及其近郊。

吐蕃：即藏族。主要分布于凉州、洮州（今甘肃临潭）、河州（今甘肃临夏）、兰州、叠州（今甘肃迭部）、宕州（今甘肃宕昌），以及宗哥（今西宁市以东大小峡一带）、青唐（今西宁市）等地。此外，河套内的无定河流域的银州（今陕西米脂县西北）、夏州（今内蒙古自治区和陕西省交界处，俗称白城子。原属陕西横山县，现改属靖边县）等地，以及宋夏两国交界的一些地区，也有吐蕃居民分布。

回鹘：即维吾尔族。主要分布于河西走廊的甘州、瓜州一带。

此外，在今内蒙古河套地区的黄河沿线，还有鞑靼、吐谷浑和契丹人。

不同的民族有着不同的文化素质、风俗习惯及宗教信仰。正如西夏《千字文》韵文所描绘的那样："西夏人（党项）勇健（尚武），契丹人迟缓，吐蕃人信佛，汉族人爱俗文，回鹘饮酸乳。"即使是同一民族，其文化风习也不尽相同。以党项族为例，由于党项族内的民族成分，既有羌藏系统的因素，又有阿尔泰民族的因素，同时还夹杂着各种世居者因素，从而使党项民族的风俗成为一种五花八门的杂俗。西夏境内各民族既然存在着各不相同的文化风俗和宗教信仰，这就决定了西夏统治者只能实行"兼容并蓄"的文化政策。

---

①《西夏书事》卷16。

第三,与西夏统治者的多民族文化修养和融合思想有关。西夏历代统治者几乎程度不同地都存在着多民族文化修养和融合思想。其中以开国之君元昊比较典型。史载元昊"晓浮图学、通蕃汉文,案上置法律,常携野战歌、太乙金鑑诀"①。表明元昊不仅通晓佛学,精通汉藏语言文字,而且还重视和应用法律条文以及《野战歌》一类的军事著作,说明其文化修养是多方面的。其所以如此,这与他具有多民族文化融合的思想有着较大的关系。

西夏统治者的多民族融合思想的表现是多方面的。其表现在经济上为农牧并重、工商齐举,尤其重视同周边民族及邻国的经济文化交流;在政治方面,除了大力推行"蕃汉联合统治"的政治体制,以及同时重用党项汉族人外,在"治国之术"问题上,十分重视"以儒治国"、"以佛治心",儒佛并重;在文化上表现蕃学、汉学并举,尤其注重党项文化同汉、吐蕃、回鹘文化的交融。

二、西夏文化的区域划分及其简要概况

西夏文化如果按照其境内各地文化水平的高低、结合其文化渊源和西夏占有其地的先后划分一下区域的话,那么,大体上可以分为鄂尔多斯文化区 、兴灵文化区、河西文化区及河湟文化区。下面将这些文化区的简要概况分述于下。

1. 鄂尔多斯文化区。西夏统治下的鄂尔多斯地区,自古就是中原与西北及北方少数民族的联结处,是中原通向西北的交通枢纽,是少数民族和中原进行商业贸易的要道和市场。其文化渊源可以上溯至黄河流域古文化遗存六大地区(其名称是泰岳、卫滏、郑洛、泾渭、

---

① 《宋史》卷 485,《夏国传上》。

河套、河湟)之一的河套文化。古河套文化的范围以内蒙河套地带为中心,包括鄂尔多斯、晋西北、陕北等相邻地带。①

以夏州为中心的鄂尔多斯地区,在继迁将其政治中心迁到西平(即灵州,今宁夏灵武县西南)之前,一直是夏州地方政权赖以安身立命之地。由于这一带宜农宜牧,其农田有大理、无定诸河灌溉,生产粮食较多。加之同中原地区经济文化交流频繁,因此,中原儒学早在继迁之时即在此发轫。史载:

> 迁贼包藏凶逆,招纳叛亡,建立州城,创建军额,有归明、归顺之号,且耕且战之基。仍闻潜设中官,全异羌夷之体,曲延儒士,渐行中国(宋朝)之风。②

由于继迁时期社会经济获得了较大的发展,封建制因素在党项社会内部已经萌芽,因此,中原王朝的官制、兵制和儒学,也就很自然地传到了这一地区。德明时期,中原文化进一步在此基础之上生根发展。其"礼文仪节、律度声音,无不遵仿宋制"③。也就是说,连礼仪、音乐也渗透到党项社会之中。

元昊建国之后,其经济文化中心虽然已经转到了兴州,但鄂尔多斯南部与宋交界之处,仍然是宋夏文化交流的窗口和中转站。由于宋夏在沿边设立了诸多"権场"和"和市"(次一级的商场),西夏用牛、马、羊、骆驼等换取宋朝的缯、帛、罗绮等及汉文经书、史书、医书和佛经等物质和精神文化用品。这对西夏经济文化的发展,无疑起了促进和加速的作用。

---

① 张学正:《略论陕甘青地区几种主要文化的源流》,《西北史地》1988 年第 4 期。
②《续资治通鉴长编》卷 50,咸平五年十二月丁卯条。
③ 戴锡章:《西夏纪》卷 6。

2. 兴灵文化区。兴灵地处黄河冲积平原,历史悠久,形势险固,水陆交通十分便利。史载:"(黄)河自南来,入青铜峡,与西夏群山相邻,出峡口,北流三百余里,直接贺兰,兴灵包络其中,可谓四塞险固矣。"①兴灵境内水利发达,农业兴盛,经济文化密不可分。其中灵州(今宁夏灵武县)"土俗淳厚"②,"其人习华风,尚礼好学"③,文化发达,人才辈出"文臣武将,产于该地者代有其人"④。公元 1002 年(宋咸平五年),继迁攻占灵州,改为西平府,并将其政治中心由夏州迁至灵州。公元 1019 年(宋天禧二年),德明鉴于怀远镇(原属灵州)的地理形势比灵州更为险要,其"西北有贺兰山之固,黄河绕其东南,西平为其障蔽"⑤,于是派贺承珍督役夫筑起城池,并将其政治中心由灵州迁至怀远,改名兴州。元昊定都于此,并升兴州为府,改名兴庆。

由于兴州历经继迁、德明、元昊祖孙三代 30 余年(1020—1055)的惨淡经营,水利发达,农业甚盛。其人文经济条件比灵州更好,后来居上,因此,它不仅是西夏的政治、经济和军事的中心,也是文化的中心。

元昊建国后,兴庆府已经是一个宫殿林立、寺观荟萃、工商发达、人口众多、文化发达的大都会。

兴庆府发展至崇宗乾顺、仁宗仁孝之时,由于统治者主张"以儒治国",大力提倡尊孔读经,发展科举,兴学育才,因此,各类教育文化机构迅速发展,日臻完善。其教育机关计有蕃学、国学(汉学)、小学、

---

① 《西夏书事》卷 10。
② 《西夏书事》卷 10。
③ 《西夏书事》卷 7。
④ 《嘉靖宁夏新志》卷 3,《学校》。
⑤ 《西夏书事》卷 10。

大汉太学、内学等等。其专门管理各类文化的机构则有主管天文的"司天监",主管历法的"大恒历院",主管史书编撰的"翰林学士院"以及主管出版印刷的"刻字司"。此外,为了振兴儒学和发展佛教,还不断派遣使者到宋朝去求购儒家典籍和佛经,请回鹘高僧前来译经、讲学。

总之,以兴州为中心的兴灵文化,是西夏文化的主体,在西夏文化发展的过程中起着向四周辐射的主导作用。其兴衰和发展的快慢,直接影响到其他文化区发展的历史进程和水平。

3. 河西文化区。由于河西地区地形险要,"黑山峙其东南,黄河绕其西南"①,加之水草丰美,宜农宜牧,具有重要的战略地位,因此,元昊在"尽有河西之地"②以后,便采取了诸如设置州郡和府、建立监军司、屯驻重兵等一系列措施,来加强对它的经营和管理。经过自元昊到末主睍近两个世纪的苦心经营,使河西的社会经济获得了较大的发展,文化在原有的基础之上大大前进了一步。其文化的发展突出表现在儒学和佛教的兴盛之上。

河西儒学的发展,早在东汉末年即已开始,至五凉时已进入了它的全盛时期。五凉时期的河西儒学是以西州大姓家学为基础的地域之学。所谓西州大姓,即凉州地区的世族地方集团,其中包括河西世居者族、久染汉化的河西蕃姓世族、寓居河西的凉州世族和流播河西的中州世族。③河西儒学曾在历史上起过极其重要的作用,它曾是隋唐制度三大渊源之一。"隋、唐之制度虽极广博纷复,然究析其因素,

①《西夏书事》卷 12。
②《西夏书事》卷 12。
③武守志:《五凉政权与西州大姓》,《西北师院学报》1985 年第 4 期。

不出三源：一曰魏、齐，二曰梁、陈，三曰魏、周。"①三源之中，尤其是北魏、北齐与河西文化有着密不可分的关系。北魏统一河西，拓跋焘对河西儒士"皆礼而用"②，其典章制度明显受了河西文化的影响。"西晋永嘉之乱，中原魏晋以降之文化转移保存于凉州一隅，至北魏取凉州，而河西文化遂输入于魏，其后北魏孝文、宣武两代所制定之典章制度，遂深受其影响，故此魏、齐之源，其中亦有河西之一支派。"③

河西儒学的兴盛势头大体保持到安史之乱以前。安史之乱以后，河西儒学虽因战乱中衰，但并未因此而中断，相反，为割据河西的吐蕃、回鹘、西夏等少数民族所建立的地方政权所继承。④尤其是西夏统一河西之后，其统治者不仅继承了河西儒学，而且在原有的基础之上进一步有所发展。这主要表现以下三个方面：

第一，重用河西儒学英俊，使之与宋朝投奔过来的失意知识分子相结合，让他们取长补短，共同辅政。史载开国之君元昊"自得灵夏以西，其间所生英豪皆为其用"⑤。所谓灵州、夏州以西地区，正好属于河西地区。

第二，仁孝时期，为了兴学育才，下令在全国各州县设立学校。在甘州黑水河发现的建桥石碑的碑文中有"都大勾当镇夷郡正兼郡学教授王德昌"⑥的署名，从而证实了河西地区曾广立学校。

---

①陈寅恪：《隋唐制度渊源略论稿·叙论》。

②司马光：《资治通鉴》卷123。

③陈寅恪：《隋唐制度渊源略论稿·叙论》。

④李蔚：《略论西夏文化同河陇文化的关系》，《西夏史研究》第115—121页，宁夏人民出版社，1989年。

⑤《续资治通鉴长编》卷150，仁宗庆历四年六月戊午条。

⑥王尧：《西夏黑水桥碑考补》，《中央民族学院学报》1978年第1期。

第三,仁孝"尊孔子为文宣帝",下令在全国建立孔庙,谓之"帝庙"。西夏灭亡后,孔庙大部分被毁,"惟甘州仅有其迹,凉州有殿及庑焉"①。甘州、凉州既设孔庙,河西其他州郡广立孔庙,概可想见。

在儒学兴盛的同时,河西佛教也在原有的基础之上获了较大的发展。这主要表现在兴修和营造了众多的寺庙佛塔和佛窟之上。其著名的寺庙有凉州的感应塔与护国寺、甘州的卧佛寺等等。至于著名的佛窟,则有瓜州的莫高窟、沙州的榆林窟。此外,在黑城(今内蒙古自治区额济纳齐)内外,不仅保存有佛塔寺庙遗址20余座,而且还出土了大量西夏文、汉文佛经、佛像、西夏文木雕经板等等,表明黑城曾是西夏佛教兴盛重要地区之一。

4. 河湟文化区。该文化区也同鄂尔多斯文化一样,是属于黄河流域六大古文化遗存地区之一的河湟文化。河湟古文化遗存地区的范围,以兰州附近及青海东部为中心,旁及河西走廊、青海湖周围和渭水上游地带。甘肃仰韶文化(包括马家窑、半山、马厂类型)分布的中心,就在河湟地区。②

河湟地区土壤肥沃,水草丰美,宜农宜牧,形势险要,自古为兵家必争之地。该地宋初为吐蕃统治,王韶熙河开边,拓地二千里,从吐蕃手里夺取了该地,并建熙河湟廓路。继宋之后为金占有。公元1136年(宋绍兴六年,夏大德二年),夏取乐州(今青海省乐都县),复取西宁州(今西宁市)。公元1137年(夏大德三年),夏请地于金,金以积石州(今青海省贵德县境)、乐州、廓州(今青海省尖扎北)予之。西夏立国

---

①《西夏书事》卷38。
②张学正:《略论陕甘青地区几种主要文化的源流》,《西北史地》1988年第4期。

190 年,占领河湟地区约 90 年,是西夏统治时间最短的地区。

由于河湟地区久经战乱(西夏与吐蕃、宋、金、蒙古均在此发生过战争),加上西夏统治该地时间不长,其文化的发展虽然比不上上述三个地区,但其佛教的兴盛却由来已久,比较突出。由于河湟居民,最重佛法,"居者皆板屋,惟以瓦屋处佛,人好诵经"①,因此,该地佛教早在吐蕃角厮罗统治时期获得了长足的发展。西夏占领该地之后,大体上保持了吐蕃时期的兴盛势头。兹以青唐为例,史载:"(青唐)城之西……建佛祠,广五六里,缭以冈垣,屋千余楹,为大像,以黄金涂其身,又以浮屠三十级护之。……城中之屋,佛舍居半。"②青唐一地如此,属于河湟范围内的其他地区佛教之盛况概可想见。

三、西夏文化的特征及其发展所受诸因素的制约

综观西夏文化的主要内容及其发展史,不难看出,它有如下特征:

第一,文化上的多源与融合。这种多民族文化的来源及其交融,其表现是多方面的。例如,西夏佛教主要来自中原(表现为佛经的大量输入),其次,来源于吐蕃。在已发现的西夏文佛经中,其中有一部分如《五部经》《八千般若经》《圣大明王随求皆得经》等等,就是从吐蕃佛经中翻译的。再次,来源于西域。如元昊延请回鹘高僧到兴庆讲经说法、演绎经文,从而将西域佛教文化传到了西夏。由于博采众长,加上原有的佛教基础,从而融合为颇具特色的西夏佛教文化。

再看西夏兵制。元昊在厘定兵制时,除了吸收宋朝兵制某些长处(诸如立军名,规定驻地等)外,还吸收了吐蕃兵制的一些有益的东

---

①孔平仲:《谈苑》,见《宝颜堂秘笈》续集卷 1。
②李远:《青唐录》,见陶宗仪《说郛》卷 35。

西。如西夏兵制以"抄"为最小单位,由"正军"和"负担"组成。这种"正军"和"负担",就是来源于吐蕃的"组"和"仆役"①。至于西夏监军司的设置,则与吐蕃王朝"在(其)东北和极西边境地区建立的军镇组织"②十分类似。

当然,在西夏多民族文化交融的过程中,其影响最大和起主导作用的是汉文化。正如宋臣富弼所指出:

> 得中国(宋朝)土地,役中国人力,称中国位号,仿中国官属,任中国贤才,读中国书籍,用中国车服,行中国法令。③

在富弼看来,作为西夏上层建筑的典章制度(包括官制、法律、车服等)无不模仿宋制,是中原王朝文化的翻板。这种看法虽然有些夸张,但也说明了汉文化对西夏影响至深及其主导作用。

第二、儒、佛、皇权互相利用,协调互补,密不可分。西夏统治者在文化上虽然采取了"兼容并蓄"的政策,但并非对各种文化一视同仁,而是有所侧重。没有重点就没有政策。其重点是什么呢?一是儒学,二是佛教。其所以如此,因为儒能安邦定国,佛能征服人心。同时,儒佛的传播与发展,必须以皇权为靠山,"不依国主则儒佛难立"。因此,在西夏特定的历史条件下,儒、佛、皇权三者混元一体。三者互为依存,互相利用,协调互补,相得益彰。

同时,儒、佛在为皇权服务,进行"教化"老百姓的过程中,往往和平共处,并不排斥,这与中原王朝儒佛互相排斥的情况时有发生,成了鲜明的对照。这是西夏儒佛并存、同时发展、经久不衰的重要原因

---

①王忠:《论西夏的兴起》,《历史研究》1962 年第 5 期。

②[匈]乌瑞著,荣新江译《KHKOM(军镇):公元七至九世纪吐蕃帝国的行政单位》,《西北史地》1986 年第 4 期。

③《续资治通鉴长编》卷 150,仁宗庆历四年六月戊午条。

之一。

第三,儒学的发展充满着矛盾斗争。以兴庆府为中心的儒学的发展,并非一帆风顺,而是经历了一条坎坷不平的道路和复杂而曲折的历程。如崇宗乾顺亲政后,其大臣在是否要振兴儒学、建立国学的问题上,就展开过针锋相对的争论。御史中丞薛元礼认为:

> 士人之行,莫大乎孝廉。经国之模,莫重于儒学……。今承平日久而士不兴行,良由文教不明,汉学不重,则民乐贪顽之习,士无砥砺之心。董子所谓不素养士而欲求贤,譬犹不琢玉而求文采也,可得乎?①

因此,他主张以儒治国,建议兴办国学(汉学)。但御史大夫谋宁克任却认为:

> 治法之要,不外兵刑;富国之方无非实货。……且吾朝立国西陲,射猎为务。今国中养贤重学,兵政日弛。昔人云:"虚美薰心,秦乱之萌"。又云:"浮名妨要,晋衰之兆"。臣愿主上既隆文治,尤修武备,毋徒慕好士之虚名,而忘御边之实务也。②

即不赞成"以儒治国",振兴"国学"。两种不同意见,反映了在是否要振兴儒学问题上的矛盾斗争。

同时,这种斗争在西夏历史上并非仅此一次。如仁宗仁孝大力振兴儒学,兴办学校,发展科举,外戚任得敬上疏反对道:

> 经国在乎节俭,化俗贵在权衡。我国介在戎夷,地瘠民贫,耕获甚少。今设多士以任其滥竽,縻廪禄以恣其冗食,所

---

① 《西夏书事》卷 31。
② 《西夏书事》卷 32。

费何资乎？盖此中国之法,难以行于我国者,望陛下一切罢之。①

这种倒行逆施的建议虽然未被仁孝采纳,但反映了西夏统治者在是否要振兴儒学问题上矛盾斗争的长期性与复杂性,反映了游牧文化与农业文化在交融的过程中既统一又斗争的辩证发展规律性。

以兴庆府为中心的西夏文化,在西夏统治时期虽然获得了较大的发展,但因其受到某些因素的制约而未能达到应有的高度。制约西夏文化发展的因素大体上有以下三个方面。

其一曰经济基础薄弱,农业发展水平不高。西夏建都兴庆以后,其社会经济虽然获得了长足的发展,但同宋朝比较仍有较大的差距。其农业发展水平不高,手工业发展有限,商业以同邻国的贸易比较突出。以农业为例,西夏虽然由于统治者重视兴修水利和开垦荒地,使兴、灵、甘、凉以及横山、天都山、马衔山一带的农业,获得了较大的发展,但从其全国看,大部分荒地仍未开垦。正如宋人范育指出:

臣尝究知夏国之闲田,弥亘山谷,动数百里,未悉垦辟。②

表明西夏已耕土地有限。由于农业发展水平不高,必然影响其手工业、商业和文化的发展。

其二曰中西交通阻塞,影响经济文化交流。"无数铃声遥过碛,应驮白练到安西"。这是诗人张籍对唐政府利用丝绸之路,进行中西经济文化交流盛况的生动写照。历代统治者鉴于古老的丝绸之路能够为其社会经济和文化的发展注入新的血液,利国利民,无不采取种种

---

①《西夏书事》卷36。
②《续资治通鉴长编》卷460,元祐六年六月丙午条。

措施加以保护,使其畅通无阻。但自西夏控扼丝绸之路以后,却一反过去之所为,不时扮演拦路虎的角色。

北宋初年,宋朝通往西域及中亚诸国的大道分为南北两路,北路横跨今宁夏北部经居延海进入新疆,南路则经河西走廊而入新疆。两条大道均以夏州为门户。自西夏兴起后,南北大道都为西夏所控扼。党项统治者时而派遣军队抢劫中亚商队,时而扣留各国贡使,致使古老的丝绸之路阻塞。史载:"大食,波斯别种,其入贡路由沙州,涉夏境,抵秦州。德明思掠其进奉物,上表请敕使者道其国中,时仁宗新立,知其诈,不许。"①元昊占领河西之后,并未改变上述错误做法,对其过境商贾,实行"十而指一"之税,并且必须在所有货物中挑选出"上品"②,各国商人因此叫苦不迭,被迫绕道河湟(即古吐谷浑路)入贡,或"取海路由广州至京师"③。这种阻碍中西交通的错误做法,不仅使奋发图强的西夏形象黯然失色,而且影响西夏同中亚、西域各国的经济文化交流,从而在一定程度上影响西夏文化的发展。

其三曰频繁的战争破坏了西夏文化正常发展。党项族与其所统治地域内及其周边其他民族间的矛盾经常处于主导地位,对外战争频繁是西夏历史特点之一。西夏自公元 1038 年元昊建国至 1227 年末主睍灭亡,首尾 190 年,在将近 2 个世纪的时间里,西夏同其邻国宋、辽、金、蒙和吐蕃均发生过规模大小不等的战争。据不完全统计,西夏自景宗元昊立国,到崇宗乾顺同宋高宗缔结和约,历时 90 年(1038—1128),双方和平共处仅 26 年,其余 64 年处于交战状态,其

①《西夏书事》卷 15。
②洪皓:《松漠纪闻》;《西夏书事》卷 15。
③《宋史》卷 490,《大食传》。

重大战役为 15 次。西夏同金发生过长达 13 年（1210 年 8 月—1223 年 7 月）的战争。双方大小战争约 25 次。蒙夏战争自 1205 年 3 月开始至 1227 年 7 月结束，首尾 22 年，重要战役为 8 次。此外，景宗元昊和毅宗谅祚统治期间，还同辽发生过两次较大的战争，同吐蕃唃厮罗五次兵戎相见（其中元昊 2 次，谅祚 3 次）①。频繁的战争，给西夏带来了严重的后果。它破坏了西夏休养生息的安定环境，妨碍其农业生产的正常发展。如蒙夏战争使西夏"田野荒芜，民生涂炭"②，"耕织无时，财用并乏"③。其次，严重影响了西夏同邻国的经济文化交流。如元昊对宋战争，虽然三战三胜，然"人畜死伤亦多，部落甚苦之；又岁失赐遗及沿边交易，颇贫乏"④。

　　总之，频繁的战争，使西夏元气大伤，影响了西夏社会经济和文化的正常发展（尤其在它的初期和后期），从而使其文化的发展达不到应有的高度。

（原载《甘肃社会科学》1999 年第 1 期）

---

　　①李蔚:《试论西夏的历史特点》，载《中国民族史研究》第二辑，第 116—120 页，中央民族学院出版社，1989 年。
　　②《西夏书事》卷 41。
　　③《西夏书事》卷 42。
　　④司马光:《涑水纪闻》。

略论西夏的儒学

西夏文化上的多源与儒学佛教的兴盛,是西夏历史的特点之一。西夏儒学的发展,是适应西夏社会不断封建化和中央集权政治需要的产物。儒学与佛学相辅相成,并行不悖,成为西夏统治者赖以加强对劳动人民思想控制、维护番汉联合统治的两种强大思想武器和精神支柱。

研究西夏儒学的兴衰,不仅有助于我们深入了解汉学在西夏文化史上的地位和作用,而且还可以使我们弄清作为西夏上层建筑之一的儒学,是如何与其经济基础相适应,以及统治者如何熟练地运用这一思想武器,去为自己的统治服务的。

鉴于西夏儒学尚无专文论及,本文对西夏儒学兴盛的原因,发展阶段及其主要内容、特点、历史作用等问题进行探讨。

一

元人虞集在为西夏儒学大师斡道冲作画像赞时指出:"西夏之盛,礼事孔子,极其尊亲,以帝庙祀,乃有儒臣,早究典谟,通经同文,教其国都,遂相其君,作服施采,顾瞻学宫,遗像斯在,国废时远,人鲜克知。"①虞集的这段赞语,不仅讴歌了西夏儒学大师斡道冲宏扬儒学

---

① 虞集:《道园学古录》卷 4,《西夏斡公画像赞》。

的历史功绩,而且还简明扼要地指出了西夏人尊儒、崇儒,把孔子当作偶像崇拜,以及学习和研究儒家经典,领会宣传其基本思想和精神,早已蔚然成风。

西夏儒学,早在李继迁、李德明建立夏州地方割据政权之时,便得到了统治者的重视。如李继迁叛宋自立后,注意招抚受过儒学教育的汉族人知识分子为其所用。"(何)宪灵州人,保吉破州城时得之,爱其才,使掌兵,……"①李德明时,继续推行继迁的崇儒用儒政策。"潜设中官,尽异羌人之体,曲延儒士,渐行中国之风。"②说明李德明在尊儒用儒问题上,比起继迁又有所发展。

西夏建国后,其儒学经过景宗元昊、毅宗谅祚、惠宗秉常、崇宗乾顺诸帝的提倡,到仁宗仁孝之时,便盛况空前,建树突出。究竟西夏儒学为什么能够如此兴盛呢? 其原因主要有以下几点:

第一,适应西夏社会封建化的需要。

如众所知,西夏社会发展至景宗元昊之时,已经进入封建制阶段(尽管还存在着奴隶制甚至原始社会的残余)。从当时的生产关系看,党项部落贵族同牧民之间已经明显建立了封建性的隶属关系和依附关系。他们对汉民和"熟户"采用"计口赋粟"③,或者征取贡赋(交纳牲畜),即剥削方式完全是封建性的;从其上层建筑看,在很多方面,深受唐宋影响。"其设官之制,多与宋同。朝贺之仪,杂用唐、宋,而乐之器与典则唐也。"④在生产关系和上层建筑均已封建化的情况下,西夏统治者为了维护封建农牧主的既得利益,巩固已经确立的新的封建

①《西夏书事》卷 8。
②《续资治通鉴长编》卷 50,咸平四年十二月丁卯条。
③《宋史》卷 491,《党项传》。
④《宋史》卷 486,《夏国传下》。

尊卑贵贱等级制度,加强中央集权,使西夏统治长治久安,迫切需要一种"有补治道"①的学说,作为官方哲学,来为其统治服务。西夏儒学正是在这样的历史背景下得到传播和发展,并日益繁荣昌盛。

第二,培养封建御用人才的需要。

景宗元昊建国伊始,为了解决人才的急需,曾大力兴办蕃学,把蕃学作为培养人才的主要途径,但实践证明,通过蕃学培养人才,不仅数量有限,而且质量不高。"士皆尚气矜,鲜廉耻,甘罹文纲。"②因此,要想从根本上解决人才的供不应求和提高人才的素质,必须大力提倡尊孔读经,吸取儒学营养,将发展汉学、开科取士放在首位。只有这样,才能真正大批培养符合封建统治需要的德才兼备的御用人才。

第三,加强思想统治的需要。

西夏统治者所确立的蕃汉联合统治的政治体制,是建立在以党项贵族为主体,联合汉族人地主、僧侣地主以及各族上层,残酷剥削和奴役广大贫苦农牧民的阶级对抗的基础之上的。各族贵族、地主与牧主,同广大农牧民的矛盾,是西夏社会的主要矛盾,或者称之为基本矛盾。这对基本矛盾,随着封建经济的发展,到仁宗仁孝之时,日益尖锐激化,具体表现在其统治境内发生了威州大斌,静州埋庆,庆州篦浪、富儿等族起义,多者万人,少者五、六千。他们"四行劫掠,直犯州城,州将击之不克"③。在这种情况下,西夏统治者为了维护和巩固其蕃汉联合统治,单纯依靠军事镇压,是不能真正解决问题的,必须要有一种强有力的思想武器,去麻痹劳动人民,征服人心,而大力振

①《元史》卷 125,《高智耀传》。
②《西夏书事》卷 31。
③《西夏书事》卷 35。

兴儒学,宣传儒家思想,正好能起这样的作用。

第四,历史的经验必须吸取。

历史经验告诉我们,凡是统一过北方的少数民族建立的政权,如北魏、北齐、北周,等等,为了使其统治长治久安,大都尊儒、崇儒,推行以儒治国的方针,大力宣传儒家的三纲五常、忠孝等思想,要求官吏、士人和老百姓,都能以此为其行动的准绳。正如仁孝时期御史中丞薛元礼所指出:"士人之行,莫大乎孝廉,经国之模,莫重于儒学。昔元魏开基,周、齐继统,无不尊行儒教,崇尚诗书,盖西北之遗风不可以立教化也。"①

第五,原有的儒学基础。

所谓原有的儒学基础,指的是汉末以来的河陇文化被西夏所继承。何谓河陇文化?按照已故陈寅恪先生的见解,概括地说,就是指河西、陇右地区所保存的中原学术文化。

河陇文化,早在东汉末年即已存在,发展至前凉张轨之时,明显进入了它的兴盛时期。这种兴盛势头大体上持续到中唐以前,中唐以后的河陇文化,虽然没有前凉张轨之时那样兴盛,但并未因此中断,相反,仍然为吐蕃、回鹘、西夏等少数民族所建立的地方割据政权先后所继承。②由于西夏继承了河陇文化,其原有儒学基础较好,因此,它才能获得长足的发展,其兴盛情况同辽、金比较,实有过之而无不及。

---

①《西夏书事》卷31。

②李蔚:《略论河陇文化与西夏文化的关系》,载《西夏史研究》,宁夏人民出版社出版1989年版。

二

西夏儒学的发展,如果从景宗元昊建立西夏国家算起,到末主睍为止,大体上经历了四个发展阶段。

第一阶段为景宗元昊时期。即自 1032 年元昊被立为太子,到 1048 年元昊去世,首尾十七年。这是西夏国家的创建时期。在这一时期里,元昊为了叛宋自立,建立西夏国家,采取了一系列的诸如秃发(即剃去头发,禁止用汉人结发),改姓立号(即废除唐宋赐姓——李赵,改用党项姓嵬名),建都兴庆(今银川市),建立官制,确定军制等措施。与此同时还设立蕃学与汉学,作为学习文化和培养人才的教育机关。

元昊虽然蕃学、汉学同时设立,但实际上将蕃学放在首位,作为重点扶持。他以整理西夏文字使之规范化的大师野利仁荣主持蕃学,并在各州蕃学里设立教授,进行教学,一时许多党项贵族子弟和少量汉官子弟进入蕃学学习。"自曩霄创建蕃学,国中蕃学进者,诸州多至数百人。"①说明元昊时期的蕃学获得了较大的发展。

在元昊创建蕃学问题上,有一种看法认为他之所以特别重视蕃学,主要是以"胡礼蕃书"同宋对抗。我认为这种看法值得商榷。诚然,如果我们从表象上去考察,将创建蕃学,同下令秃发、改姓立号等措施联系起来,其目的似乎是以"胡礼蕃书"同宋抗衡,但只要透过表现看本质,其主要目的和真正用意并非如此。"立蕃学以造人士,缘时正需才,故就其所长,以收其用。"②说明元昊创建蕃学的主要目的和真

---

①《西夏书事》卷 31。
②《西夏书事》卷 31。

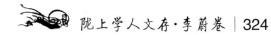

正用意,在于解决当时严重缺乏人才的问题。

元昊所建立的蕃学,除了进行教学、培养人才外,还有翻译汉文著作的任务。如蕃学的主持者野利仁荣,一方面要全面负责蕃学的管理和教学任务,同时还要组织人力将一些汉文典籍诸如《孝经》《尔雅》以及日常生活用书《四言杂字》等翻译成西夏文,让统治者和老百姓从中吸取对自己有益的东西。

在兴建蕃学、汉学的同时,元昊在用人方面,还十分重视本地儒学英才和外来儒学英俊相结合(与前凉张轨的作法相同),以便彼此取长补短,共同出谋划策。本地儒学英豪为元昊所用的有杨守素[1]、张陟、张绛、杨廓、徐敏宗、张文显、钟鼎臣[2]等,外来儒学英才得到元昊重用的,以宋朝投弃过来的失意知识分子张元、吴昊[3]为典型。这些儒学人才,在为元昊确立典章制度,奠定立国规模,以及完成外交使命方面,起了十分重要的作用。

第二阶段,为毅宗谅祚、惠宗秉常统治时期。即自 1048 年—1086年,首尾 38 年。这一时期为西夏国家的多事之秋,政权极不稳定,在经历了两次外戚专政(没藏氏专政和梁氏专政)和两次对外战争(辽夏战争和宋夏战争)的考验之后,西夏国家算是进入了它的巩固时期。

在这个阶段里,由于谅祚比较倾慕汉文化,因此,在尊儒、崇儒方

---

①杨守素为元昊重要谋臣之一。如元昊改显道元年为开运元年,称帝建国以及赍嫚书于宋,均出自其谋划。参阅李焘《续资治通鉴长编》卷 163,庆历八年正月辛亥条。另见《西夏书事》卷 11、卷 12、卷 13,等等。

②《宋史》卷 485,《夏国传上》云"以嵬名守全、张陟、张绛、杨廓、徐敏宗、张文显辈主谋议,以钟鼎臣典文书。"

③李蔚:《张元·吴昊事迹考评》,载《西夏史研究》,宁夏人民出版社出版 1983年版。

面,采取了一系列的诸如改蕃礼为汉礼,增设官职,重用汉族人,以及仿照宋朝制度改监军司为军等旨在加速汉化的措施。其中对宋朝投奔过来的失意知识分子,尤为重用。如"(景)询,延安人,小有才,得罪应死,亡命西奔,(苏)立荐之,谅祚爱其才,授学士"①。

为了扩大加速儒家学说在西夏的传播,谅祚还以贡马自宋换回了大批儒家经典著作。"进马五十匹,求九经、唐史、册府元龟及宋正至朝贺议,诏赐九经,还所献马。"②所谓《九经》,即《易》《诗》《书》《礼记》《春秋》《孝经》《论语》《孟子》《周礼》。这些儒家经典著作的传入,对儒学在西夏的发展,无疑起了一定的促进作用。

惠宗秉常在位期间,其本人虽然也像毅宗谅祚一样倾慕汉文化,"秉常连次犯边,每得汉族人,辄访以中国制度,心窃好之。乃下令国中悉去蕃礼,复行汉礼。"③但由于大权旁落到外戚梁太后及其弟梁乞埋④及乞埋之子梁乞逋手中,实际上是个傀儡,加上梁太后反对汉化,因此,在他统治近二十年里,儒学停步不前,当然也就谈不上有什么建树了。

第三个阶段,为崇宗乾顺、仁宗仁孝、桓宗纯祐统治时期。即自1086年到1206年,首尾120年。这是西夏国家的繁荣昌盛时期,也是西夏儒学大发展并进入了它的鼎盛时期。

①《西夏书事》卷21。
②《宋史》卷485,《夏国传上》。
③《西夏书事》卷24。
④《续资治通鉴长编》《宋史》《辽史》《金史》《西夏书事》《西夏纪事本末》均将"乞"误为"乙",而《吕大忠奏议》将乙埋与乙逋父子误为兄弟,但西夏文为"乞",如"后之舅梁乞逋等罪行累累,罄竹难书",参阅李范文《西夏研究论集》,宁夏人民出版社1980年版。

在这个时期里,随着西夏疆域的扩大,封建经济的发展,和政治制度的日益完善,作为上层建筑之一的儒学,在统治者乾顺、仁孝的大力倡导下,获得了空前的发展。其主要建树如下:

(一)大兴汉学

崇宗乾顺时,为了培养更多的御用人才,扩大统治基础,"命于蕃学外,特建国学,置教授,设弟子员三百,立养贤务以禀食之"①。

仁宗仁孝时,汉学从中央到地方均获得了很大的发展。人庆元年(1143 年)六月,下令于各州县设立学校,"国中增弟子员至三千人"②。这同崇宗乾顺的国学人数相比,增加了十倍。同时在宫中设立贵族小学,规定"凡宗室子孙七岁至十五岁皆得入学"③,并选拔教授给学生上课。人庆二年(1145 年),立大汉太学(相当于今天的大学),仁孝"亲释奠,弟子员赐予有差"④。此外,还建立内学,"仁孝 亲选名儒主之"⑤。

(二)发展科举制度

人庆四年(1147 年)八月,"策举人,立唱名法,复设童子科,于是取士日盛"⑥。立唱名法,说明仁孝时期,也像宋朝一样,设有进士科,进行考试,凡是经过皇帝殿试被录取的进士,按规定要宣布名次,名曰唱名,又叫传胪。至于童子科究竟何时设立?从人庆四年复设童子科,似乎始于仁宗仁孝之时,但从西夏蕃汉教授斡道冲"五岁以尚书

①《西夏书事》卷 31。

②《西夏书事》卷 35。

③《西夏书事》卷 35。

④《宋史》卷 486,《夏国传下》。

⑤《西夏书事》卷 36。

⑥《西夏书事》卷 36。

中童子举"①推之,说明西夏童子科,早在崇宗乾顺之时即已设立。

(三)树立儒学偶像

人庆三年(1145 年)三月,"尊孔子为文宣帝,令州郡悉立庙祀,殿庭宏敞,并如帝制"②。在我国历史上,唐王朝曾封孔子为文宣王,而仁孝竟封孔子为帝,说明西夏的尊儒、崇儒之风同中原王朝相比,实有过之而无不及。

(四)立翰林学士院

仁孝于翰林学士院内,设有翰林学士、翰林待制和翰林直学士。"以王佥、焦景颜为学士"③,此后出任翰林学士的知识分子越来越多。

(五)继续购买儒家典籍

随着西夏学校数量的增多,开科取士的频繁,广大知识分子需要阅读大量儒家典籍。为了满足这一需要,仁孝派遣使者到金国"请市儒释诸书,金主许之"④。西夏统治者之所以不到宋朝购买儒释书籍,因为南宋偏安江南,与西夏关系隔绝,只好派遣使者至金购买。

(六)阐释儒家经典

仁孝时,不仅组织人力翻译出版了大量儒家经典著作,而且对其中的一些著作的义理进行阐释。如精通五经的蕃汉教授斡道冲就曾"译《论语》注,作别义三十卷,又作《周易》卜筮,断以国字书之,行于国中⑤",对于结合西夏国情,比较准确地宣传儒家学说和思想起了重要作用。

①《西夏书事》卷 36。
②《西夏书事》卷 36。
③《西夏书事》卷 36。
④《西夏书事》卷 36。
⑤《西夏书事》卷 36。

　　桓宗纯祐在位期间所奉行的内政，外交方针，基本上是仁孝时期的既定方针，对内安国养民，对外附金和宋。在他统治的十二年里（1194—1250 年），"四郊鲜兵革之患，国中无水旱之虞"①，呈现着一派升平景象。

　　由于纯祐"能循旧章"②，在西夏历史上属于"善守"之君，因此，他在文教方面，大体上保持了仁孝时期儒学兴盛的势头。兹以科举为例，纯祐曾多次开科取士，量才录用。如权鼎雄"凉州人，天庆中举进士，以文学名授翰林学士"③。在被录取的进士中最有名的是宗室齐王彦忠之子遵顼。遵顼"少力学，长博通群书，工隶篆，纯祐廷试进士，唱名第一"④。进士唱名第一，也就是中了头名状元。遵顼为西夏历史上的第七代皇帝，皇帝出身状元，不仅在西夏历史上属于唯一的例外，即使在我国多民族国家的历史长河中也是一件极为罕见的事。

　　同时，在纯祐统治期间，通过兴办学校，发展科举所培养的人才，质量较高。如天庆十年（1203 年）九月，西夏派往金国贺天寿节的使臣，宣德郎高大亨，"与兄大节、大伦并奉使金国，金人号为三俊"⑤。

　　第四个阶段，自襄宗安全到末主睍。即自 1206 年—1227 年，首尾二十二年。这是西夏国家的衰亡时期。在这个阶段里，由于西夏同金及蒙古战争频繁，统治者无力继续振兴学校，发展科举，因此，这一时期的儒学明显衰落。具体来说，在科举方面，开科录取进士，虽然仍在

①《西夏书事》卷 39。
②《西夏书事》卷 39。
③《西夏书事》卷 41。
④《西夏书事》卷 39。
⑤《西夏书事》卷 39。

坚持,如乾定三年(1225年)三月,"策士,赐高智耀等进士及第"①,但学校的兴办很不景气,尤其在西夏即将灭亡之际,由于受到战争的影响,很多学校校址和学宫遭到破坏。以学宫为例,如蕃汉教授斡道冲死后,"仁孝图其像从祀学宫,俾郡县遵行之"②。但各郡县所建学宫,至西夏末期,因受蒙夏战争的破坏,所剩无几。"后夏亡,庙学尽坏,惟甘州仅有其迹,凉州有殿及庑焉。"③西夏境内的学宫残破如此,其儒学因受战争的影响而日益衰落,概可想见。

三

上面阐述了西夏儒学发展的阶段性及各阶段的简要概况,下面集中分析一下西夏儒学发展的特点及其历史作用。

西夏儒学发展的特点之一,是汉学与蕃学并存,互为补充形式。

如前所述,元昊为了培养人才,既兴蕃学,又办汉学,但以蕃学为主。这种重蕃学、轻汉学的局面,随着封建生产关系的发展,党项人汉化的加深,以及中央集权的政治需要,统治者对汉学的重视程度,逐渐超过了蕃学。如崇宗乾顺于蕃学外,特建国学。仁宗仁孝更是酷爱汉学,大力发展汉学。尽管历代西夏统治者在重视蕃学、汉学的程度上各不相同,但有一点是共同的,即都始终不渝地推行蕃学、汉学并存的方针,即使在儒学发展的全盛时期,汉学日重的情况下,蕃学也并未取消。其所以如此,这是因为:第一,是为了适应党项人与汉族人彼此学习对方语言和文化的需要。"今时人者,番汉语言可以自备,不

---

①《西夏书事》卷42。
②《西夏书事》卷38。
③《西夏书事》卷38。

学番言,则岂和番人之众,不会汉语,则岂入汉族人之数,番有智者汉人不敬,汉有贤士,番人不崇,若此者,由语言不通故也"①;要想解决语言不通,除了需要编撰出版番汉合璧的字典之外,还有一个重要的途径,就是既兴汉学又兴番学,为党项人汉人提供彼此学习对方语言和文化的场所;第二,蕃学与汉学的关系如同西夏文与汉文的密不可分的关系一样,"论末则殊,考本则同"②。

其特点之二,是儒学的发展充满着矛盾斗争。

西夏儒学的发展,如同其他事物一样,并非一帆风顺,而是经历了一条坎坷不平的道路和曲折而复杂的历史过程。如崇宗乾顺亲政后,其大臣在围绕着是否要振兴儒学建立国学的问题上,展开过针锋相对的论争,御史中丞薛元礼认为:"士人之行,莫大乎孝廉;经国之模,莫重于儒学……今承平日久而士不兴行,良由文教不明,汉学不重,则民乐贪顽之习,士无砥砺之心。董子所谓,不素养士而欲求贤,譬犹不琢玉而求文采也可得乎!"③因此,他主张以儒治国,建议兴办国学,挑选皇室贵族子弟入校学习。但御史大夫谋宁克任认为:"治法之要,不外兵刑,富国之方,无非食货……且吾朝立国西陲,射猎为务,今国中养贤重学,兵政日弛。昔人云,'虚美熏心,秦乱之萌'。又云:'浮名妨要,晋衰之兆',臣愿主上既隆文治,尤修武备,毋徒慕好士之虚名,而忘御边之实务也。"④即反对以儒治国,反对振兴儒学。虽然乾顺经过深思熟虑,最后采纳了薛元礼兴办国学(即汉学)的建议,但这反映了统治者在是否要振兴儒学问题上的意见分歧和矛盾斗争。

①骨勒茂才:《蕃汉合时掌中珠·序言》。
②骨勒茂才:《蕃汉合时掌中珠·序言》。
③《西夏书事》卷31。
④《西夏书事》卷32。

同时,这种矛盾斗争,在西夏历史上并非仅此一次。如仁宗仁孝大力振兴儒学,兴办学校,发展科举,但外戚任得敬却上疏反对。"经国在乎节俭,化俗贵在权衡,我国介在戎夷,地瘠民贫,耕获甚少,今设多士以任其滥竽,糜廪禄以恣其冗食,所费何资乎? 盖此中国之法,难以行于我国,望陛下一切罢之。"①这一建议虽然未被仁孝采纳,但反映了西夏统治者在是否要振兴儒学,推行以儒治国的方针等问题上矛盾斗争的长期性与复杂性。

西夏儒学的历史作用,明显有以下几点:

第一,促使西夏立国方针的转变,导致兵政日益废弛。

景宗元昊称帝建国时所确定的立国方针,为尚武重法。这一立国方针,曾被元昊"动静咨之"的谋臣野利仁荣所论述。"一王之兴,必有一代之制,议者咸谓化民成俗,道在用夏变夷,说殆非也。昔商鞅峻法而国霸,赵武胡服而兵强,国家表里山河,蕃汉杂处,好勇喜猎;日以兵马为务,非有礼乐诗书之气也,惟顺其性而教之以功利,因其俗而严以刑赏,则民乐战征,习尚刚劲,可以制中国,驭戎夷,岂斤斤言礼言义可敌哉!"②这说明元昊确立的尚武重法的立国方针,完全符合当时的西夏国情,其特点是非常重视兵马、刑赏和功利。

这条尚武重法的方针,随着西夏封建生产关系的发展和儒学的振兴,到崇宗乾顺亲政之后,发生了根本的变化,即由重武尚法转变为重文尚法、以儒治国的方针。这一方针的转变,使过去有着尚武精神的强悍的党项民族,变为愈来愈文弱,军队素质因此下降,军事力量日益削弱,这种情况发展到末主睍时,终因军政的废弛,无力抵御

①《西夏书事》卷36。
②《西夏书事》卷16。

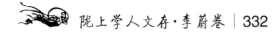

蒙古的强大军事进攻而灭亡了。

第二，对于维护西夏的统一，防止夏国分裂起了一定的作用。

这种作用突出表现在仁宗仁孝之时，一些刚直不阿的大臣同外戚任得敬的斗争之上。仁孝时，外戚任得敬擅权专作福威，欲与仁孝分治西夏国家。一些饱学儒学经典，头脑里充满着忠君爱国思想的臣僚，不顾个人安危，挺身而出，揭露任得敬的专横跋扈、图谋不轨的种种罪恶和阴谋。"(热辣)公济骨鲠有风裁，见得敬专恣日甚，抗疏言：'得敬为国懿亲，擅权宠，作威福，阴利国家有事以重己功，岂休戚与共之谊？请赐罢斥。'得敬怒甚，欲因事诛之。仁孝恐为所害，令致仕归。得敬奸谗，举朝多为折挫，敢与相是非词气不挠者，惟公济与焦景颜、斡道冲而已。"①这说明，通过西夏儒学的振兴，儒家的三纲五常和忠君爱国思想，已经深入人心，成为人们行动的准绳。在儒家学说和思想的熏陶下，产生了一批像热辣公济那样的直言敢谏的骨鲠之臣。他们对权臣任得敬所作的斗争，对于改善西夏吏治，避免夏国分裂，维护西夏国家统一，巩固西夏中央集权，无疑起了重要的作用。

第三，培养了大批有用人才。

西夏通过一百多年兴办学校，发展科举，到仁宗仁孝时，已从一个人才缺乏的国家，变为人才充足的国家。其人才之盛，得到了金国使者的称赞。"金主遣宿直将军温敦斡喝来横赐，仁孝使枢密都丞旨梁元辅、中书舍人赵衍为馆伴。元辅有口才，议论风生，斡喝不能难。使回，称夏国多才，较昔为盛。"②从"元辅有口才，议论风生，斡喝不能难"去看，说明西夏人才质量之高同金比较，实有过之而无不及。

---

①《西夏书事》卷 37。
②《西夏书事》卷 36。

西夏通过振兴儒学,不仅为其自身培养了足够的人才,而且还为元朝统治者储备了大量人才。西夏灭亡后,活跃于元朝历史舞台上的儒学有识之士,仅据《元史·列传》所载,总数为三百七十余人,其中仅河西地区就有六十四人之多。①这些人才为元朝统治者所用,对于加速蒙古人的汉化,促进蒙汉文化的融合,起了极为重要的作用。

(原载《兰州大学学报》1992 年第 3 期)

---

① 参阅汤开建:《元代西夏人物表》,《甘肃民族研究》1986 年第 1 期。

蒙元时期党项人物事迹述评

　　活跃于蒙元时期的党项人,从蒙古国时期(1206—1259)到元朝(1271—1368)的灭亡,每个不同时期均有他们的足迹。他们大多是当时官场上的精英,出类拔萃。如蒙古国时期的察罕,"武勇过人"①;李桢,曾为军事顾问,"凡军中事,须访桢以行"②;李恒,"自幼颖异"③,灭宋战功卓著,位在张宏范之上;算智威尔,"才勇绝人"④。元朝初期,立智理威,"兴利除弊,知无不为"⑤,"使者交荐其能"⑥;高睿"务持大体,有儒将之风"⑦。元朝中期,星吉"为人公廉明决",以"精敏著称"⑧;观音奴,"廉明刚断,发擿如神"⑨;亦怜真班,"性刚正,动有礼法"⑩;卜颜铁木儿"性明锐倜傥""持身廉介,人不敢干以私"⑪。元朝末期,余阙

---

①《元史》卷 120,《察罕传》。
②《元史》卷 124,《李桢传》。
③《元史》卷 129,《李恒传》。
④《新元史》卷 199,《算智威尔传》。
⑤《道园类稿》卷 42,《立智理威忠惠公神道碑》。
⑥《元史》卷 120,《立智理威传》。
⑦《元史》卷 125,《高睿传》。
⑧《元史》卷 144,《星吉传》。
⑨《元史》卷 192,《观音奴传》。
⑩《元史》卷 145,《亦怜真班传》。
⑪《元史》卷 144,《卜颜铁木儿传》。

"兼资文武""有古良将风烈"①；迈里古思为官绍兴，境内晏然，"殊有古贤令之风"②。

他们之中有的世代为官，自西夏至明初，均能找到他们遨游宦海的足迹。如高氏，世仕夏国。高逸仕夏为右丞相，子高智耀，元初为翰林学士、中兴路提刑按察使，子高睿，为江南行台御史中丞。子高纳麟元中期为太尉、江南行台御史、广东廉访司佥事，明朝建立后，为永平府通判。有的一门父子多人为官，如元中后期，亦怜真班为江西行省左丞相，有子九人，除长子答里麻未做官外，其余八人担任了从中央到地方的官吏，其中普达失理为翰林学士丞旨，知制诰兼修国史，桑哥八剌为同知称海宣慰司事，哈蓝朵儿只为宣政院使，桑哥答思为岭北行省平章，沙嘉室理为岭北行省参政，易纳室理为大宗正，也可扎鲁火赤，马的室理为金书枢密院事，马剌室理为内八府宰相。③有的"一门之间，三为丞相"④，如乞台普济子也儿吉尼，遥授中书左丞相，次子里日，遥授中书右丞。其权力之显赫，为元代色目人所仅见。

他们之中有的政绩显著，如元初塔出领淮西行中书省事，"禁侵掠，抚疮痍，练士卒，备奸宄，境内帖然"⑤。昂吉儿屯田芍陂、洪泽，"岁得米数十万"⑥。元中期，阿荣负责海运，先后运米210万石至京师。元末，迈里古思治理绍兴，政绩卓著，"民爱之如父母"，死后设位致祭，私谥曰"越民考"。⑦

---

①《元史》卷143，《余阙传》。
②陶宗仪：《南村辍耕录》卷10，《越民考》。
③《元史》卷145，《亦怜真班传》。
④姚燧：《牧庵集》卷26，《史公先德碑》。
⑤《元史》卷135，《塔出传》。
⑥《元史》卷132，《昂吉儿传》。
⑦《新元史》卷219，《迈里古思传》。

他们的历史活动,往往与当时各种重大事件紧密相连,体现了时代脉搏的跳动。如蒙古国时期,发生了西征和南侵,察罕从成吉思汗西征,攻金攻夏,又从皇子阔阔攻宋。元初,发生了诸王叛乱及对外侵略扩张,算智威尔从世祖平定阿里不哥,爱鲁、李恒等从镇南王征交趾(今越南)。元中期,发生了"武仁授受""南坡之变"等争夺皇位的斗争,乞台普济父子兄弟及杨教化兄弟等均已卷入斗争的漩涡而不能自拔。元末发生江淮红巾军起义,余阙、明安达等均参与镇压。

一

蒙元时期党项人的主要历史活动,大体上可分为军事、政治、经济、文化等几个方面,下面分述之。

军事方面,计有西征、灭夏、灭金、灭宋,对外侵略,平叛及镇压少数民族和红巾军起义。

西征、灭夏、灭金战争,发生在蒙古国时期,即成吉思汗时期,党项人参与者有察罕、昔里钤部、塔出、李恒、来阿八赤、昂吉儿、李世安、虎益等等。如蒙古国时期的李桢于太宗七年(1238),从皇子阔阔出攻宋,又从察罕攻宋及宪宗蒙哥攻四川。元初,参加灭宋战争的人更多,最著名的如李恒败宋将吕文焕,攻襄阳、樊城,取鄂州、汉阳,从都元帅边嘟台攻江西,追文天祥至空坑,获其妻女,与董文炳等追宋益王,败其兵于梅岭,与张宏范合兵败宋将张世杰水师于崖山。

在灭宋战争中,有的充当军师和参谋的角色,如太宗七年(1238),李桢从皇子阔阔出伐宋,窝阔台叮嘱阔阔,凡军中大事,一定要多征求李桢的意见。有的及时献计献策,如塔出向世祖建议明赏罚,以励三军用命,"方事之殷,宜明赏罚,俾将士有所征劝,帝纳其言,颁赏有差"①。奖赏南宋降人,可以减少宋人抵抗的阻力,对于当时的统一战争,无疑起了加速作用。

对外侵略扩张发生在世祖忽必烈时期,其参加者有爱鲁、李恒、来阿八赤等。如至元二十四年(1287),爱鲁从镇南王征交趾(今越南),"大小八十一战,多所杀获。……追袭交趾世子兴道,转战二十余阵,功常冠军"②。但在对外侵略扩张问题上,并非都是顺从统治者的意志行事,如世祖征日本,昂吉儿上疏反对,虽未被采纳,但也说明并非全是唯统治主之命是听。

平定诸王叛乱及其他类型的叛乱,自蒙古国时期至元中期时有发生,但主要在元初,其参加者有火夺都、算智威尔、暗伯、昂阿秃、虎益、鳌日、杨不花等。如中统元年(1260)算智威尔从世祖平定叛王阿里不哥,鳌日从武宗征叛王海都,虎益平李璮之乱,杨不花平陕西诸军之乱。

镇压少数民族起义主要发生在元初世祖忽必烈统治时期,其参加者有李世安、爱鲁、塔出等。如世祖时李世安、爱鲁镇压僚民起义,"诛首恶六人,余尽贷之"③。

红巾军起义发生于元末顺帝时期。这一时期为官的党项人,几乎全都镇压过起义,主要有星吉、亦怜真班、卜颜铁木儿、纳麟、余阙、明安达尔、丑闾、福寿等。其著名者如卜颜铁木儿于至正十三年(1353)率军与红巾军激战攻下望江、彭泽、江州等地,又会各路元军攻占天完都城蕲水(今湖北浠水),获徐寿辉将相 400 余人。至正十七年

---

① 《元史》卷 135,《塔出传》。
② 《雪楼集》卷 25,《魏国公先世述》。
③ 《新元史》卷 180,《李世安传》。

(1357)，余阙为淮南行省左丞，十一月，陈友谅与赵普胜合攻安庆，余阙身先士卒，与义军血战，身被十余创，城陷，阙自刎。

政治方面，计有如下一些内容。

（一）建议置御史台，设崇教所，以完善统治机构。元初，高智耀鉴于"庶政草创，纲纪未张"，建议忽必烈"仿前代置御史台以纠肃官常"，①被嘉纳。纳麟为了加强对僧人的管理，建议于宣政院设崇教所，"置行省理问，治僧讼狱，从之"。②

（二）劝统治者选贤用能，任人唯贤。元初，忽必烈召见西夏儒仕子弟于香阁，欲重用之。世祖道："'朕闻儒者多嘉言。'朵儿赤对曰：'陛下圣明仁智，奄有四海，唯当亲君子，远小人尔。自古帝王，未有不以小人而亡者，惟陛下察焉。'世祖道：'朕于廷臣有戆直忠言，未尝不悦而受之，违忤者亦未尝加罪。盖欲养忠直而退谀佞，汝言正合我意。'"③表明他们在用人问题上的共识。

（三）直言进谏，惩贪拒贿，平反冤案。有元一代，直言进谏的党项官吏颇多。元初，世祖命阿塔海等率兵十万征日本，将相大臣"不敢阻其事"，独昂吉儿抗疏争之，"请罢兵息民"④，不从，果无功而还。有的因此而调离职守，如亦怜真班性刚正，论事不阿，元统、至元间，伯颜为丞相，忌其论事不阿，将其调离中央，出为江南行台御史。有的因此而丧生，元中叶，右丞相铁木迭儿，"恃势贪虐，中外切齿，然莫敢发其奸"⑤，杨朵儿只纠劾其罪，仁宗罢其相。仁宗死，铁木迭儿复相，伺机

①《元史》卷125，《高智耀传》。
②《元史》卷142，《纳麟传》。
③《元史》卷134，《朵儿赤传》。
④《新元史》卷161，《昂吉儿传》。
⑤《新元史》卷183，《杨朵儿只传》。

报复,以违太后旨处死。

元代党项人为官者大多不畏权势,揭露贪赃枉法之事,屡见不鲜。元初,丞相阿合马之子忽辛为江浙行省平章政事,"恃势贪秽,亦力撒合发其奸,得赃钞 81 万锭,奏而诛之"①。至元二年(1265),星吉为太府卿。太府所管之事,大多与权贵宦官相牵连。他们互相勾结,为非作歹,中饱私囊,"阉竖攘窃,敛散无籍,吏缘为私",星吉不畏权贵,"较摘隐蔽,立薄计数,奸弊以革"。②此外,将作院累岁浸绮绣之属一万五千端,星吉悉责偿之。

在揭露惩治权贵贪赃枉法的同时,还能做到严以律己,拒贿廉明。元初,刘容奉使江西,抚慰新附之民,有人劝他接受贿赂和贿赂权贵,获取权贵荣宠。容回答道:"剥民以自利,吾心何安。"③惟载书数车,献之皇太子。

元末,余阙为湖广行省左右司郎中,湖南平章宣慰,以婆律香馈阙,阙疑其重不受,箧内果置黄金。章叹道:"余愧达官无辞者,洁如冰壶,独余公一人耳"!余阙严以律己的拒贿之举,使一些贪吏闻风丧胆。史载,阙为浙东廉访司事,"贪吏闻阙至,多解印绶自免"。④

此外,他们还注意平反冤案,如立智理威为刑部尚书,有小吏诬告漕臣刘献盗仓库粟,"宰相桑哥方事聚敛,众阿其意,锻炼枉服"⑤,立智理威"以实闻",使冤案及时平反。昆山知州管某,上书诬告平江路总管道童,"诡报岁灾",星吉奉命调查,真相大白。"道童以廉正,御

---

①《元史》卷 120,《亦力撒合传》。

②《元史》卷 144,《星吉传》。

③《元史》卷 134,《刘容传》。

④《新元史》卷 218,《余阙传》。

⑤《元史》卷 120,《立智理威传》。

下属官严,总管怨而诬之"①,事闻,严惩诬告者。

(四)提倡法治,严惩违法者。蒙元时期的党项官吏,大多主张法治,如宪宗时昔里钤部出监大名,"到官,无巨细,一执以法"②。杨朵儿只,"纠举不避亲贵","有犯法者虽贵幸无所容贷"。③当时受到法律惩处的除前面提到的铁木迭儿、忽辛等贪官外,还有豪绅、僧侣、军队等等。

对豪绅的惩治。高睿任浙西道肃政廉访使,境内有乡民"十老"乱党,"吏莫敢闻",④睿及时绳之以法,深得人民赞扬。星吉为江南行台御史,有秦桧裔孙夺民田,讼久不决,星吉得知其情,怒曰:"桧之罪百世有余戮,其遗允敢为民害,尽返其田。"⑤

对僧人的惩治。至正二年(1342),纳麟为宣政院使,上天竺僧弥戒经山僧惠州,"恣纵犯法,纳麟皆坐以重罪"⑥。星吉为江南行台御史,有胡僧号称小住持者,恃宠骄横,为非作歹,星吉命逮捕下狱,籍没其家,"由是豪强敛手,贫弱称快"。⑦

对军队的惩治。迈里古思为绍兴路录事司达鲁花赤,苗军主将苗完者在杭州,"纵其军抄掠,莫敢谁何,民甚苦之"。更有甚者,他们到绍兴城中强夺人马,迈里古思擒斩数人,"苗军恐惧,不复骚扰其境"。⑧

---

①屠寄:《蒙兀儿史记》卷131,《星吉传》。
②《元史》卷122,《昔里钤部传》。
③屠寄:《蒙兀儿史记》卷124,《杨朵儿只传》。
④《元史》卷125,《高睿传》。
⑤《元史》卷144,《星吉传》。
⑥《元史》卷142,《纳麟传》。
⑦《元史》卷144,《星吉传》。
⑧《元史》卷188,《迈里古思传》。

（五）裁汰冗官，选拔廉能官吏。元初及元中期，均有裁汰冗官的举措。元初，江南初平，官制草创，权臣阿合马纳贿鬻爵，江南冗滥官僚甚众，郡守而下，佩金符者多至三四人，由行省举荐超宣慰使之人甚多，民不堪命，昂吉儿将此情况告知世祖，忽必烈命他与平章哈伯等裁汰之，"选漕以清"①。

武宗至大元年（1308）十一月，乞台普济进中书右丞相，位在塔思不花之上。"时徼倖成风，官司冗滥，二人同心，多所裁抑。"②

在裁汰冗滥官吏的同时，尽可能选用廉能官吏，专举纠察，如亦怜真班，"尽选中外廉能官吏，置诸风宪，一时号称得人"③。星吉为江南行台御史，"选刚明御史，行十道，纠擿贪邪不少贷"④。

（六）革除弊政。革除弊政，早在蒙古国时期即已初见端倪，如昔里钤部为官，"举贤能，诘奸慝，政有不便于民更始"⑤。"凡政之不便，民所欲而未得者，率立行而更张之。"⑥有元一代参与革除弊政者颇多，如李世安任参知政事，鉴于以往官差民户典仓库，往往亏折，填偿破产，改以府吏充役，减轻百姓负担，"择府吏代充其役，着为令，民德之"⑦。

成宗大德三年（1299），立智理威以参知政事为荆湖宣慰使。荆湖多弊政，而公田（指职田）为甚，部内实无田。随民输租取之，户无大小皆出

①《元史》卷 132，《昂吉儿传》。
②屠寄：《蒙兀儿史记》卷 121，《乞台普济传》。
③《元史》卷 145，《亦怜真班传》。
④《元史》卷 144，《星吉传》。
⑤《元史》卷 122，《昔里钤部传》。
⑥王恽：《秋涧先生大全集》卷 51，《大元故大名路宣差李公神道碑》。
⑦《新元史》卷 180，《李世安传》。

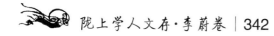

公田租，虽水旱不免。立智理威"向所不便，凡数十事上于朝，而言公田尤切。朝廷遣使理之。会有诏：凡官无田者始随俸给之，民力少苏"①。

仁宗延祐元年（1314），黄头为海道都漕运万户府副万户，前后 9 次渡海，运米 210 万至京师，"海运利弊，靡不周知"。任内兴利除弊，改革海运弊端。针对运船窃米之人甚多，黄头"使漕兵柁工、水手之属，得相收倚连坐，其弊遂除"；自温台至福建，皆顾民船载米，到浙西再还浙东入海，黄头移米庆元，从烈港入海，"无迂道之费"；运船空回，枢密差官搜阅，因为奸利，"或诬执榜掠，罄其囊箧"，黄头请禁止。"凡所张弛之法，后人皆遵用之，以为定例焉。"②

经济方面，主要有屯田、禄田、赈饥、运粮、修堤等。

（一）屯田。兴办屯田，主要在元初，但元中期及元末也曾出现。元初计有中庆屯田、中兴路屯田及匀陂、洪泽屯田。至元十二年（1215）爱鲁清理中庆版籍，得隐户万余，以四千户屯田。③朵儿赤为中兴路新民总管，至官，录其子弟之壮者屯田，塞黄河九口，开其三流，"凡三载，赋额培增"④。昂吉儿于匀陂、洪泽一带以兵二万屯田，"岁得米数十万斛"⑤。有的负责管理屯田，如李世安"提调诸卫屯田"⑥。

元代中期，武宗出镇北边，命乞台普济主持军事，"整饬屯田（指称海五条河屯田），以佐军实"⑦。朵罗台为昭阳信校尉、匀陂屯田千户

①《元史》卷 120，《立智理威传》。
②《新元史》卷 182，《黄头传》。
③《元史》卷 122，《爱鲁传》。
④《元史》卷 134，《朵儿赤传》。
⑤《元史》卷 132，《昂吉儿传》。
⑥《新元史》卷 180，《李世安传》。
⑦屠寄：《蒙兀儿史记》卷 121，《乞台普济传》。

所达鲁花赤,管理芍陂一带屯田。

元末期有安徽潜山县屯田。余阙为淮西宣慰副使,为了解决军粮缺乏,与有司官吏及诸将商议屯田。鉴于境内潜山县八社土壤肥沃,决定环境筑堡寨,耕稼其中,选精甲护卫,收到了较好的效果。"秋稼登,得粮三万斛。"①

(二)置禄田。元初,朵儿赤为潼川府尹,时公府无禄田,朵儿赤以旷地给民,"视秩分亩,而薄其税"②,从此,到潼川为官者开始有禄。这对官吏养廉,无疑起了一定的作用。

(三)赈饥。赈饥贯穿于元朝始末,但主要在元中期。在中央和地方为官的元代党项人,对赈济饥民均十分重视。

元初,至元十七年(1280),李恒为中书左丞,行省荆湖,"常德、澧、辰、沅、靖五郡之饥者赈之"③,"所活为口亡虑十万计。"④

中期,成宗大德八年(1304),立智理威为四川行省左丞,"蜀人饥,亲劝分以赈之,所活甚众,有瓦无草者,则以己钱卖地使葬,且修宪政以抚民,部内以治"⑤。仁宗时,杨不花出为河东廉访司事,以己资赈河东饥民。"河东民饥,先捐己资以赈。请未得命,即发公廪继之,民遂赖不死。"⑥武宗时,阿荣为湖南道宣慰副使,"会列郡岁饥,阿荣分其廪禄为粥以食饿者,仍发粟赈之,所活甚众"⑦。文宗天历二年

---

① 《元史》卷 143,《余阙传》。
② 《元史》卷 134,《朵儿赤传》。
③ 《元史》卷 129,《李恒传》。
④ 姚燧:《牧庵集》卷 3,《资善大夫中书左丞赠银青荣禄大夫平章政事谥愍武公李公家庙碑》。
⑤ 《元史》卷 120,《立智理威传》。
⑥ 《元史》卷 179,《杨不花传》。
⑦ 《元史》卷 134,《阿荣传》。

（1329），纳麟为江西道廉访使，时岁饥，议发粟赈民，行省难之。纳麟曰："朝廷如不允，我以家资尝之"。议始决，"全活无数"。①

元末，至正十三年（1352），两淮春夏大饥，人相食，余阙捐俸禄200石为粥"以食饥者"②，同时请于中书，"得钞三万锭以赈民"③。

（四）馈运粮饷。馈运粮饷，见于史书记载的为蒙古国时期，及元初、中期，但主要在中期。蒙古国时期，斡扎箦从太祖西征，运饷不绝，无毫发私，时号"满朝清"④。宪宗九年（1259），忽必烈南征，昔里钤部带病供给军饷。元初，世祖征襄樊，来阿八赤负责运送粮饷。

中期，成宗元贞初，李世安为湖广行省左丞，供平章刘国杰西征，馈运道路险恶，率斗粟运费10余石，"世安与役夫均其劳苦，往往期月，军兴不乏"⑤。辽东诸王乃颜反，世祖亲征，"时诸军皆会，亦力撒合掌运粮储，军供无乏"⑥。延祐元年（1314），黄头为海道都漕万户府副万户，先后9次从海上运米210万石至京师，为元朝首都用粮立下了汗马功劳。

此外，蒙古国时期，昔里钤部为大名路达鲁花赤，任内沿河堤岸栽树"以固堤址"⑦。元初，来阿八赤督兵万人开运河，爱鲁随皇子忽哥赤出镇云南，定云南行省租赋。昂吉儿善医马，"岁医马数万"⑧。这些

---

①《新元史》卷56，《纳麟传》。
②《新元史》卷218，《余阙传》。
③《元史》卷143，《余阙传》。
④《元史》卷134，《斡扎箦传》。
⑤《新元史》卷180，《李世安传》。
⑥《元史》卷120，《亦力撒合传》。
⑦屠寄：《蒙兀儿史记》卷47，《昔里钤部传》。
⑧《元史》卷132，《昂吉儿传》。

都属经济方面的举措,对元代社会经济的恢复与发展,无疑起过一定的作用。

文化方面,其主要史迹如下:

(一)劝统治者尊崇儒士,以儒治国。早在蒙古国时期,太宗窝阔台十年(1238),李桢从察罕攻下淮甸时,即奏请"寻访天下儒士,令所在优赡之"①。元世祖忽必烈时,"儒士皆隶役",有的地方如淮水流域及四川一带被俘儒士,"皆没为奴","以儒士为驱",②说明儒士地位极端低下。高智耀为提高儒士地位,"再三为儒户请命"③,反复强调"儒术有补治道",以及"以儒治国"的必要性和重要性,而欲"以儒治国",必须重用儒士,提高儒士地位。经过高智耀的反复劝说,世祖不再以儒为驱,下令赎免淮蜀被俘为奴儒士 300 余人,"由是儒术始重,人才渐出"④。

(二)修建学宫,兴学育才。早在蒙古国时期,昔里钤部即注意兴修学宫,释奠庙学。他见庙学祀殿黝圮,喟然叹道:"泽宫风教所系,今若此,何以兴民乎?"⑤即完治一新。元初,立智理威重视兴学育才。"在官务兴学,诸生有俊秀者拔而用之。"⑥

在论及兴建学校、培养人才时,不能不以必要的篇幅介绍一下河南西夏遗民杨氏家族尊孔读经、兴建乡学(私塾)、培育人才的贡献。

杨氏家族的始祖,"原居贺兰山",元初,赐姓"唐兀",讳台,从军

①《元史》卷 124,《李桢传》。
②《元史》卷 125,《高智耀传》。
③屠寄:《蒙兀儿史记》卷 81,《论赞》。
④《新元史》卷 156,《高智耀传》。
⑤屠寄:《蒙兀儿史记》卷 47,《昔里钤部传》。
⑥《元史》卷 120,《立智理威传》。

扈从元"皇嗣(忽必烈)南征,收金破宋",卒于行营,其二世祖闾马在"围襄取樊"之后,即定居于今河南濮阳县东,"官与草地,偕民错居"。①至四世祖唐兀崇喜,于明朝建国改姓为杨。这支西夏遗民的后裔分布于濮阳城东约50公里的柳屯镇杨十八郎寨等十余个自然村落,约有3500余人。②

自闾马移居濮阳后,为了适应农业经济的发展,及提高家族汉文化的需要,不惜巨资多次兴建乡学。英宗至治三年(1323)"于所居之西北,官人寨之乾隅,卜地一区,市居为塾,南北为楹者九,东西广亦如之"③。闾马去世后,其长子达海、孙崇喜相继扩建。达海于泰定年间(1324—1328),按照其父所定规模,建东西九间房,与闾马所建"南北九楹齐"。杨崇喜除重新修葺原有的东西九楹,以其西三楹"居师儒","东三楹以寓四方学者"外,又增建"正堂三楹,堵头二楹,垣高弥丈,梁倍之"④,取名曰"亦乐堂"(即取孔子"有朋自远方来,不亦乐乎"之意)。"亦乐堂"建成后,进一步向元廷呈文申报(内容包括筹资建房、学堂面积、学田亩数等),请求赐号命名,至正十八年(1358),赐号崇文书院。

杨崇喜在兴建学宫的同时,即备厚礼,延请燕南著名进士、濮阳郡邑监尹、新除密州儒学正、"博学高识"的唐兀彦国,"以主师席"。一时远近学子50余人,负笈求学。他们聆听名师讲课解惑,"玩亦乐之旨,体圣贤之心","将以养德性,变气质","以需世用"。⑤

---

①焦进文:《述善集》,杨富学校注,第49页。
②任崇岳、穆朝庆:《略谈河南的西夏遗民》,《宁夏社会科学》1986年第2期。
③焦进文:《述善集》,杨富学校注,第49页。
④焦进文:《述善集》,杨富学校注,第67页。
⑤焦进文:《述善集》,杨富学校注,第68页。

由于该乡学聘用名师,从严执教,加上管理有方,成效显著,影响很大,被誉为"一郡学校华"。①

(三)精通儒家经典,为五经作传注。蒙古国时期,被成吉思汗重用的昔里钤部,"独涉儒释,兼晓音律"②。元初,为忽必烈所用的朵儿赤,年十五,通古注《论语》《孟子》《尚书》。元末名将余阙,平生留意经术,"五经皆有传注"。在注释的同时,进行宣讲。史载余阙为官,"稍暇,即注周易,帅诸生谒郡学会讲,立军士门外以听,使知尊君亲上之义"③。

此外,斡玉伦徒曾参与撰修《宋史》④,余阙攻诗,"诗体尚江左,五言犹工";善书法,"篆隶亦古雅可传",其门人辑其诗文成集,名曰"青阳先生文集"。⑤这些说明党项人具有较高的文化涵养。

二

蒙元时期,活跃于从中央到地方历史舞台上的党项人,其历史作用,可简明概括如下。

(一)参加灭夏、灭金、灭宋及平云南的战争,促进了元朝的大统一

如众所知,中国自唐末五代以来形成的方镇割据局面,发展至辽宋夏金时期,随着边疆地区的开发,经济联系和民族融合的加强,以及民族政权的消长,分裂割据局面日益缩小,大一统的趋势成为不可抗拒的历史潮流。在众多地方性民族政权并存的过程中, 辽已经灭

①焦进文:《述善集》,杨富学校注,第68页。
②屠寄:《蒙兀儿史记》卷47,《昔里钤部传》。
③《元史》卷143,《余阙传》。
④《元文类》卷18,《西夏斡公画像赞》。
⑤《元史》卷143,《余阙传》。

亡,剩下的夏、金,以及南宋中央政权,其统治阶级都各自腐朽不堪,阶级矛盾、民族冲突和统治阶级内部矛盾日益激化。在这种形势下,最后完成统一历史任务,很自然地落到了富有朝气的蒙古统治者及其继承者身上,而蒙古国及元初时期的党项人积极参加灭夏、灭金、灭宋及平云南的战争,正好顺应了当时历史发展的趋势,起了加速统一历史进程的作用。

(二)平叛有利于社会经济的恢复、发展和人民安居乐业

蒙古国及元初时期,国内刚刚统一,百废待兴,饱受战争灾难的人民,迫切需要安定的和平环境来恢复和发展社会经济。在这种形势下,元宗室诸王及某些地方军政势力,伺机叛乱,是一种逆历史潮流而动的行为,而党项人及时参加平叛,并取得胜利,正好是一种反对分裂,维护统一的行动。它为当时社会经济的恢复与发展及人民安居乐业,创造了相对的和平环境,其积极意义是不言而喻的。

(三)直言进谏,反腐倡廉,可以澄清吏治,革除弊政,可苏民力

蒙古统治者,自从入主中原、建国称帝之后,随着生产方式的改变和汉化的加深,逐渐走向腐化堕落。他们结党营私,卖官鬻爵,贪污成性,腐败成风。宰相桑哥"专权擅政,虐焰薰天,贿赂公行,略无畏避"①。"自秦王伯颜专政,台宪官皆谐价而得,往往至数千缗,及其分巡,竟以事势相渔猎,而偿其直,如唐债帅之比。于是有司承风,上下贿赂,公行如市,荡然无复纪纲矣。肃政廉访司官,所至州县,各带库子检钞秤银,殆同市道矣。"②在此情况下,党项官员,直言争谏,惩贪拒贿,提倡法治,对不法官吏、豪绅、僧侣、军士,绳之以法,以正压邪,

---

①陶宗仪:《南村辍耕录》卷2,《善谏》。
②叶子奇:《草木子》卷4,《杂俎篇》。

有的(如杨朵儿只、迈里古思等)因此而遭报复,献出了宝贵的生命。在反腐倡廉的同时,尽可能地革除弊政,并取得了一定的成效。这些,犹如污水中增添了净化剂,对于澄清元代腐败的吏治,以及改善人民生活的处境,多少会起一定的作用。

(四)宣扬"儒术有补治道",建议尊儒崇儒,"以儒治国",对元初儒士地位的提高,建立典章制度,及兴学育才,起了重要的作用

元初儒士,由于高智耀的建议被忽必烈采纳,其地位显著提高。对此,柯邵忞评论云:

> 自太宗考选各路儒士后,所在不务存恤,仍与齐民无异,智耀前后上言,正户籍,蠲力役,由是儒术始重,人才渐出,学校中多立祠祀之。[1]

屠寄也有类似的评论:

> 高智耀自斡歌歹汗以来,奔走于干戈戎马之中,再三为儒户请命,锲而不舍,始终维护读书种子,不遗余力,厥功茂哉。朵儿赤独抱遗经,开陈善道,居官则能兴水利,创禄田,争枉法,劾奸贪,岂非儒者之效耶。拓跋建国二百年,其故家子弟之贤,犹有益于新朝之治如此。国虽亡,文化不与之俱亡也。[2]

前者指出尊儒崇儒可以兴学育才,即培养大批封建御用人才;后者指出高智耀、朵儿赤等继承西夏文化,使之有效地为元朝统治服务,可谓一语破的。

至于河南杨氏家族,三世不遗余力,兴建乡学,创办崇文书院,成

---

① 《新元史》卷156,《高智耀传》。
② 屠寄:《蒙兀儿史记》卷81,《论赞》。

绩显著,功不可没,有的学者称它为"家族文化灿烂的奇葩"、元代乡学的典范,并非过誉。

(五)屯田养兵,可以节省国家开支;开仓赈济,可以缓和阶级矛盾,维持农业生产的正常进行,其积极作用是显而易见的

这里需要特别肯定的是一些党项官员以己资赈济饥民。凶岁开仓赈饥,乃司空见惯之事,但以己之俸禄赈济饥民,却并非寻常之举。这表明元代党项官员,大多具有"民为邦本"的思想,否则不可能有此急饥民之所急的措施。

以上是蒙元时期党项官员表现好的值得肯定的方面,但也存在一些不足和应当否定之处,如参与对外侵略扩张,镇压农民起义和少数民族起义。当然,这是时代和阶级的局限性使然,不可苛求于古人。

如众所知,世间任何事物总是具有两重性,蒙元时期的历史人物也不例外。不仅不同时期的党项群体人物从总体上看是如此,即使是某一党项官员,也往往具有值得肯定和否定的两个方面,如元末余阙为官,一方面拒贿惩贪,"言峭直无忌","屯田潜山,和捐己俸以赈饥民",但他同时又镇压红巾军和少数民族起义,在他身上充分体现了历史的多样性与复杂性。

为什么同一历史人物会有这种两面性呢? 这是因为封建社会值得肯定的人物几乎都具有忠君爱国和"民为邦本"的思想。兹以元末迈里古思为例以证之。迈里古思为枢密判官,分院治绍兴,"境内晏然,民爱之如父母"①,但在江南为行台镇抚时,曾率军镇压处州山民起义。当御史大夫拜住哥所管"台军"扰民时,他"擒斩数人",绳之以法,以儆效尤。有人劝他提防拜住哥报复,他答道:"吾知上有君,下有

---

① 《元史》卷 188,《迈里古思传》。

民,遣问他。"①因为他"上有君",故他能忠君爱国,尽心治理绍兴,政绩斐然,同时对危害君主和封建国家的起义,坚决镇压。因为他有"民为邦本"的爱民思想,故他对扰民之军坚决擒斩正法,即使遭到报复,也在所不顾。他身上存在的两面性,昭然若揭,十分典型。

(原载《固原师专学报(社会科学版)》2004 年第 4 期)

---

① 《新元史》卷 219,《迈里古思传》。

附录

李蔚先生论著目录

一、著 作

1.《西夏史研究》,宁夏人民出版社,1989 年。

2.《简明西夏史》,人民出版社,1997 年。

3.《西夏史若干问题探索》,甘肃文化出版社,2002 年。

4.《中国历史》卷 10《西夏史》,人民出版社,2009 年。

5.《中国古代著名战役》,合著,甘肃人民出版社,1979 年。

6.《古代西北屯田开发史》,参著,甘肃文化出版社,1997 年。

7.《黄河文化史》,参著,江西教育出版社,2001 年。

8.《西夏学大辞典》,参著,燕山出版社。

二、古籍整理

1. 吴广成:《西夏书事》,收入《中华野史·辽夏金元卷》,泰山出版社,1999 年。

2. 戴锡章:《西夏纪》,收入《中华野史·辽夏金元卷》,泰山出版社,1999 年。

三、论 文

1.《清乾嘉年间南巴老林地区的经济研究》,《兰州大学学报》1957 年第 1 期。

2.《吴玠吴璘抗金史迹述评》,《兰州大学学报》1963 年第 3 期。

3.《论张居正》,《甘肃师范大学学报》1963 年第 3 期。

4.《略论用阶级分析的方法评价历史人物》,《兰州大学学报》1979 年第 1 期。

5.《试论宋金战争的几个问题》,《甘肃社会科学》1980 年第 3 期。

6.《略论曲端》,《兰州大学学报》1981 年第 1 期。

7.《张浚与陕西富平之战》,《西北史地》1981 年第 3 期。

8.《论唃厮啰政权兴起的原因及其历史作用》, 与汤开建合写,《青海民族学院学报》1981 年第 4 期。

9.《张元、吴昊事迹考评》,《西北史地》1982 年第 2 期。

10.《〈番汉合时掌中珠〉初探》,《西北史地》1982 年第 3 期。

11.《〈周春西夏书〉评介》,《宁夏大学学报》1982 年第 3 期。

12.《刘琦与顺昌之战》,《西北史地》1983 年第 2 期。

13.《略谈宋金战争的实质》,《河南师大学报》1983 年第 4 期。

14.《略论西夏统治阶级的革新精神》,《兰州学刊》1983 年第 4 期。

15.《西夏蕃官刍议》,《西北史地》1985 年第 2 期。

16.《试论西夏立国长久的原因》,《宁夏社会科学》1985 年第 3 期。

17.《试用列宁"革命时机成熟三特征"的理论剖析元末农民起义的背景》,《西北民族学院学报》1986 年第 3 期。

18.《论宋代西北的屯田》,《宋史研究论文集》1987 年。

19.《西夏"建官置兵不用禄食"弁析》,《宁夏大学学报》1987 年第 1 期。

20.《试论北宋仁宗年间宋夏陕西之战的几个问题》,《宁夏社会科学》1987 年第 4 期。

21.《宋夏横山之争述论》,《民族研究》1987 年第 6 期。

22.《试论宋代西北屯田的几个问题》,《中国社会经济史研究》1988 年第 1 期。

23.《略论李德明》,《兰州大学学报》1988 年第 1 期。

24.《试论西夏的历史地位》,《兰州大学学报》1989 年第 1 期。

25.《略论西夏文化同河陇文化的关系》,《西夏史研究》,宁夏人民出版社,1989 年 3 月。

26.《试论西夏的历史特点》,《中国民族研究》第二辑,中央民族学院出版社,1989 年 6 月。

27.《西夏统治下的河西》,《敦煌学辑刊》1992 年第 1、2 期。

28.《略论西夏的儒学》,《兰州大学学报》1992 年第 3 期。

29.《略论北宋初期的宋夏灵州之战》,《宁夏社会科学》1992 年第 6 期。

30.《试论西夏的历史分期——兼谈西夏立国方针的转变》,《甘肃社会科学》1992 年第 5 期。

31.《略论北宋自耕农经济的几个问题》, 与高世荣合写,《烟台大学学报》1993 年第 1 期。

32.《试论元代西北屯田的若干问题》,《兰州大学学报》1993 年第 2 期。

33.《论李继迁》,《西北民族研究》1994 年第 1 期。

34.《略论金朝统治时期的西北屯田》,《兰州大学学报》1994 年第 3 期。

35.《略论宋代官学的特点和历史作用》,与辛俊玲合写,《烟台大学学报》1994 年第 4 期。

36.《关于元昊若干问题的探讨》,《宁夏大学学报》1996 年第 1 期。

37.《再论元代西北屯田的几个问题》,《北方工业大学学报》1997年第4期。

38.《略论〈贞观玉镜统〉》,《宁夏社会科学》1997年第5期。

39.《西夏文化若干问题刍议》,《甘肃社会科学》1999年第1期。

40.《一枝红杏出墙来——〈宋夏关系史〉评价)》,《甘肃民族研究》1999年第1期。

41.《略论西夏统治时期的西北屯田》,《固原师专学报》2000年第1期。

42.《略论西夏的小农土地所有制》,《中国经济史研究》2000年第2期。

43.《略论蒙夏战争的特点及西夏灭亡的原因》,《固原师专学报》2000年第4期。

44.《吴广成论西夏述评》,《兰州大学学报》2000年第5期。

45.《西夏自然灾害简论》,《国家图书馆学刊?西夏研究专号》,2002年。

46.《蒙元时期党项人物事迹述评》,《固原师专学报》2004年第4期。

47.《西夏历史与文化》,《西夏研究》2011年第1期。

48.《深切而难忘的怀念——我与吴天墀先生》,四川大学历史文化学院主编《吴天墀百年诞辰纪念文集》,2013年。

49.《论西夏遗风及其传承与创新》,《西夏研究特刊》,2020年。

《陇上学人文存》已出版书目

■ 第一辑 ■

《马　通卷》马亚萍编选　《支克坚卷》刘春生编选
《王沂暖卷》张广裕编选　《刘文英卷》孔　敏编选
《吴文翰卷》杨文德编选　《段文杰卷》杜琪　赵声良编选
《赵俪生卷》王玉祥编选　《赵逵夫卷》韩高年编选
《洪毅然卷》李　骅编选　《颜廷亮卷》巨　虹编选

■ 第二辑 ■

《史苇湘卷》马　德编选　《齐陈骏卷》买小英编选
《李秉德卷》李瑾瑜编选　《杨建新卷》杨文炳编选
《金宝祥卷》杨秀清编选　《郑　文卷》尹占华编选
《黄伯荣卷》马小萍编选　《郭晋稀卷》赵逵夫编选
《喻博文卷》颜华东编选　《穆纪光卷》孔　敏编选

■ 第三辑 ■

《刘让言卷》王尚寿编选　《刘家声卷》何　苑编选
《刘瑞明卷》马步升编选　《匡　扶卷》张　堡编选
《李鼎文卷》伏俊琏编选　《林径一卷》颜华东编选
《胡德海卷》张永祥编选　《彭　铎卷》韩高年编选
《樊锦诗卷》赵声良编选　《郝苏民卷》马东平编选

第四辑

《刘天怡卷》赵　伟编选　　《韩学本卷》孔　敏编选
《吴小美卷》魏韶华编选　　《初世宾卷》李勇锋编选
《张鸿勋卷》伏俊琏编选　　《陈　涌卷》郭国昌编选
《柯　杨卷》马步升编选　　《赵荫棠卷》周玉秀编选
《多识·洛桑图丹琼排卷》杨士宏编选
《才旦夏茸卷》杨士宏编选

第五辑

《丁汉儒卷》虎有泽编选　　《王步贵卷》孔　敏编选
《杨子明卷》史玉成编选　　《尤炳圻卷》李晓卫编选
《张文熊卷》李敬国编选　　《李　恭卷》莫　超编选
《郑汝中卷》马　德编选　　《陶景侃卷》颜华东　闫晓勇编选
《张学军卷》李朝东编选　　《刘光华卷》郝树声　侯宗辉编选

第六辑

《胡大浚卷》王志鹏编选　　《李国香卷》艾买提编选
《孙克恒卷》孙　强编选　　《范汉森卷》李君才　刘银军编选
《唐　祈卷》郭国昌编选　　《林家英卷》杨许波　庆振轩编选
《霍旭东卷》丁宏武编选　　《张孟伦卷》汪受宽　赵梅春编选
《李定仁卷》李瑾瑜编选　　《赛仓·罗桑华丹卷》丹　曲编选